SA

Inhalt

D1829416

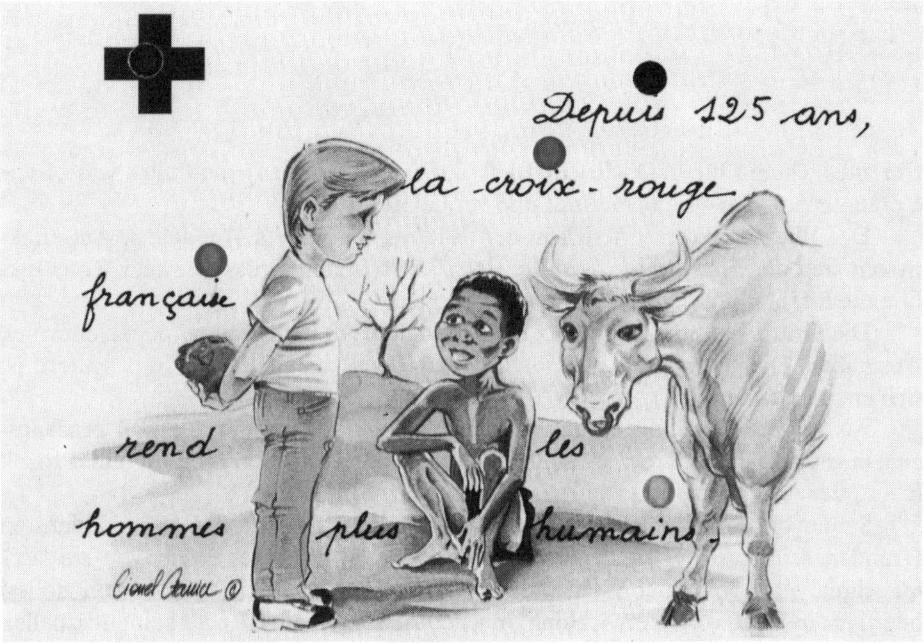
Depuis 125 ans,
la croix-rouge
française
rend
les
hommes
plus
humains.

Editorial

Ein altes Thema für uns: wie der Blick auf die Fremde(n) - und alles was er zur Voraussetzung hat - sie beeinflußt und verändert.

Der Blick konkretisiert sich in den Bildern, die wir (uns) machen. Am effektivsten sind die Film-Bilder, ist Film doch jenes Medium, das bei aller Konstruktion die Realität am unmittelbarsten wiedergibt.

Die Dritte Welt ist Schauplatz einer Bilder-Produktion von geradezu enormen Ausmaßen. Die Interessen sind vielfältig, der Blick, der die Bilder imprägniert, ist sich erstaunlich ähnlich.

Als wir uns vor einigen Jahren mit dem ethnographischen Film zu beschäftigen begannen, ist uns etwas aufgefallen: in vielen dieser Filme ist ein Prozeß fixiert, der Aneignung und Rückversicherung zugleich ist.

So unvollständig ethnographische Filme sind und aus den verschiedensten Gründen sein müssen, so zeigen sie doch Bilder von einer Welt, wie sie "ist", manchmal auch von einer Welt, wie sie "war". Von einer Welt, wie sie sein "sollte" oder gar "müßte", von "Entwicklung" machen sie sich in aller Regel keinen visuellen Begriff.

Konkreter Anlaß für das vorliegende Trickster-Heft ist der X. Fernseh-Workshop "Entwicklungspolitik", der Ende März in der Evangelischen Akademie Arnoldshain stattfindet. 1972 ins Leben gerufen, versucht diese von zahlreichen Institutionen und Organisationen des öffentlichen Lebens getragene Veranstaltung alle zwei Jahre eine Art Bestandsaufnahme zum Thema "Entwicklungspolitik/ Dritte Welt in den Bildmedien".

Mit Ausnahme von Peter Heller selbstverständlich war den Herausgebern das Genre des entwicklungsbezogenen Films weitgehend fremd, vor allem in seinen mehr oder weniger anonymen Quantitäten. Aber es reizte uns, darin Einblick zu gewinnen, schien uns doch bei dieser Art von Filmen die Bildproduktion eine ganz spezifische Verbindung mit der hiesigen Interessen- und Bewußtseinslage einzugehen. Gewarnt und geschult durch unsere Erfahrungen mit dem ethnographischen Film, waren wir neugierig darauf, auch den entwicklungsbezogenen Film unter dem Blickwinkel seiner spezifischen Formen und ästhetisch-inhaltlichen Möglichkeiten zu sehen, ohne seine thematisch-inhaltliche Evidenz außer Acht zu lassen.

Unser Dank gilt allen Autoren und Gesprächspartnern, die zu diesem Heft einen Beitrag geleistet, bereitwillig ihre Zeit geopfert und uns Informationen und Materialien zur Verfügung gestellt haben. Peter von Gunten danken wir für die

Genehmigung, das Motiv des Plakates zu seinem Film TERRA ROUBADA für unsere Titelseite zu verwenden. Ein herzliches Dankeschön auch den Fotogebern. Wir haben uns dafür entschieden, aus dokumentarischen Gründen einige Videofotos abzudrucken, auch wenn ihre Qualität zu wünschen übrig läßt. Last but not least sei das Münchner Filmmuseum für seine Unterstützung bedankt.

Einleitung

"Entwicklungspolitik" - das ist der wohlbekannte Euphemismus, mit dem die Industrieländer ihr Verhältnis zu den "Entwicklungsländern" in der Dritten Welt umschreiben. Was ein "Entwicklungsland" ist, definiert sich durch ein "Zurückbleiben" hinter den Standards einer Entwicklung, wie sie nach dem 2. Weltkrieg in diversen UN- und anderen Ausschüssen anhand der materiellen, sozialen und gesundheitlichen Lebensverhältnisse in den sich als "entwickelt" begreifenden, industrialisierten Staaten festgelegt wurde. Hier wird ein Begriff von Entwicklung sichtbar, der im Denken des 19. Jahrhunderts wurzelt, das die europäische Zivilisation als die Spitze der Evolutionspyramide begreift: die Industriegesellschaft als Maßstab, an dem sich die anderen menschlichen Gesellschaften, die solchem Denken entsprechend logischerweise als "zurückgeblieben" gelten müssen, zu orientieren haben. Die Entwicklungspolitik der Gegenwart bezieht ihre Kategorien aus eben diesem Denken, das auch schon den weltumspannenden Kolonialismus legitimierte. Kategorien, die in der Praxis zur uneingeschränkten Dominanz wirtschaftlicher Kriterien für die Entwicklungshilfe geführt haben. Entwicklung wird allen offiziellen Verlautbarungen zum Trotz in erster Linie als ökonomische Entwicklung gedacht und praktiziert. Alles andere fällt nicht ins Gewicht. "Heute, da wir die Ergebnisse von mehr als dreißig Jahren Entwicklung vor Augen haben, da die Verschuldung

(und damit die Abhängigkeit) der Dritten Welt ungeheure Ausmaße angenommen hat, (...), muß da nicht jedes weitere Festhalten an diesem Konzept als blanker Hohn bzw. als eindeutiger Ausdruck internationaler Machtverhältnisse verstanden werden?" (*Trickster* 15, 1987, S. 12). Es herrscht, zu Anfang der 90er Jahre, allerorten entwicklungspolitischer Katzenjammer, nur das Konzept der Entwicklung, nach dem die ganze Zeit über die Welt "verschlimmbessert" wurde, steht nach wie vor nicht zur Disposition.

Dem Genre des entwicklungspolitischen Films ist dies anzusehen und anzuhören. Der Terminus Genre ist eingestandenermaßen ein Etikett, das unter der Aufschrift "Entwicklungsbezug" eine ganze Reihe z.T. recht verschiedener Filmsparten zusammenfaßt, die sich andererseits durch eine große formale und inhaltliche Einheitlichkeit und Eintönigkeit "auszeichnet". Der Klammercharakter des Begriffs "entwicklungsbezogen" schärft immerhin den Blick für die strukturellen Ähnlichkeiten der sogenannten "Spendenfilme" (zumeist kirchlicher Produktion, zur Unterstützung der kirchlichen Hilfswerke in der Dritten Welt gedacht), "Projektfilme" (Werbefilme für die deutsche Entwicklungshilfe, ob nun für BMZ, GTZ oder direkt für die Industrie), "Unterstützerfilme" (der linken Solidaritätsbewegungen) und der alles subsumierenden und alles generalisierenden Fernsehproduktionen. Die Schublade "entwicklungspolitischer" oder "entwicklungsbezogener Film" erweist sich jedoch gerade für jene Filme, die den geraden Pfad der Klischees und Stereotypen verlassen haben, als abträglich. Die Bezeichnung raubt den Filmen ihre Eigenständigkeit und bringt sie zugleich in Kongruenz mit einem Entwicklungsbegriff, dem sie - als seltene Ausnahmen von der Regel - gerade nicht anhängen.

Daß die Herausgeber dem Thema parteiisch gegenüberstehen, hat mit dem Augenschein zu tun. Die vom Gros der gesichteten Filme implizit oder explizit prä-

Zwei Bilder aus dem Film OCHSEN ZIEHEN FÜR DEN FORTSCHRITT. Zwischen dem Bild links und dem Bild rechts zieht im Film der Fortschritt in Gestalt deutscher Entwicklungshilfe ein. Sobald der Umgang mit den Ochsengespannen erlernt ist, ist der Film auch schon zu Ende. Filme dieser Machart haben immer ein Happyend. Sie argumentieren nicht, sie führen vor: sie verhalten sich dem Zuschauer wie die Ausbilder im Film den Bauern gegenüber (OCHSEN ZIEHEN FÜR DEN FORTSCHRITT kann beim Bundespresseamt entliehen werden).

sentierte Entwicklungsideologie, ihre autoritäre Struktur verbunden mit dem Beweis der filmästhetischen Ignoranz ihrer Macher, die Film ausschließlich als Mittel zum Zweck mißbrauchen, ließen uns eine sogenannte "objektive" Haltung geradezu als obszön erscheinen. Filme dieser Art nehmen einem die Lust am Hinschauen. Sie weckten bei uns das Interesse, nach den Gründen für diese Unbedarftheit, ja Unverschämtheit im Umgang mit dem Medium zu suchen, waren aber nicht dazu angetan, uns auch noch die Aufnahme affirmativer Texte schmackhaft zu machen.

Den Aussagen der Interviewten und Autoren ist ein gemeinsamer Tenor zu entnehmen, der sich in dem Wort "Entpolitisierung" verdichtet. Der "Entpolitisierung" der Filme ging eine "Entpolitisierung" der Wirklichkeit voraus, der allgemeine Verlust an Utopien, auch jener, die auf die Dritte Welt gerichtet waren, die sich immer weniger als Projektionsfläche für hiesige politische Wunscherfüllung eignete. Die veränderten Interessen der Zuschauer wirkten sich vor allem auf dem Verleihsektor aus, der sich ebenso wie die Filmemacher umorientieren mußte. Die in den 80er Jahren entstandene neue Situation brachte das Fernsehen als Auftraggeber in einem Maße ins Spiel, wie es sich die Filmemacher nicht wünschen konnten. Denn im Fernsehen zeigten sich die Auswirkungen der politischen Wende in Bonn ganz unmittelbar - eine veränderte Fernsehlandschaft, die Diktatur der Einschaltquoten, das stete Anwachsen der täglich zu füllenden Programmplätze bei gleichzeitigen starken Einsparungen im dokumentarischen Bereich. Die im Kino nicht mehr ankommenden Filmemacher waren jetzt auf das Fernsehen angewiesen, wollten sie weiterhin Filme machen. Das brachte das Fernsehen natürlich in die Position, künftig die Konditionen noch mehr als bisher diktieren zu können. Die "Wende" zeitigte aber auch Folgen für das FWU und die staatlichen Bildstellen, die vermehrt kritische Produktionen der 70er Jahre aus ihrem Angebot ent-

Macht-Bilder. Der Bayerische Rundfunk produzierte mit Unterstützung der südafrikanischen Streitkräfte 1987 in Namibia den Streifen NUR REVOLUTIONÄRE HABEN KEINE ZEIT (1987, Regie: Paul fernten und durch konforme Filmchen von GTZ und Bundespresseamt ersetzten, wie man sie nicht mehr für möglich gehalten hätte.

Die "Klagen" von Filmemachern, Verleihern, etc. verraten, wie sehr sie sich vom Zeitgeist im Stich gelassen fühlen. Manchen Texten ist eine gewisse Larmoyanz anzumerken und nicht zuletzt eine große Unsicherheit darüber, wo denn die Ursachen für die plötzliche "Misere" zu suchen seien. Der schnelle Schwenk zum *Spiel*film mutet in gewisser Hinsicht wie die Suche nach einem problemlosen Ausweg an - wie problemlos dieser Weg ist, muß sich noch erweisen. Das Zeitalter der "Entpolitisierung" auch als Chance zu etwas Neuem zu begreifen, wurde von manch einem erst sehr spät und von anderen, wie es scheint, überhaupt nicht genutzt.

Eingesetzt werden entwicklungsbezogene Filme überwiegend im Bildungsbereich, d.h. sie zirkulieren in der nichtkommerziellen Filmarbeit von Kirchen, Schulen, Volkshochschulen, Universitäten, Gewerkschaften, Vereinen und anderen Bildungsstätten. Ermöglicht werden diese Aktivitäten durch staatliche Organisationen wie das FWU (Institut für Film und Bild in Wissenschaft und Unterricht, in Geiselgasteig bei München), das landesweit mehr als 100 Bildstellen mit Filmen versorgt. Seit Anfang der 50er Jahre sind die Landesfilmdienste tätig; sie bieten in ihrer bunten Palette auch zahlreiche entwicklungspolitische Filme an. Das Sammelsurium dieses Angebots ist eine Folge der Finanzierungsstrukturen der Filmdienste, die einen Teil ihres Budgets durch den "Verkauf" ihrer Dienste (Verwaltung, Archivierung, Verleih) abdecken. Gegen "Entgelt" kann den Landesfilmdiensten im Prinzip jeder seine Filme anbieten, und gemäß ihrer pluralistischen Satzung sind sie verpflichtet , so gut wie alles zu akzeptieren.

Im konfessionellen Bereich nimmt EZEF (Evangelisches Zentrum für ent-

Mauthner). Die Kamera nimmt immer den Blickwinkel der südafrikanischen Armee - im Film als "Sicherheitskräfte" bezeichnet - ein, während die nicht sichtbaren SWAPO-Kämpfer als "Terroristen" firmieren. Die Ordnung der Bilder, ihre Cadrage, entspricht der Ordnung, die die Armee im Busch schafft (linke Seite). Das Bild daneben hält folgenden Kommentar aus: "Das Bataillon 201 (...). Es sind Buschleute, der älteste Stamm im südlichen Afrika. Die Armee hat diese Steinzeitmenschen zivilisiert."

wicklungsbezogene Filmarbeit) eine herausragende Position ein. 1982 ins Leben gerufen, war auch EZEF von Anfang an einem expliziten Bildungsauftrag verpflichtet. Zur Hochzeit des entwicklungspolitischen Films in den 70er Jahren kam es zur Gründung einiger unabhängiger (Selbsteinschätzung) Verleihe wie Cine Terz (Bonn) und CON (Benquestraße 29, 2800 Bremen; Tel: 0421/342414); CON unternahm damals sogar den Versuch, Print- und AV-Medien unter einem Firmendach zu vereinen, was sich aber letztlich als nicht durchführbar erwies.

Der Fernsehworkshop "Entwicklungspolitik", der alle zwei Jahre stattfindet, ist seit seiner Gründung im Jahre 1972 praktisch zum offiziellen Schaufenster des entwicklungsbezogenen Films geworden. Die jeweils präsentierten Filme geben einen Überblick über die Produktion, wobei in den letzten Jahren vermehrt Filme aus der Dritten Welt ins Programm aufgenommen wurden.

Das Genre des entwicklungsbezogenen Films stellt in all seinen Verästelungen einen nicht zu unterschätzenden ökonomischen Faktor dar; durch die Verknüpfung unterschiedlicher Öffentlichkeitsbereiche (nichtkommerziell/kommerziell; staatlich/privat; formell/informell) kommt ihm ein politischer Stellenwert zu, der in starkem Widerspruch zu der Anonymität und "Unsichtbarkeit" des Großteils der Filme steht.

Die hier versammelten Texte geben Einblick in Theorie und Praxis des Genres. Sie spannen den Bogen von den Film- und Fernsehmachern zu den Verleihern und Entleihern, von der entwicklungsbezogenen Bildungsarbeit zur Rezeption entwicklungsbezogener Bilder. Die Vielfalt der in die Beiträge eingeflossenen Erfahrungen läßt die Herausgeber hoffen, ein nicht nur für Insider der Szene interessantes, informatives Heft zusammengestellt zu haben, aus dem bei aller Kritik Anregungen zu gewinnen sind, die vitale Kraft des Dokumentarfilms oder, wie ein alter, aber guter Spruch lautet: die Lust an der Wirklichkeit neu zu entdecken.

Werner Petermann/Ralph Thoms

Warum nicht Batman ...?

Ein Gespräch mit Jean Claude Diallo

Jean Claude Diallo "begegnete" uns zum erstenmal, als wir ihn als Hauptakteur von Malte Rauchs Film FRANKFURT - CONAKRY *auf der Leinwand erlebten. Der Film hat seine Rückkehr aus dem Exil in der Bundesrepublik nach Guinea zum Inhalt, wo er nach dem Sturz Sekou Tourés 1984 in die Regierung berufen wurde und bis zu seinem Rücktritt im März 1986 als Staatssekretär im Auswärtigen Amt und als Minister für Information und Kultur tätig war. Wir lernten Jean Claude Diallo persönlich kennen, als er wieder in Deutschland war. Seit 1988 ist er Leiter des* Psychosozialen Zentrums für ausländische Flüchtlinge *in Frankfurt. Dort führten Werner Petermann und Ralph Thoms im Januar ein Gespräch mit ihm.*

TRICKSTER (TR): Der Entwicklungsbegriff impliziert durchweg, daß eine andere Kultur auf *unsere* Stufe bzw. auf *unseren* Weg gebracht werden muß. Ich hoffe aber nicht, daß die ganze Welt so wird wie unsere Gesellschaft.

JEAN CLAUDE DIALLO (JCD): Natürlich gehören wir zu verschiedenen Kulturen. Ich bin ein Schwarzer. Sie sind Weiße. Aufgrund meiner kulturellen Herkunft, aufgrund Ihrer kulturellen Herkunft, werden wir die Dinge anders betrachten. Aber, ich sage es einmal so: Ihre Fähigkeit zu lieben und zu hassen, ist wie meine Fähigkeit zu lieben, zu hassen. Das ist bei uns allen drinnen. Aber wie das nun gefördert oder nicht gefördert wird oder sich entfalten soll, usw., da werden wir von unseren Kulturen geprägt. Und wenn das einmal klar wäre von vornherein, dann würden wir von den Medien hier nicht als große naive Kinder betrachtet. Das ist für mich der Punkt. Wie Sie sage ich, es lebe der Unterschied, zum Glück. Aber manche Dinge sind auch so, daß wir darin wirklich gleich sind.

Ich glaube, es ist erschreckend für die Leute von hier, wenn sie merken, daß die Afrikaner genauso normale Menschen sind wie sie selbst. Mit allen ihren Schwächen und ihren Stärken, ihren schmutzigen Seiten, ihren kleinen Trieben und solchen Geschichten. Man hat das Gefühl, immer wieder, daß diese Erste Welt hier verloren ist und man steckt bestimmte Hoffnungen in eine andere Welt. Man will immer noch den edlen Wilden sehen. Ich will nicht mindern, was manche kritischen Dokumentarfilmer machen, die ich wichtig finde, aber ich glaube, ein Großteil ist Voyeurismus. Wie bei jedem Voyeur ist der Voyeurismus nicht mehr interessant, wenn nichts Sonderliches dabei raus kommt. Was sich bei uns abspielt, ob nun Korruption, ob nun Ausbeutung, das ist niemandem fremd hier. Der Mensch ist nun mal so. Aber man muß uns zeigen, daß es bei *uns* so ist, damit wir weiter in dieser Differenz verharren; wir dürfen nicht gleich werden. Ihr würdet praktisch eure Position verlieren. Das ist mein Gefühl, aber es ist sehr, sehr schwierig, das zu vermitteln.

Und wie der Unterschied benutzt wird, um Hierarchien einzuführen, diese Hierarchien beizubehalten, das ist eine Taktik, die von hier ausgeht.

TR: Das ist auch eine Strategie der entwicklungspolitischen Filme.

JCD: Ja, sicher.

TR: Sie beruhen praktisch auf diesem Unterschied. Und sie untermauern ihn auch ständig. Auch mit dem kritischen Anspruch, den sie haben mögen.

JCD: Ich habe das Glück gehabt, lange in Europa zu leben. Und ich habe einiges ausprobiert. Wenn manche Alternativler ihre Vorstellungen von dem, was sie hier nicht verwirklichen können, in Afrika stecken, dann frage ich mich, wen wollen sie für blöde halten. Die politischen Strukturen bei uns funktionieren genauso wie hier. Wir haben das ja auch von hier gelernt. Fünf Jahrhunderte alt sind die Kontakte, von der Entdeckung, der Sklaverei bis heute. Wir haben miteinander so viel gelernt. Wie hätten wir da so viel anders werden können als ihr, in vielerlei Beziehung jedenfalls.

Natürlich müssen auch wir versuchen, zu retten, was menschenmöglich ist. Aber wir stehen auf schwachen Füßen. Sie werden ihre Wälder noch retten können hier, während unsere total kaputt gehen. Weil man immer davon redet, wie wir alles zerstören. Aber wir sind nicht diejenigen, die ihre Häuser mit diesem Holz bauen. Das kommt ja hierher. Während die Baumbestände hier noch gerettet werden können, gibt es bei uns keine Chance mehr.

Und wer meint, man kann mit kleinen Projekten was machen, wo dann ein Filmemacher von hier runtergeht und filmt, wie toll doch so ein Wasserprojekt verwirklicht wird, usw., finde ich prima. Die sollen das ruhig machen. Aber sie sollen nicht denken, daß sie das für uns machen. Die machen das für sich selbst. Und wenn sie das im Film hierher zurückbringen, um ihre Projekte, ihre Sammelaktionen, ihre Afrika-Tage zu begründen, damit sie mal Bürger, die sowieso nicht mehr wissen, was sie mit ihrem Geld machen sollen, anlocken, sollen sie das machen. Aber dann nicht sagen: Afrika-Tag.

TR: Mit Afrika haben diese Filme recht wenig zu tun.

JCD: Ich habe mal an einem Film mitgearbeitet. Da haben wir gesagt, wenn wir den Film in Afrika zeigen würden, wäre er vollkommen uninteressant, in dieser Fassung wie er hier vorliegt. Wir haben, das darf ich gar nicht laut sagen, wir haben dann eine andere Fassung für Afrika gemacht.

TR: Wie schaut diese andere Version aus? Was ist daran anders?

JCD: Wir lassen uns mehr auf das Leben der Menschen dort ein. Wir zeigen mehr Bilder vom Land und wir gehen mit den Problemen anders um. Die Leute bei uns, die freuen sich wirklich über kleine Dinge. Es muß nicht alles so kompliziert sein wie hier. Hier kriegen Sie nur Geld für einen Film, wenn konkrete Probleme angesprochen werden, weil die Filme hier Bewußtseinsbildung schaffen sollen. Doch die Bewußtseinsbildung wird nicht von diesen Filmen kommen. Das ist das Problem, das ich überhaupt mit der Dritte-Welt-Diskussion hier habe. Ich habe ganz, ganz grausame Erfahrungen gemacht, als ich aus Afrika zurückkam, gerade mit den Leuten von der linken Szene. Die jetzt alle, was die wirtschaftlichen Probleme in Afrika betrifft, dem Programm des *Internationalen Währungdsfonds* (IWF) zustimmen. Alle diese Linken, die den IWF, der die extremste Form des instrumentalen Kapitalismus ist, jahrelang bekämpft haben, entdecken plötzlich darin die Rettung für Afrika.

Ich habe Projekte gesehen in Filmen, ich will die Namen der Organisationen nicht nennen, weil ich ja keinen Clinch mit ihnen will: aber die bringen den Afrikanern doch tatsächlich bei, wie sie Gemüse pflanzen sollen. Und dann hat man die Leute in dem Dorf gefragt, was sie davon halten. Die Antwort können Sie sich denken. Aber in dem Film selbst läuft das alles mit größter Selbstverständlichkeit ab. Ich finde es schön, wenn ich das Wasser direkt vor meiner Tür habe. Aber, wie die Leute im Film sagen, das Wasser können wir auch fünf Kilometer weit herholen. Diese Bequemlichkeiten sind nicht so wichtig. Was die Menschen in Afrika wollen, ist einfach: sie möchten Konsumgüter. Aber wie können sie das einem Entwicklungsfreak klarmachen, der hier selbst auf Konsum verzichtet, der dort sein ganzes Sinnen darauf konzentriert hat, den Leuten beizubringen, wie schrecklich Konsum ist. Ja mein Gott, eine Welt bricht zusammen für diesen Mann. Nur wie soll ein Afrikaner verstehen, daß Konsum schlecht ist, wenn er nie konsumiert hat. Aber gut, sie machen einen Film, sie diskutieren ernsthaft darüber, wie sie etwas verändern sollen. Wenn sie konsequent sind, dann müssen sie sagen, gut, wir machen nichts mehr dort unten. Aber dann wären etliche Leute arbeitslos.

TR: Ja, wenn man bedenkt, wie viele solcher Filme im Fernsehen laufen. Von ganz kleinen Produktionen zu diesen Dreiviertel-Stunden-Sendungen. Das ist ein ziemlich großer Wirtschaftszweig und das sind ziemlich viele Leute, die hier davon leben. Und die müßten plötzlich sagen, nein, entwicklungsbezogene Filme taugen nichts, wir hören auf damit.

JCD: Normalerweise. Das wäre die Logik. Aber das wäre auch ein Schuß nach hinten. Stellen Sie sich mal einen Film über afrikanische Sexualität vor. Plötzlich merkt der Europäer, daß er genauso küßt, wie wir uns küssen. Daß das mit der Potenz von Afrikanern überhaupt nicht so ist. Daß die Europäer phantasieren; sie wären total enttäuscht, wenn wir da Ernüchterung reinbringen. Können wir das überhaupt verantworten? Dürfen wir das überhaupt zulassen?

TR: Sie haben ja den Film FRANKFURT-CONAKRY bereits angesprochen. Was hat Sie bewogen, überhaupt mitzuarbeiten? Die Freundschaft mit Malte Rauch?

JCD: Als ich nach Guinea ging, ging ich zu Malte und bat ihn, den Film zu machen. Seine Bedingung war, daß ich alles mitmache. Und ich habe mitgemacht, vom Anfang bis zum Schluß. Eine Sache, entstanden in Osmose, sage ich jetzt mal so. Aber in manchen Situationen mußten wir Kompromisse schließen. Es gibt halt Situationen, wo wir doch anders, unterschiedlich denken. Da kommt eben diese andere Art, Dinge wahrzunehmen oder zu interpretieren, ins Spiel.

TR: Nun geht es in diesem Film ja nicht so sehr um - im engeren Sinne - entwicklungspolitische Vorstellungen, sondern eher um kulturelle Unterschiede. Also Sie als Hauptperson in dem Film, der Wanderer zwischen den Welten, zwischen den Kulturen. Und darum, zu zeigen, wie unterschiedlich so etwas gesehen werden kann. Wie unterschiedlich man auch etwas zeigen kann. Wenn Sie den Film jetzt hier einsetzen ...

JCD: Wenn die Leute den Film anschauen, interessieren sie sich automatisch für die Zwei-Welten-Entwicklung meiner Person: Wie machst du das denn? Du bist doch schließlich in zwei Welten, du bist da runter und es hat nicht ganz geklappt. Du bist zurückgekommen. Wo bist du zu Hause? Du bist doch kein richtiger Afrikaner mehr. Deswegen konntest du dort nicht leben. - Diese Diskussionen haben bei mir andere Fragen hervorgerufen. Insofern, daß ich sage, die Welt ist klein geworden. Gibt es denn überhaupt reine, echte Kulturen? Das sind für mich Fragen. Wenn einer mir sagt, du bist kein echter Afrikaner mehr, sage ich, ich möchte gerne einen echten Urbayern sehen. Den gibt es nicht. Der echte Schweizer. Gibt es denn überhaupt einen echten Schweizer? Oder einen echten Franzosen? Heute, wo die Leute nach ihrer Ethnizität verlangen, was heißt das dann? Die Ethnizität von was denn: eines Afrikaners, eines Guineers, Senegalesen, eines Fulbe, eines Mandingo?

Das ist alles über einen Kamm geschoren. Wovon ich natürlich profitiere, um das mal klar zu stellen. Daß heute die Kulturen so stark vermischt sind. Und daß es Menschen gibt, die nicht *zwischen* zwei Welten leben, sondern *in* zwei oder sogar drei Welten leben. Nicht zwischen den Welten, sondern die von jedem etwas übernommen haben.

TR: Setzen Sie hier in diesem Institut ganz bestimmte Filme ein oder ist das eher beliebig?

JCD: Z.B. diese Filme von Peter Heller zur Frage der Identität. Die Geschichte von der MULATTIN ELSE. Es gibt eine ganze Menge Deutsche, Besatzungskinder, die sind auch solche "Elses". Wieviel deutsche Kinder gibt es, die aussehen wie ich, die schwarz sind. Die sind Deutsche und die kennen überhaupt nichts anderes als Deutschland. Und wir setzen Filme wie MANDU YENU ein, Filme über Kolonialismus, Christentum. Deutschen Kolonialismus, weil die Deutschen oft groß angeben: wir haben uns zum Glück rausgehalten aus der Kolonialgeschichte. Natürlich ist es wichtig, so etwas zu zeigen, vor allem mit den Erziehern hier. In einer Stadt wie Frankfurt, wo 25 Prozent der Bevölkerung Ausländer sind und wo in Kindergärten weiterhin gesungen wird: "Wer hat Angst vorm Schwarzen Mann". Die wissen nicht, wo der Rassismus herkommt. Aber wenn sie einen Film wie MANDU YENU sehen, dann merken sie, daß auch deutsche Kolonialisten überhaupt nicht respektvoll mit anderen Menschen umgegangen sind.

TR: Die Filme, die Sie erwähnt haben, das sind ja alles eher neuere Produktionen. Mir kommt es so vor, daß es kein Zufall ist, daß Sie gerade die neueren Produktionen erwähnen, wo es eher darum geht, filmisch zu schauen, was eine andere Kultur denn zu bieten hat. Was eine andere Kultur macht. Also eher ein neugieriger Blick, im gewissen Sinn offener Blick eines hiesigen Filmemachers auf Afrika. Es gibt, wenn wir einmal bei den Filmen von P. Heller bleiben, einen großen Unterschied zwischen LIEBE ZUM IMPERIUM und den neueren Filmen, MANDU YENU, auch der MULATTIN ELSE usw.. Diese neueren Filme haben Identifikationspersonen.

JCD: Ja, Menschen, und sie sind nicht nur Objekt, sondern auch Subjekt in dem ganzen Prozeß. Das ist eine andere Umgangsform.

TR: Das ist doch das große Manko des ganzen entwicklungspolitischen Genres, daß die Menschen anonym bleiben, daß man nichts über einzelne Leute erfährt, man erfährt nur die Meinung des Filmemachers zu dem und dem Thema, wohingegen in diesen und einigen anderen Filmen eine Tendenz zu entdecken ist: weg von den vorgefaßten Meinungen.

JCD: Ja, es werden uns keine fertigen Konzepte mehr übergestülpt.

TR: Die Sachen sind eher offen.

JCD: Die sind offen, da kann jeder sich etwas rausnehmen. Ich meine, es bewegt jeden, irgendwo. Ich habe das Gefühl, daß jeder sich in irgendeinem Punkt identifizieren kann mit so etwas.

TR: Bei FRANKFURT-CONAKRY genauso.

JCD: Vielleicht ist es das: daß man als Zuschauer selbst auch angesprochen wird. Es gibt diese Fernsehworkshops, da gibt es jede Menge überheblicher Filme zu sehen. Da werden die Filmemacher auch gleich zu Entwicklungsexperten, weil sie ein bis zwei Monate da unten gewesen sind. Überhaupt keine Bescheidenheit oder Zurückhaltung. Die Fähigkeit, Fragen zu stellen und sich belehren zu lassen, also selbst in die Schule zu gehen, fehlt völlig. Hätten sie diese Fähigkeit, müßten sie Konsequenzen ziehen. Dann müßten sie sagen: ich kann den Film nicht machen, weil es so viel ist, weil ich es überhaupt nicht auf die Reihe kriegen kann. Und dann stelle ich schon beim Machen fest, das geht nicht in 30 Minuten, wie's das Fernsehen haben will, da muß ich ja Scheiße machen, das geht gar nicht anders. Und dann die Abnahme, man hat Angst vor der Abnahme, weil, was mache ich mit dem ganzen Zeug, wenn es nicht abgenommen wird. Dann kann ich meine Brötchen nicht mehr verdienen.

TR: Sie haben vorhin das Schwergewicht in der Arbeit mit dem Film auf Aufklärung gelegt. Also, daß mit dem Film Gedanken, Meinungen aufgebrochen werden können. Film als Werkzeug. Ich meine, die Lust am Film hängt sehr stark mit der Machart zusammen, also auch mit der filmischen Ästhetik. Ich sehe da eine Diskrepanz. Einerseits die aufklärerische Erwartung an den Film, andererseits sagen Sie ja selbst, für Guinea haben wir einen ganz anderen Film gemacht, wo's mehr zu schauen gab. Ist das für Sie trotzdem zusammenzubringen, oder worauf legen Sie mehr Gewicht, wenn Sie einen Film aussuchen?

JCD: Wenn ich das bloß wüßte. Ich glaube, daß etwas, was schön ist, überall gerne gesehen wird. Ob in Afrika oder hier. Der Film FRANKFURT-CONAKRY hat gezeigt, für uns mindestens, daß die Leute überall auf die Bilder abfahren. Aber ich habe den Anspruch, das ist halt die alte Schule, ich habe das noch nicht aus meinem Kopf raus: Kunst für Kunst gibt es nicht. Es muß etwas aussagen. Das gilt aber nur für mich jetzt, ich kenne ein paar Künstler, die wirklich engagiert sind und die trotzdem sagen, es muß auch Kunst für die Kunst geben. Da habe ich noch meine Probleme damit. Ich sage, ich komme aus der Dritten Welt, ich lebe hier, ich arbeite mit Menschen, die im Dreck stecken, wenn ich etwas vermitteln will, muß ich etwas Aussagekräftiges rüberbringen. Deswegen muß es, wenn ich etwas Schönes vermitteln will, trotzdem provozieren, eine Botschaft haben.

TR: Es darf zwar schön sein, aber es sollte nicht harmlos sein?

JCD: Ganz genau. Das ist heute auch mein Problem mit den Regierenden in Afrika, ja überall. Vor 20 bis 25 Jahren haben afrikanische Politiker, wenn sie gesprochen haben, etwas mitgeteilt. Wenn Nkrumah redete, hat er etwas mitgeteilt, wenn Nasser redete, hat er etwas mitgeteilt, wenn Sekou Touré redete, hat er etwas mitgeteilt. Die ganze Welt hat zugehört. Die hat zugehört, weil sie was zu sagen hatten. Heute haben unsere Regierenden nichts mitzuteilen. Die sind einfach ins Mittelmaß gesunken. Das ist vielleicht nur eine neue Form des Regierens, die sich den hiesigen Verhältnissen anpaßt.

TR: Was soll die Arbeit mit dem Film hier eigentlich bewirken? Das sind ja, wenn ich es richtig verstanden habe, Flüchtlinge aus der Dritten Welt, mit denen Sie arbeiten.

JCD: Ja, aus der Dritten Welt. Aber wir machen viel Öffentlichkeitsarbeit, wir machen Seminare, Veranstaltungen, Filmabende. Wo wir immer themenzentriert arbeiten. Und die Öffentlichkeitsarbeit hat nicht nur mit Flüchtlingsthematik zu tun, wir sagen z.B. Flüchtlinge sind aus wirtschaftlichen Gründen hier. Wirtschaft und Politik hängen aber zusammen. Beispiele in der Bundesrepublik zeigen das immer wieder. Und Fluchtbewegung, politische Bewegung, wirtschaftliche Dimensionen, das muß alles gezeigt werden. Und natürlich die ganzen kulturellen Aspekte. Deswegen setzen wir die Filme ein.

TR: Soll das so sein, daß Flüchtlinge und Deutsche sich begegnen?

JCD: Natürlich, das ist für mich der Punkt des multikulturellen Ansatzes. Alle Gruppen sollen angesprochen werden, alle Leute, die sich mit dem Thema auseinandersetzen wollen.

Diese Filme werden für Ausländer und Deutsche gezeigt. Wir sind traurig, wenn nur Ausländer da sind, und wir sind traurig, wenn nur Deutsche da sind. Deshalb machen wir unheimlich viel Werbung. Und unser Publikum ist sehr, sehr gemischt. Und wir machen gerade jetzt unsere Planung für die nächste Zeit. Wir möchten da sehr, sehr kräftig wieder einmal diese Probleme ansprechen. Z.B. ein Film, der überhaupt nicht mit der politischen Diskussion zu tun hat, aber den wir sehr gut einsetzen können. Das ist der Film von Hans-Dieter Grabe, WARUM HABE ICH MEINE TOCHTER GETÖTET?

TR: Über diese Türken?

JCD: Ja, genau. Solche Filme sollen zeigen, wie unterschiedlich Kulturen sein können. Wir möchten einfach Leute sensibilisieren. Nicht alles so zu nehmen, wie es kommt, sondern hinter die Kulissen zu schauen. Deutsche wie Ausländer. Dieser Film ärgert Türken, ärgert Deutsche, findet Verständnis bei Türken, findet Verständnis bei Deutschen. Das ist das, was wir uns wünschen. Deswegen arbeiten wir gezielt mit solchen Filmen. Aber wir sind sehr wählerisch. Vor ein paar Jahren hatten wir die 100 Jahre Berliner Afrika-Konferenz. Da haben wir die LIEBE ZUM IMPERIUM eingesetzt. Und immer wieder, gerade als die Wahlen in Namibia waren, hat man verstehen können, was los ist. Und na ja, WIE ANDERE NEGER AUCH, das ist ein Film, der sehr provokativ ist durch die Person der Diana, die aber sehr wichtig ist. Gerade in dieser Gesellschaft. Stellen Sie sich einmal vor, eine Negerin, die sagt, das sind meine Neger, die Weißen. Ist das nicht toll?

TR: Wie war das denn, als Sie als Informationsminister in Guinea tätig waren? Haben Sie da mit Filmen Erfahrung gehabt? Gab es da Einsatz von Film? Die Bundesrepublik, die liefert ja in die ganze Welt Filme.

JCD: Was wir da aus Deutschland bekommen haben, das sind ja wirklich fürchterliche Dinge gewesen. Z.B. "Der 7. Sinn"; man hat gezeigt, wie man mit dem Mercedes im Schnee fahren sollte, in unserem Land. Das ist der reine Blödsinn. Wissen Sie, wenn man aus dieser Gesellschaft kommt, wo es dieses Angebot, diese Freiheit gibt, wo Sie selbst entscheiden können, wo Sie hingehen oder wo Sie nicht hingehen, ob Sie den Fernseher ausmachen oder nicht, und sie kommen in ein Land, wo es so wenig Angebote gibt, Sie sind an die freie Meinungsäußerung gewöhnt, Sie kommen als Informationsminister und fragen sich, soll ich denn den Blödsinn hier wirklich zulassen, soll ich sagen, gut sie sollen selbst feststellen, daß es ein Blödsinn ist. Aber bei uns die Leute, die lachen über so etwas, wenn sie sehen, daß ein Mercedes im Schnee rumfährt. Warum fährt er überhaupt Auto im Schnee? Warum läßt er das Auto nicht zu Hause? Die lachen darüber. Gut, Bilder sind nun mal faszinierend. Es gibt nicht rund um die Uhr Fernsehen. Fernsehen ist von 18 bis 24 Uhr. Die Leute sind zu Hause, es läuft, man quatscht dabei, man redet, man unterhält sich und man schaut die Bilder an. Aber ich bekomme große Probleme, ich würde diese Dinge gerne abschaffen, weil ich die selbst hier nicht angeschaut habe. Ja, aber was soll ich machen? Wenn ich anfange und dort sage, nein, das wird nicht gezeigt, dann sagen sie, ja mein Gott, der war 20 Jahre in Europa und er ist immer noch der geblieben, der er immer gewesen ist. Der konnte sich nicht entwickeln. Wir haben ihm alles beigebracht und er hat nichts gelernt. Und ich würde gerne zensieren, muß ich ehrlich sagen. Ich würde gern mit der Schere durchgehen, alles wegschnipseln, rauslassen. Aber dann wären meine Leute nie in der Lage, selbst festzustellen, was für einen Mist die nach Afrika schicken. Ich sage mir, wenn die Europäer ein Recht haben, BATMAN anzuschauen, dann müssen die Afrikaner das gleiche Recht haben, BATMAN anzuschauen.

Werner Petermann

Der entwicklungsbezogene Film oder die Mär vom Frosch der kein Prinz werden konnte

Die eigenen Probleme oder der Autoexorzismus des kritischen Bewußtseins

Wir filmen die Dritte Welt, so wie sie von der Ersten Welt, aus der wir kommen, zugerichtet worden ist und weiter wird. Indem wir solches tun, halten wir uns allen einen Spiegel vor, denn es geht tatsächlich um unsere eigenen Probleme und wie wir uns ihrer entledigen können. Kritik als Therapie und Exorzismus.

1978 las sich das so:

> "Wozu aber ist das Medium 'entwicklungspolitischer Film' gut? In der Analyse unserer Beziehung zur Dritten Welt am konkreten Beispiel wird das Bild unserer eigenen Gesellschaft reflektiert. Es geht um einen Lernprozeß zur Bewältigung unserer eigenen Probleme aufgrund der Erfahrungen aus der Begegnung der Industrieländer mit der Dritten Welt." (Peter Heller, in *medium* 6, 1978).

eine woche im november

in knapp 5 tagen habe ich an die 60-70 film- und fernsehproduktionen gesehen, entwicklungspolitische, entwicklungsbezogene filme. aber gesehen ist nicht ganz der richtige ausdruck. gesichtet sollte es heißen, denn der sehvorgang war auf einen fernsehbildschirm gerichtet und die filme waren auf videoband. das verändert nicht nur das schauen, sondern auch die wahrnehmung. andererseits ermöglicht es eine solche aktion überhaupt erst.

für mich war diese woche im november eine erfahrung sui generis. daß das ganze die erfahrung wert gewesen wäre, vermag ich nicht zu bejahen. von der physischen anstrengung habe ich mich schnell erholt, aber eine psychische abwehrhaltung ist mir geblieben. ich habe in den nachfolgenden wochen weitere dutzende von entsprechenden filmen gesehen und mußte mich jedesmal überwinden. und mit jedem schlechten film, der dazukam (und es waren fast nur schlechte), wuchs meine abneigung dem genre gegenüber. so viel zum subjektiven Standpunkt.

Vorblende ins Jahr 2000

Der "entwicklungsbezogene Film" ist tot. An seine Stelle sind einfach *Filme* getreten, Filme aus der Dritten Welt, Filme von hier, Filme jedenfalls, die die Realität nicht unter dem Gesichtspunkt irgendeiner Entwicklung sehen, mit Entwickelten auf der einen und zu Entwickelnden auf der anderen Seite. Dies war die einzige sinnvolle Alternative. Denn:

Solange es ihn gab, war der entwicklungsbezogene Film durch einen stereotypen Blick auf andere, auswärtige, in der Dritten und Vierten Welt bestehende Verhältnisse geprägt und mußte somit bleiben, was er weitgehend war: die audiovisuelle Variante eines einseitigen Verhältnisses, eines Entwicklungsverhältnisses, das seine eigene Kritik gleich mithervorbrachte. Auch die kritischen Dokumentaristen waren Entwickler. Das war ihnen zunächst nicht vorzuhalten, glaubten sie sich doch auf dem richtigen Weg. Es kam dann allerdings die Zeit, da konnten sie nicht mehr umhin, sich der Tatsache zu stellen, daß sie auch Teil jenes einseitigen Verhältnisses waren, das sie kritisierten. Und damit übernahmen sie die Verantwortung dafür, nicht länger den Blick und die Bilder, nicht weiter die Ideen und die Töne zu reproduzieren, die dieses einseitige Verhältnis repräsentieren. Und das war das Ende des "entwicklungsbezogenen Films".

Eine Geschichte des entwicklungspolitischen (oder entwicklungsbezogenen, wie er später, mit noch größerer Unschärfe, heißt) Films zu schreiben, erwiese sich schon deshalb als schwierig, da sich ein "Beginn" dieser Geschichte so ohne weiteres nicht feststellen läßt. Mit der "Entwicklung" der bundesdeutschen Entwicklungspolitik ist er jedenfalls nur sehr bedingt und erst ab einem relativ späten Zeitpunkt zu korrelieren. Noch Anfang der 70er Jahre überwogen die kirchlichen Produktionen. Dennoch war bereits 1972 von vier Phasen des entwicklungspolitischen Films die Rede, so als machte dieser eine "Entwicklung" durch, wie man sie sich so ähnlich für die "Entwicklungsländer" vorstellte:

> "Phase eins: die Fortsetzung der christlichen Missionsarbeit mit der Kamera. Phase zwei: die Redakteure beginnen Hunger, Elend, Analphabetismus zu entdecken, ihre Berichte darüber wollen Mitleid wecken. Phase drei: die große Zeit der Entwicklungshilfe-Projekte; die Filme konzentrieren sich auf diese Objekte und entgehen dabei häufig nicht der Gefahr, sie als Inseln der Barmherzigkeit zu isolieren. Phase vier: man beginnt zu entdecken, daß es auf die Gesamtstruktur, den Gesamtzusammenhang ankommt, kurz: daß Entwicklungshilfe etwas mit Politik, Außen- und Innenpolitik, zu tun hat." (Frank J.Heinemann, in *epd/Kirche und Fernsehen* vom 11.11.1972, nach Wolf-Rüdiger Schmidt)

Als fünfte Phase stellte man sich die Einbeziehung von kritischen Entwicklungspolitikern aus der Dritten Welt vor, die bei den Film- und Fernsehproduktionen als *Berater* fungieren sollten. Unbeachtet, da von der Kritik negiert bzw. als inakzeptabel abgetan, blieben schon damals die Auftragsfilme der Industrie. Solche Produktionen (die in den 60er Jahren und auch später noch in den Kinos gerne als Vorfilme eingesetzt wurden, d.h. *prädikatisiert* waren: da damit Steuervorteile verbunden waren, kamen Kurzfilme ohne Prädikat nicht mehr ins Kino) waren vor allem im Zusammenhang mit Großprojekten in den Vordergrund getreten und feierten ausnahmslos die Leistungen der bundesdeutschen Industrie. Anders als der gängige entwicklungspolitische Streifen setzten die Industriefilme aufs Visuelle: in der Ästhetisierung von Technik, aber auch Natur nehmen sie filmische Entwicklungen der 70er und 80er Jahre vorweg (Werbespot, Musikvideo).[1]

Diese unter rein inhaltlich-thematischen Gesichtspunkten vorgenommene Einteilung ließe sich sicherlich auch für die Jahre seit 1972 weiterführen, mit der Einschränkung allerdings, daß eine Weiterentwicklung des entwicklungspolitischen Films im obigen Sinne nur sehr eingeschränkt zu konstatieren wäre; es müßte viel eher von Kontinuitäten (Projektfilme), Zyklen (auf der einen Seite Elends- und Katastrophenfilme, auf der anderen Solidaritäts- und Unterstützerfilme) und Verschiebungen (Ökologiefilme) die Rede sein. Natürlich ist nicht alles beim alten geblieben, aber, wie sich den Filmen der 70er und 80er Jahre ansehen läßt, ist im Neuen viel Altes geblieben. Und dies eigentlich in bestürzendem Maße. Frank Heinemann hat in *medium* (12, 1972) folgenden imaginären, aber sehr wirklichen Film beschrieben:

> "Kinder mit nackten, vom Hunger aufgetriebenen Bäuchen; apathische dunkle Gesichter, von krankheitsbringenden Fliegen umsurrt; dürre Ochsen oder Maulesel, die urzeitliche Hakenpflüge ziehen. Dann Kontrast: die Kamera tastet Hochhausfassaden an der hauptstädtischen Prachtavenue ab. Erneuter Wechsel: zurück ins Landesinnere. Da mühen sich einzelne Gutgesinnte ab. Der sozialkritische Priester, zerfallen mit seiner Kirche, die mit der dünnen Schicht der Herrschenden paktiert. Manchmal auch ein avantgardistischer Bischof. Im Jeep fährt er durch den Busch, nein, nicht in Amtstracht, sondern in Blue jeans, den Sombrero auf dem Kopf. Und dann nicht zu vergessen unsere deutschen Entwicklungshelfer. Zwar von mancherlei Miseren, Fehlplanungen, Fehleinschätzungen geplagt, aber 'im ganzen' doch erfolgreich mit ihren Musterhospitälern, Musterschreinereien, Musterfarmen (endlich wird das Zuckerrohr in schönen geraden Reihen angepflanzt!). Unsere Mädchen und Jungen tragen etwas ab von den Hypotheken des Kolonialismus, an dem wir Deutsche bekanntlich nur unwesentlich beteiligt waren. Manche behaupten zwar das Gegenteil, auf jeden Fall aber: heute nehmen wir nichts mehr, heute bringen wir Reis und Milch. Braune und schwarze Kinderhände strecken sich nach den Schalen aus. Das bisher so ernste kleine braune Gesicht lächelt in Großaufnahme. Vielleicht folgt noch ein Sonnenuntergang, von exotischem Gitarrenklang begleitet. Oder ein folkloristischer Tanz? Wippende nackte Brüste, aber streng sachlich abgelichtet auf gute alte Kulturfilmerart und deshalb auch tragbar für die Kirchenredaktion, die den Film verantwortet. ..." (zitiert nach dem Protokoll des *1. Fernsehworkshops für eine gerechtere Welt*, Katholische Akademie Trier 1972, S.17).

Sähe ein heutiger "Querschnittsfilm", gewonnen etwa aus der kontinuierlichen Fernsehschau und dem Angebot des FWU, so viel anders aus? Nach meinen Sichtungserfahrungen[2] kann ich die Frage ohne Umschweife verneinen: der Kommentar ist im großen und ganzen "kritischer" geworden, deutsche Entwicklungshelfer bringen keine Nahrungsmittel mehr, sondern bieten "Hilfe zur Selbsthilfe" an, aber sie (oder der prototypische Arzt, Missionar) fahren noch genau so "gern" im Geländewagen durch die Gegend, kaum ein Film, der ohne Kinder auskommt, und wenn schon die blanke Folklore fast nur noch in Werbefilmen der Touristikbranche vorkommt, so hat sich in den 70er Jahren eine typische linke Folklore durchgesetzt (revolutionäre Lieder als Kollektiverlebnis im Film und für den Zuschauer vor der Leinwand), die sich bis heute behauptet. Neu hinzugekommen sind die stets schuftenden (Wasser holenden, Holz schleppenden, Korn stampfenden, Felder bestellenden) Frauen, überhaupt *die Frau* als Sujet (das heißt durchaus noch nicht: als Subjekt; die "kritische" Haltung dieser Filmer ist dafür keine Garantie, läßt sich doch an Objekten viel leichter die geforderte Aufklärungs-, Informations- und Agitationsarbeit leisten), und später dann, seit Ende der 70er Jahre, die brennenden oder fallenden Bäume und die Erosionslandschaften (der ökologische Impetus).

Eine Phasierung der Geschichte des entwicklungspolitischen Films wird sich als wenig sinnvoll erweisen, wenn Wiederholung auf der einen, Reaktion auf hiesige Befindnisse auf der anderen Seite die eigentlich prägenden Strukturmerkmale sind. Film-Geschichte löst sich unter dem Blick des Betrachters auf, zurück bleiben Muster der Redundanz und Tautologie, und im Ohr der Nachhall einer Überzeugungs- und Belehrungsrhetorik, die die eigentliche Misere dieses Genres ist.

Also keine "Geschichte des entwicklungspolitischen Films". Sie muß, erwartungslos, einem Gläubigen vorbehalten werden (nach dem Motto: *credo quia ineptum*).[3] Interessanter sind da schon Brüche in der "Entwicklung" des Genres, die medienpolitische oder ästhetische Veränderungen anzeigen. Da wäre z.B., filmpolitisch folgenreich, am Beginn der 70er Jahre mit dem Auftreten der 68er auf dem Territorium des entwicklungspolitischen Films die bewußte Abgrenzung gegenüber dem Fernsehen und die Hinwendung zum Dokumentarfilm, der für das Kino gemacht auch im Kino gezeigt werden sollte. Zugleich blieb das Fernsehen aber immer in Griffweite, da auch für diese Filmemacher ein annähernd kontinuierliches Arbeiten nur mit und nicht gegen das Fernsehen möglich war. Vereinfacht gesagt: den einen langen Film fürs Kino finanzierten die vielen kleineren Aufträge des Fernsehens. Im Grunde genommen war die Situation schizophren: einerseits wurde in den 70er Jahren die Eigenständigkeit des Dokumentarfilms als Kinofilm - und der entwicklungspolitische Film spielte dabei eine nicht zu unterschätzende Rolle - postuliert und immer stärker (ideologisch, filmästhetisch) propagiert, seitdem die "Zwänge" des Fernsehens (Programmgestaltung, Ausgewogenheit, Systemcharakter, wobei das Mittelmaß die Norm setzt) deutlicher geworden waren, andererseits und parallel dazu wuchs die Abhängigkeit - weniger von dem Medium Fernsehen, als von der Industrie und dem Markt Fernsehen. Während also den Filmemachern ein entwicklungspolitisches Kino vorschwebte, eine Utopie, die durch die neuen

Programm- und Kommunalkinos immerhin zehn Jahre lang den Anschein der Verwirklichbarkeit erweckte, entdeckte das Fernsehen den entwicklungspolitischen Bereich auf seine Art: die zeitliche Expansion des Programms verlangte nach Füllmaterial, und die Dritte Welt bot sich als Steinbruch für Bilder und Themen geradezu an. Die Schwemme von entwicklungsbezogenen "Filmen" im Fernsehen, die - nebenbei gesagt - auch den ethnographischen Film[4] ins Programm spülte, beschleunigte und vollendete die Standardisierung formaler wie inhaltlicher Kriterien, Normen und Strukturen nach journalistischen Maßstäben: "Bei der Arbeit mit Fernsehredakteuren der dokumentarischen Abteilungen ist nicht zu übersehen, daß die meisten von ihnen aus dem Wort- und Tagesjournalismus kommen. Mir ist bisher kein Redakteur begegnet, der eine filmspezifische Ausbildung vorweisen könnte." (Susanne Müller-Hanpft, freie Filmemacherin, in *medium* 8, 1978). Nun geht es beim Fernsehen natürlich nicht um den einzelnen Beitrag, es geht ums Programm. Filmemacher und Fernsehmacher haben daher prinzipiell unterschiedliche Interessen. Heiner Michel, ZDF-Redakteur, (*medium* 7, 1978) sah das seinerzeit und zugunsten des Fernsehens so

> "1. Fernsehmacher sind keine Einzelgänger. Sie planen und produzieren im Kollektiv von Autoren, Regisseuren, Redakteuren, Produktionsleitern, Programmplanern und medienpolitisch Verantwortlichen. 2. Bei dieser komplizierten Kooperation sind eindeutige 'Kriterienkataloge' im besten Fall hinderlich - im schlimmsten Fall haben sie die Wirkung einer Garrotte. 3. Fernsehmacher starren nicht auf die Einzelsendung wie das Kaninchen auf die Schlange. Sie sind weit mehr daran interessiert und verpflichtet, dem permanenten weißen Rauschen der elektronischen Kanäle - dem ständigen Hintergrund aller Abläufe in unserer Gesellschaft - Konturen, Strukturen und Figuren zu geben. 4. 'Wirkung' beim Zuschauer vermuten sie mit guten Gründen nur bei längeren Reihen und Serien - und auch da eher im emotionalen als kognitiven Bereich. 5. Sie erkennen allmählich, daß ihr Medium ihnen wie Zuschauern eine Chance, die Wirklichkeit abzubilden, nur vorgaukelt. Wie man so etwas verantwortlich macht, wissen sie auch noch nicht so recht."

Man mag das als Eingeständnis televisueller Unkultur sehen oder einfach als Faktum hinnehmen, dem Filmemacher läßt das nur wenige Chancen. Michels vierter Punkt ist im nachhinein besonders interessant, da er zwei Aspekte anspricht, die in den 80er Jahren aktuelle Bedeutung erlangten. In der Tat waren es die von Radio Bremen produzierten entwicklungspolitischen Reihen ("Im Namen des Fortschritts", "Frauen der Welt"), die, ungeachtet der Qualität einzelner Sendungen, "Eindruck" machten, weil der Reihencharakter das Erkennen von Zusammenhängen erleichterte. Der zweite Aspekt betrifft die Emotionalisierung, die durch den Spielfilm viel leichter eingelöst wird als durch den Dokumentarfilm - ein Moment, das in der entwicklungsbezogenen Diskussion Ende der 80er Jahre in den Vordergrund trat. Nun, alles was das Fernsehen nicht bot bzw. nicht zuließ, wollten die entwicklungspolitischen Filmemacher einem interessierten Kinopublikum anbieten: gründliche Analysen, Anklage, Parteinahme, Solidarität und Betroffenheit, Filme, deren Länge nicht vom Programmplatz bestimmt war, sondern von den Erfordernissen des Sujets und der inneren Struktur der Erzählung, etc. In den 70er und frühen 80er Jahren entstand so eine ganze Reihe von Filmen, die auch im Kino zu sehen waren, mit mehr oder weniger Erfolg, Filme von ganz unterschiedlicher Machart auch, die sich aber durch ihren filmspezifischen Charakter von der Fernsehkost à la 45-Minuten-Feature klar unterschieden. Einige Titel: Peter von Guntens BANANERA LIBERTAD (1971), TERRA ROUBADA (1979/80) und EL GRITO DEL PUEBLO (1977); Peter Hellers DIE LIEBE ZUM IMPERIUM (1978/79), USAMBARA - DAS LAND WO GLAUBE BÄUME VERSETZEN SOLL (1980) und MBOGOS ERNTE ODER DIE TEILUNG DER WELT (1980); Peter Kriegs SEPTEMBERWEIZEN (1979); Rolf Schübels BIER FÜR LAMA KARA (1981/2); Jorge Bodanzkys und Wolf R. Gauers dokumentarischer Spielfilm IRACEMA (1974); Mario Offenbergs DER KAMPF UM DEN BODEN ODER PALÄSTINA IN ISRAEL (1977); die Filme von Tamara Wyss über die Kapverdischen Inseln, u.a.m.[5] Aber die Euphorie der "frühen Jahre" machte spätestens Anfang der Achtziger einer Ernüchterung Platz. Die solidarischen Zuschauer spielten nicht mehr mit bzw. verteilten sich auf diverse Zielgruppen, Friedens- und Ökologiebewegung absorbierten einen Gutteil des Zuschauerpotentials. So saßen die Regisseure des entwicklungspolitischen Films - auch wenn mit dem Sieg der Sandinisten in Nicaragua die Unterstützerfilme noch einmal eine Blüte erlebten - Mitte der 80er Jahre auf dem Trockenen. Vom Zeitgeist verlassen, der dennoch nicht spurlos an ihnen vorüberging. Die Filmemacher revidierten sich, sie fanden zu neuen Themen und neuen Ansätzen. Die Überzeugungen verbeugten sich vor der Realität. Dazu gehörte auch die Einsicht auf seiten der Filmemacher, daß ohne das Fernsehen nichts mehr ging. Im Zeitalter der neuen "Unübersichtlichkeit" (Habermas) war es mit der Illusion der Unabhängigkeit schnell vorbei. Und es zeigte sich sehr schnell, daß die Fernsehanstalten nicht daran dachten, dem entwicklungspolitischen Film, jetzt da er aus den Kinos so gut wie verschwunden war, Freiräume zu gewähren. Stattdessen werden die Produktionskapazitäten in diesem Bereich weiter eingeschränkt; Projekte sind immer schwieriger zu finanzieren, da das Fernsehen für seine Auftragsproduktionen immer weniger Geld zur Verfügung stellt.[6] Nur noch Standardware ist gefragt, irritationsfrei, leicht konsumierbar. (Ein Wunsch, der schon in Erfüllung geht: längere Sendungen werden aus beliebig wiederverwertbaren 5-10-Minuten-Einheiten aufgebaut, ein Prinzip, das auch unvorhergesehene Kürzungen aus aktuellem Anlaß erleichtert.) Des Fernsehens selbstgewählte Abhängigkeit von der Diktatur der Einschaltquoten reduziert alle komplexeren, komplizierteren Themen und Bilder auf ein Minimum. Die Produktionsverhältnisse sind, was den entwicklungsbezogenen Film im Fernsehen angeht, mittlerweile deshalb so miserabel, weil es dem Fernsehen zu allerletzt um "bessere" Produktionen geht. Quantität ist wichtiger als Qualität. Also zieht man das massenhaft Gegebene dem singulären Möglichen vor. Das Gegebene läßt sich verwalten. Im Möglichen stecken zu viele Unbekannte.

Der Sieg des Fernsehens - seiner Normen, seiner Standards - im Bereich des entwicklungsbezogenen Films ist nahezu vollkommen. Die Niederlage des Kinofilms machte ihn augenfällig, dennoch ergibt sich daraus keine Gleichung. Mit dem Sieg des Fernsehens haben sich auch die Stereotypen und traditionellen Strukturen des entwicklungspolitischen Films durchgesetzt, gegen die die Kinofilme ankämpften; die so reibungslose Auswertung von entsprechenden "Fernsehfilmen" durch eine Institution wie das FWU zeigt das ganz deutlich.

Eine andere Beobachtung läßt sich in die frühen 80er Jahre datieren. Nimmt man die Veranstaltungen des Fernsehworkshops als historische Richtschnur, dann muß der Umschwung zwischen dem 6. und 7. Workshop, also zwischen 1982 und 1984, sichtbar geworden sein. Dieser Umschwung, der die große Menge etwa der fürs Fernsehen produzierten Sendungen nicht erfaßte, kommt einem Paradigmenwechsel gleich, der sich kurzgefaßt so benennen läßt: vom sozialkritischen Appell und von der sozio- oder politökonomischen Analyse zu(rück zu) einer Beschreibung der Welt. Es ist ein Zufall, aber im Rückblick dennoch signifikant, daß im Frühjahr 1984 in München die erste umfassende Retrospektive des ethnographischen Films in der Bundesrepublik stattfand. Sie stand unter dem Motto: *Die Fremden sehen*. Teilnehmende Beobachtung, ein terminus technicus der Ethnographie, der auch für die wichtigsten Vertreter des neueren ethnographischen Films zutrifft, denen ein Gestus des Zeigens allemal wichtiger ist als ein Gestus des Erklärens. Teilnehmende Beobachtung: da verknüpfen sich auch die Fäden zu Filmen aus der Dritten Welt, Spielfilmen in aller Regel, die sich einer offenen Dramaturgie bedienen. Henrich von Nußbaum (*medium* 6, 1984, S.50) in seinem Bericht über den 7. Fernsehworkshop:

> "Der entwicklungsbezogene Film 1984 betreibt skeptische, ja zweifelnde Weltbetrachtung. Er registriert vielfach mit liebevoller Inbrunst und Trauer nur noch den Untergang von Natur und Kultur, von Eigentümlichem und Faszinierend-Fremdem. Er bilanziert fürs Gedächtnis, was er verloren weiß: Archäologie für die Archive der Zukunft. Wenn es sie öffentlich überhaupt je geben wird. Und unweigerlich ökologisch. Das ist die neue Dimension fast aller Filme aus und über die Dritte Welt, so weit sie auf dem Stand der Erkenntnis stehen. (...) Von solch offener, bestimmter Zielsetzung ergibt sich dann zwangslaufig eine andere Ästhetik und Dramaturgie: Jede Person, jeder Befund, fast jede Beobachtung spielt eine Hauptrolle. Nicht die möglichst eingängige Bestätigung des vorgefaßten einäugigen Rasters, des Vorurteils ist das oberste Gebot, sondern seine Abwandlung, Durchbrechung; der Selbstzweifel auch gegen die noch so sach- und ortskundigen Fazits und Faktensammlungen." (Nußbaum nennt dann jene Titel, mit denen für ihn die "Zukunft des entwicklungsbezogenen Films" begonnen hat: Peter Hellers USAMBARA und Peter von Guntens XUNAN: THE LADY; Werner Gruschs BONJOUR CAPITALISTE; ZWISCHEN LEID UND LACHEN und WASSER EINMAL AM TAG von Tamara Wyss; Kidlat Tahimiks Spielfilm TURUMBA; Gary Kildeas CELSO AND CORA - eine gute Auswahl zweifellos, aber sicherlich auch Filme gegen das Fernsehen ...)

Wie hieß es dagegen in den Jahren nach 1968: "Wer nichts weiß, sieht nichts!" Nur weg von der bloßen Phänomenologie. Denn: "Es reicht nicht, die Welt zu erkennen; es gilt, sie zu verändern!" Das Wissen dazu kam aber nicht aus der Wirklichkeit der Dritten Welt, sondern aus der Wirklichkeit von Büchern. Was den Filmen der Zeit deutlich anzusehen und abzuhören ist. Dem gesprochenen und geschriebenen Wort vertraute man, und selten wurde mehr geredet und diskutiert als in diesen Jahren, aber was davon in die Filme einging, war nicht der Vorgang, die *Diskussion*, sondern stets nur das Ergebnis. Hinzu kam ein Mißtrauen gegenüber der Verführungskraft des Bildes (so läßt sich das wohl interpretieren), das fast puritanisch zu nennen ist. Die Folge: ein asketischer Umgang mit dem Visuellen, der bei einigen wenigen zu einer strengen Form entwickelt wurde, bei der großen Mehrzahl der dokumentarisch Arbeitenden jedoch einfach zur Vernachlässigung der Bildebene und zur Überbewertung von Kommentar und Interview führte. Techniken des Direct Cinema verselbständigten sich. Die Zeit der *talking heads* war gekommen. Worauf es einzig und allein ankam: die Aussage mußte stimmten. Daß die Technik wirklich nicht so wichtig war, sah man ja an den Agitationsfilmen, die aus Lateinamerika kamen. Nur: was dort aus der Not geboren war, wurde hier sofort in die Watte der Ideologie gepackt. "Arme Technik" mußte herhalten, um miserable Filme zu entschuldigen.

Interessanter als die meisten Filme des Jahrfünfts von 1969-1974, die sich eines entwicklungspolitischen Themas annahmen, ist die Feststellung, daß in diese Jahre auch die "formative Phase" des entwicklungspolitischen Films im Fernsehen fällt, das bis auf den heutigen Tag viele der Stereotypen und Klischees von damals beibehalten hat, so vor allem den Primat des Kommentars bei gleichzeitiger Vernachlässigung von Bildform und Bildinhalt. Ich will damit keine simple Genealogie behaupten, aber die Übereinstimmungen sind da und die Verbindungen personell gegeben. Man sehe sich nur die Filme des prominentesten entwicklungspolitisch orientierten Regisseurs des Fernsehens, Gordian Troeller,[7] an, dessen aufklärerischer Impetus mittlerweile wie ein Relikt aus alten Zeiten wirkt und bei manchem Altachtundsechziger nostalgische Gefühle wecken dürfte. Was Troeller seit Jahrzehnten, wenn auch mit wenig filmischen Mitteln praktiziert: Zusammenhänge aufzuzeigen, war eines der großen Anliegen des entwicklungspolitischen Films nach 1968. Strukturen sollten aufgedeckt, Verhältnisse "entlarvt" werden. Peter von Guntens BANANERA LIBERTAD (1971) war so ein analytischer Film; er kann heute als Musterbeispiel des politisch prononcierten entwicklungspolitischen Films gelten. "BANANERA LIBERTAD führt in 8 Kapiteln verschiedene Formen der Ausbeutung vor und gelangt folgerichtig im letzten Kapitel zum Verbraucher, der im Kaufhaus Bananen aus Guatemala ersteht und somit teilhat an der Ausbeutung der mittelamerikanischen Plantagenarbeiter durch einen multinationalen Konzern." So resümiert Benedikt Fischer den Film 1986 und fährt dann fort:

> "Peter von Gunten kontrastiert die Reichen Perus in ihren Villen mit den Armen in den Elendsquartieren, die Geschäftswelt von Asunción mit dem harten Alltag auf dem Lande, die herbe Schönheit der Andenlandschaft mit den Preßlufthämmern der Indios, die diese Landschaft in fremdem Auftrag zerstören helfen usw. Zur Betonung des Gegensätzlichen benutzt er abwechselnd Farb- und Schwarzweißmaterial. Der Kommentar geht nicht auf die konkrete Situation im Film ein, sondern fällt anhand der Bilder pauschale Urteile, die besonders gegen Ende etwas moralisierend und pathetisch klingen. BANANERA LIBERTAD *ist kein Film über Menschen, sondern*

> *über Strukturen* (meine Hervorhebung, W.P.), unter denen diese Menschen leiden müssen. Am Ende der Kette wirtschaftlicher und kultureller Unterdrückung steht der Verbraucher, ohne den das ganze System der Ausbeutung nicht funktionieren könnte ('WIR sind die Ausbeuter')." (*Dokumentation zum VIII. Fernsehworkshop "Entwicklungspolitik"*, Arnoldshain 1986, S.57/58).

BANANERA LIBERTAD widerstrebt den heutigen Seh- und Rezeptionsgewohnheiten. Filmemachen dieser Art war nicht nur ein aufklärerisches, sondern auch ein moralisches Anliegen. BANANERA LIBERTAD ist eine heftige Anklage gegen das kapitalistische Weltwirtschaftssystem. Aber gerade die Wahrheiten, die der Film verkündet, hinterlassen beim heutigen Zuschauer wohl eher ein zwiespältiges Gefühl, weil sich in dieser Faktizität ein starkes Maß an Abstraktion einstellt, das zwar den politökonomischen Strukturen gerecht werden mag, nicht aber den Menschen, um die es doch eigentlich geht.

Einige Jahre später hat der französische Regisseur Luc Moullet das Konzept, nach dem BANANERA LIBERTAD vorgegangen ist, in die Form eines "Spielfilms" gekleidet: LA GENESE D'UN REPAS. Auf den ersten Blick wirkt die Abstraktion noch stärker, sie wird aber erträglicher, da sie an Personen gebunden ist, egal ob Laien oder Schauspieler, die die Bedeutung der Fakten oft allein durch ihre bloße Präsenz veranschaulichen. Und der Film nimmt sich die Zeit zu schauen, zuzusehen,

BANANERA LIBERTAD

auch wenn er inszeniert. Er vertraut dem, was er zeigt, so daß er ohne Kommentar auskommen kann. (Daß das Informationsbedürfnis mancher Zuschauer dadurch nicht befriedigt wird, liegt auf der Hand. Ein Vergleich der beiden Filme würde vielleicht Aufschluß darüber geben, was ein Film kann und was nicht. Da er ein flüchtiges Ereignis ist, kann er auf keinen Fall ein Buch ersetzen oder eine Datenbank.) LA GENESE D'UN REPAS ist aber auch doppelt so lang wie BANANERA LIBERTAD. Peter von Gunten ist in seinen späteren Filmen selbst abgekommen von der Thematik und Form des Strukturen analysierenden Films, was auch Konsequenzen für die Länge seiner Filme hatte. VOZES DA ALMA (1986), sein bisher letzter Dritte-Welt-Film, ist ein dreistündiges Werk über Priesterinnen und Gläubige des Candomblé, einer synkretistischen Religion Brasiliens, teilnehmende Beobachtung, bei der der Autor und Regisseur sich ganz zurückgenommen und auf jede verbale Erklärung oder Kommentierung verzichtet hat. Die langen Einstellungen dieses Films verhindern den Eindruck des Exotischen, daß sein Faszinosum dennoch häufig dem Nicht-Verstehen entspringt, nimmt er in Kauf.

VOZES DA ALMA ist ein radikaler Beleg für den dokumentarischen Paradigmenwechsel, der auf dem Gebiet des entwicklungsbezogenen *Films* in der ersten Hälfte der 80er Jahre stattgefunden hat. Die Betonung liegt eindeutig auf dem Wort Film, denn für das Fernsehen hatte diese Umorientierung keinerlei Bedeutung.[8]

Was an vielen dieser Filme überdies auffällt: Etikettierungen wie "entwicklungspolitisch" oder auch "entwicklungsbezogen" haben ihren Sinn, den sie in der Zeit eines ungebrochenen Entwicklungsdenkens einmal gehabt haben mögen, verloren. Man tut den Filmen keinen Gefallen mehr, wenn man sie so benennt. Man täte ihnen aber auch keinen Gefallen, wenn man sie unter einem neuen Etikett ("Primat der Beobachtung") zusammenfaßte, das - in sich nicht weiter differenziert - die Verschiedenheit der Filme nivellierte. Diese Verschiedenheit ist in der gleichförmigen Flut von Filmen, die weiterhin als "entwicklungsbezogen" eingestuft werden, ein großes Plus, weil es das einzelne Werk als Film sichtbar werden läßt.

Eine Einsicht, die aus der Beobachtung zu gewinnen ist (Beobachtung als bereits vorfilmisch einsetzender Prozeß, der im Film seine Repräsentation erfährt), kennzeichnet die Richtungsänderung auch ganz unterschiedlicher Filme: an die Stelle einer durch Außensicht geprägten Kritik an der Realität, die Erklärungsmustern unterworfen wird, die jene Kritik erst ermöglichen, tritt zunehmend der Versuch, die "Normalität der Fremde" zu zeigen, d.h. den eigenen Blick zugunsten der Innensicht einer Gesellschaft zurücktreten zu lassen. Ein probates, wenn auch nicht problemloses Raster, dies zu verwirklichen: dem Zuschauer werden Identifikationsangebote gemacht, der Filmemacher richtet sein Augenmerk auf einzelne Personen, die als Protagonisten einer mehr oder weniger betonten "Geschichte" genügend gesellschaftliches Umfeld haben, um den Film über die Schilderung privater Lebensverhältnisse hinaus interessant zu machen. Peter Hellers Kamerun-Tetralogie (MANDU YENU, 1984/5; SHATFON - DAS ERBE DER FRAUEN, 1986/7; DIE MU-

LATTIN ELSE und AFRICAN LADY - DIE KINDER VON FOU-FOU UND COCA-COLA, 1987/88) oder ein Film wie Malte Rauchs FRANKFURT-CONAKRY - RÜCKKEHR INS LAND DES ELEFANTEN (1985) haben den Weg in diese Richtung beschritten, ohne auf die Möglichkeiten des Kommentars zu verzichten. Aber es ist dies ein Kommentar, der mit mehreren Stimmen ("Autoritäten") spricht, von denen die des Filmemachers nur eine ist. Diese Mehrstimmigkeit öffnet die Filme auch im Hinblick auf ein vielstimmiges Publikum.[9]

Anmerkungen

1 Ein relativ spätes, aber auch relativ bekanntes Beispiel dieser Kategorie ist der Streifen DIE CABORA BASSA STORY (1970-1975), der, von den politischen Entwicklungen überrascht, zumindest im Kommentar noch einige kleine Schwenker macht, die den hymnischen Tonfall vorübergehend stören. (Der Film existiert in zahlreichen Versionen: vom Industriewerbefilm bis zum Fernsehfeature, das die letzte Fassung zu sein scheint, da es die Unabhängigkeit von Moçambique miteinbezieht.)

2 Im Laufe des letzten Halbjahres habe ich weit über hundert Filme aus den Fernsehprogrammen der letzten zwanzig Jahre und von kommerziellen wie nicht-kommerziellen Verleihern und Anbietern (Landesfilmdienste, Bundespresseamt, FWU, Landesbildstellen u.ä.m.) begutachtet.

3 Etwa H.von Nußbaum, der in *medium* 6,1984, S.49 folgende Entwicklungsabfolge des Genres konstatierte, die er als "kollektive Lernschritte" begreift: "In den maßgeblichen letzten zwei Jahrzehnten etwa von der emotionalen Angerührtheit über die erst ökonomische, dann soziale, dann sozioökonomische hin zur politischen, schließlich sogar soziokulturellen Wahrnehmung und Darstellung, prototypisch vereinfacht. Am derzeitigen Ende steht endlich die Reflexion über die Beobachtungsbedingungen, ..., die Einsicht also in die unlösbare Verklammerung von Erkenntnis und Interesse."

4 Ich bin mir der Fragwürdigkeit dieser Benennung bewußt, aber was im Fernsehen an "Ethnographie" zu sehen ist, bewegt sich in dem weiten Feld zwischen exotisierendem Kulturfilm ältester Provenienz, pseudowissenschaftlichem Humbug und dem gelegentlichen visuellen anthropologischen Ereignis, das auch als Film zu befriedigen vermag. "Ethnographisch" kann in dieser Hinsicht nur so verstanden werden, daß die "kulturelle" ("wissenschaftliche") Beschreibung gegenüber einer Darstellung mit "entwicklungspolitischem" Interesse dominiert.

5 Auch wenn diese Filme hier für das Kino reklamiert werden, sei nicht übersehen , daß es sich oft um Koproduktionen mit dem Fernsehen handelt.

6 Die Folgen: sogenannte "Huckepackproduktionen", die Mehrfachverwertung einer Reise, eines Themas, was unweigerlich schnelleres, damit aber auch oberflächlicheres Arbeiten bedeutet.

7 Troeller scheint ein Wort von Brecht, wonach die Außenansicht einer Fabrik nur sehr wenig über diese besage, so ernst genommen zu haben, daß er seinen Bildern so gut wie überhaupt nicht mehr vertraut.

8 Daß es da auch die eine oder andere Ausnahme geben mag, ändert nichts an diesem Urteil, da solche Ausnahmen Zufallsentdeckungen gleichkommen. Eine solche Zufallsentdeckung, als Beispiel für eine beobachtende Kamera: DAS VERSCHWENDETE LEBEN (1983, Regie: Michael Albus). Im Mittelpunkt der Beobachtung steht allerdings - und das relativiert die Sache gleich wieder - ein französischer Missionar!

9 Der in dieser Hinsicht vielschichtigste Film der Tetralogie ist MANDU YENU, da er sich von allen vier am weitesten auf die Geschichte (Historie) einläßt und die Stimmen der Vergangenheit mit den Stimmen der Gegenwart um die Aufmerksamkeit konkurrieren.

Gut und Böse klar verteilt

Ein Gespräch mit Thomas Giefer

*Zu Zeiten der Studentenbewegung mit kurzen Agitprop-Filmen aufgefallen, ist Thomas Giefer unter den Dokumentaristen einer der "Stillen", der sich vor allem mit Arbeiten aus den Krisengebieten des Vorderen Orients einen Namen gemacht hat (*DIE KURDEN*). Charakteristisch für seine Filme ist das sichtbare Engagement des Filmemachers für seine Themen. Das Interview mit Thomas Giefer hat Peter Heller im Januar 1990 in Frankfurt/M. geführt.*

PETER HELLER (PH): Wie hast Du Dir als Kind die Armut vorgestellt?

THOMAS GIEFER (TG): Die Armut hat sich eigentlich in der Nachbarschaft abgespielt. Der Krieg war damals zu Ende, wir haben in den Trümmern gespielt. Ich erinnere mich an die Plünderzüge, die wir durch die Trümmer gemacht haben. Wo das Altmetall und irgendwelche verwertbaren Sachen rausgenommen wurden. Und es gab Leute, die wirklich davon gelebt haben. Wir haben das mehr aus Spaß und Abenteuer gemacht. Das war für mich die Armut im Grunde. Also Armut in der Dritten Welt, davon hatte ich keinen Begriff. Überhaupt nicht.

PH: Warum wolltest Du Filme machen?

TG: Das ist eine schwierige Frage. Ich habe als Kind gerne gezeichnet und habe gerne geschrieben. Und der Film war im Grunde eine Kombination von beidem. Ich wollte etwas mitteilen. Aber ich glaube, der Einstieg war gar nicht so kommunikativ, sondern eher so ein fast ästhetischer Reiz mit Worten, Bildern umzugehen.

PH: Wie bist Du Filmemacher geworden?

TG: Ich bin in Berlin 1966/1967 auf die Filmakademie gegangen und wollte es dort lernen. Dann kam aber sozusagen die Studentenbewegung dazwischen.

PH: Ach so, Du bist einer von denen?

TG: Ich bin einer von denen. Das Lernen hat weniger in der Filmakademie als auf der Straße stattgefunden. Wir haben die Filmakademie eigentlich benutzt, um das, was wir unter revolutionären Filmen verstanden haben, zu produzieren. Um einzugreifen in die Bewegungen, die auf der Straße stattgefunden haben. Und wir gehörten zu den ganz wenigen, die privilegiert waren und die Produktionsmittel hatten. Das hat dann auch konsequent zu unserem Rausschmiß aus der Akademie geführt, würde ich sagen. Aber trotzdem glaube ich bis heute, daß wir da eine Menge gelernt haben.

PH: Und wie hast Du das umgesetzt, diese Lust nach Bildern und Worten und dieses Anliegen? Das paßt ja nicht ganz zusammen, oder? Ist ja plötzlich ganz instrumentalisiert alles.

TG: Ja und nein. Im Rückblick gebraucht man vielleicht so ein Wort wie instrumentalisiert. Aber wenn du drinsteckst in so einer Bewegung, dann nimmst du das nicht so wahr. Praktisch hat es so ausgesehen: mein Bruder war Kameramann beim WDR. Er hatte eine Bolex, die man mit der Hand aufgezogen hat. Die hat er mir geliehen. Und er hatte gelegentlich Kisten von abgelagertem Filmmaterial, was im Fernsehen nicht mehr benutzt werden konnte. Mit dieser kleinen 30-Meter-Kamera mit Handaufzug und höchstens Halbminuteneinstellungen und dem abgelagerten Filmmaterial bin ich auf allen Demonstrationen rumgerannt und habe von Anfang an, von den ersten Sit-ins in der Uni an, alles aufgenommen. Es war meine Lust und mein Impuls, Filme zu machen, und gleichzeitig war da das Motiv, das sich von selbst angeboten hat. Ich brauchte nicht irgendwelche Leute aufzufordern, mir was vorzuspielen, brauchte mir nicht großartig was zu suchen, was vielleicht interessant genug wäre, sondern es war alles interessant. Ich hatte auch im Grunde kein Geld für Entwicklung, sondern habe das alles in einem handbetriebenen Entwicklungstank entwickelt. Und ich habe dabei das Filmemachen gelernt. Dann kam ich auf die Filmakademie und dort hatte es dann schon etwas strukturierteren Charakter. Der Ehrgeiz da war, Filme zu machen, die tatsächlich eine Botschaft übermitteln. Und das lag eigentlich nicht so sehr an der Filmakademie, sondern an dem Ereignis Schahbesuch in Berlin, 2. Juni 1967, was gleichzeitig für mich die erste Begegnung mit der Dritten Welt gewesen ist. Und zwar kam nicht ich in die Dritte Welt, sondern die Dritte Welt kam eigentlich nach Berlin und in die Straßen von Berlin.

PH: Die Zeit der "Jubelperser" - das war für Dich die Dritte Welt?

TG: Es war ein Begriff von Dritter Welt, wo alles noch stimmte, wo Freund und Feind, wo gut und böse klar verteilt waren. Und alles auch nach einem Schema noch richtig in Ordnung war. Es gab einen Despoten, der ein ökonomisch völlig unterentwickeltes und verarmtes Volk unglaublich ausgepreßt hat und damit einen unbeschreiblichen Prunk entfaltet hat, der repressiv war mit allen Mitteln, die ihm zur Verfügung standen. Der gleichzeitig, was hervorragend paßte, eine Marionette der Amerikaner war und die Interessen der Amerikaner sozusagen als lokaler Gendarm wahrnahm. Und der den Amerikanern auch ihre ganze Waffentechnologie usw. abgekauft hat, d.h. ökonomisch wichtig und sinnvoll war. D.h., da paßte alles ineinander. Wenn es den nicht gegeben hätte, hätten wir ihn uns ausdenken können, nach unseren damaligen Dritte-Welt-Theorien.

Und dieser Despot kommt nun in die Metropole nach Berlin. Wird dort auch mit Prunk und großem Aufwand empfangen. Und während er seinen Prunk, sein kleines Persepolis in der Oper von Berlin entfaltet, passiert in den Straßen von Berlin genau das, was wir uns vorstellen, was in der Dritten Welt dauernd passiert. Es wird in die Menge geschossen. Und einer wird erschossen. Der Student Benno Ohnesorg war tot. Das war ein ungeheuer prägendes, aber relativ einfaches Erlebnis, eine ziemlich eindimensionale Erfahrung. Ich war wie jedesmal mit meiner Kamera unterwegs, bin da hingekommen, habe alles aufgenommen. Plötzlich wurde das, was normalerweise sozusagen fürs Familienalbum gewesen wäre, zum welthistorischen Ereignis. Jedenfalls aus unserer Sicht. Und es hat sich eigentlich auch so herausgestellt. Aus diesem Material - wir haben das damals in Ostberlin entwickeln lassen, weil wir Angst hatten, daß in Westberlin die Kopierwerke mit der Polizei zusammenarbeiten, es war eine unheimliche Verschwörungsangst damals - aus dem Material habe ich meinen eigentlich ersten Film gemacht. Zusammen mit Hans Rüdiger Minow, BERLIN, 2. JUNI. Das war ein Film, der eine klare Botschaft hatte, nämlich unsere Erfahrung in Berlin in die Bundesrepublik zu transportieren und international zu verbreiten.

PH: Der hat Dich aber nicht verlassen, der Schah.

TG: Im Grunde hängt das mit diesem Film zusammen, daß ich Kontakt zu Persern hatte, daß ich auch irgendwie identifiziert wurde mit der persischen Opposition. 1979, als der Schah dabei war zu stürzen, haben mich Leute angesprochen, ich sollte da hingehen und schauen. Es hat mich auch interessiert, die Revolution zu sehen - wir haben davon gesprochen, daß es notwendig wäre, daß ich mir diese Revolution selbst anschaute. Das ging ungefähr drei Jahre lang, in denen ich regelmäßig für längere Zeit hingefahren bin, regelmäßig dort gearbeitet habe. Das gehört sicher zu meinen wichtigsten und prägendsten Erfahrungen. Es war die erste Begegnung mit der realen Dritten Welt. Und gleichzeitig mit einer Revolution. Das ist eine Sache, die man vielleicht ein- oder zweimal im Leben mitmachen kann.

PH: Aber das war ja auch sehr unterschiedlich. Du hast ja wahrscheinlich anfangs die Volksmudschaheddin vor Dir gehabt. Und dann war plötzlich Khomeini dran.

TG: Es war ganz anders, ja. Aber das war nach der eindimensionalen Erfahrung in Berlin eine reale Revolution, die viel widerspüchlicher und kontroverser verlaufen ist. Um an einem Beispiel zu verdeutlichen, was diese Revolution charakterisierte: Wir hatten ein Passepartout von dem stellvertretenden Innenminister. Dieses Papier hat uns erlaubt, im ganzen Land frei herumzureisen, was sonst kein Journalist konnte. Mit dieser Möglichkeit haben wir auch alle erdenklichen Fernsehoptionen bekommen. Aber dann hat sich herausgestellt, daß dieses Papier vielleicht bestenfalls bis an die Stadtgrenze von Teheran gültig war, weil die Revolution eine Dezentralisierung der Macht zur Folge hatte. Und das war die eigentliche Revolution, das war das Wesen der Revolution damals: daß kein Mensch wußte, wer vielleicht Innenminister sein könnte, wie seine Unterschrift aussieht, weil seine Stempel unbekannt waren, weil, selbst wenn das alles bekannt gewesen wäre, keiner irgendeiner Autorität die Verantwortung überlassen hätte. D.h., die Revolution bestand darin, und das war für mich das stärkste Erlebnis, daß jeder sich selbst für den ganzen Staat, die ganze Gesellschaft, für die ganze Revolution verantwortlich fühlte. Die Revolution hat an jeder Straßenecke, in jedem Komitee von neuem angefangen und wir als Journalisten aus dem Westen mußten uns an jeder Straßenecke, in jedem Dorf, in jeder neuen Situation von neuem mit dieser Revolution, die in Form von irgendwelchen Leuten dort anwesend war, auseinandersetzen und mußten unsere eigenen Positionen ihnen gegenüber vertreten.

So haben wir natürlich viel mehr gelernt, als wenn du eine klare Vorstellung hast über die Machtverteilung und die Entwicklung usw. und nur versuchst, deine Bilder zu finden. Wir mußten immer wieder bei Null anfangen, wie wenn wir in ein neues Land kämen. Und da waren ja unendlich viele Tendenzen. Da gab es Linke, da gab es links und islamisch Geprägte, die islamischen Fundamentalisten, Bürgerliche, Konservative, Nationalisten usw.. Für meine Begriffe war der Kampf am Anfang überhaupt nicht entschieden, sondern es war völlig offen, was aus dieser Revolution rauskommen könnte. Erst im Laufe dieser drei Jahre hat sich dann eine Monopolisierung der islamischen Fundamentalisten herausgestellt. Dadurch ist die Revolution, wie ich sie ursprünglich erfahren und erlebt hatte, zerschlagen worden. Wir haben versucht, auch diesen Prozeß zu reflektieren und zu dokumentieren, indem wir z.B. immer wieder an dieselben Plätze zurückgekommen sind. Indem wir uns nicht jeweils das ausgesucht haben, wo es gerade interessant war, sondern indem wir immer wieder in die Slums von Teheran gegangen sind. Und immer wieder in dieselben Häuser gegangen sind, immer wieder mit denselben Leuten geredet haben und sie gefragt haben, welche Entwicklung sich inzwischen ergeben hat. Und so die Veränderung ihrer Wahrnehmung, ihrer Hoffnungen und Utopien dokumentieren konnten. Das war, glaube ich, das Wichtigste an dieser Sache. Nicht in eine revolutionäre Situation reintauchen, großartig auftanken, daraus einen enthusiastischen Film machen und Schluß, sondern die Entwicklung bis zum bitteren Ende zu dokumentieren.

Nach drei Jahren ungefähr, 1981/1982, haben sich halt unsere Berichte, die wir im Iran gemacht haben für das Fernsehen, so verändert, daß wir ausgewiesen wurden und seitdem auch nicht wieder reingekommen sind.

PH: Diese Berichte waren ja nur Kurzreportagen.

TG: Das waren in der Regel Kurzreportagen, maximal eine halbe Stunde, manchmal drei bis vier Minuten, acht Minuten.

PH: Du hast ja später versucht, das Material nachträglich zu bearbeiten.

TG: Ich habe versucht, einen langen Film zu machen. Aus verschiedenen Gründen ist dies nicht ganz geglückt. Der eine Grund ist vielleicht, daß diese sehr komplexe Entwicklung von unserer Identifikation mit einer revolutionären Bewegung bis zu unserem Rausschmiß, daß dies sehr schwer darzustellen und zu vermitteln war. Trotzdem wäre das der spannende Film gewesen, genau das zu zeigen. Ich glaube, die große Schwierigkeit war die Tatsache, daß wir das gesamte Material, und das war natürlich unendlich viel, schon in Stücken fürs Fernsehen montiert, kommentiert hatten. Und daß wir, bei dem Versuch, eine lange Dokumentation daraus zu machen, uns nie mehr 100 %ig davon lösen konnten. Dadurch fällt der Film letztendlich auseinander, hat keine konsequente Linie, sondern agiert eigentlich in kleinen Stücken. Das sind einerseits technische Gründe, die Sachen waren eben schon geschnitten, und es ist ganz schwierig, danach eine völlig neue Montage zu machen. Aber ich glaube, einer der Hauptgründe war, daß man sich im Kopf auf bestimmte Wahrnehmungen und bestimmte Interpretationen des Materials schon einmal eingelassen hat. Und daß es fast unmöglich ist, sich davon wieder loszureißen.

PH: Ich kann mich erinnern, wie wir nachts einmal zusammensaßen nach einer Vorführung von diesem Film. Und Du warst ziemlich frustriert. Wir haben darüber geredet, daß er nicht entschieden genug war, daß er sehr stark auf der Sprache hätte aufbauen müssen, daß Deine eigene Reflexion zu wenig war.

TG: Der Film hat angefangen mit dem 2. Juni und nicht mit der iranischen Revolution, und er hat auch damit aufgehört. D.h., der Rahmen war schon tatsächlich meine persönliche Geschichte. Aber er hat das nicht konsequent genug gemacht. Das lag auch daran, daß ich das mit dem Ulrich Tilgner zusammen gemacht habe, und der natürlich eine ganz andere persönliche Geschichte hat.

PH: Nochmals zum Iran. Ihr seid ausgewiesen worden ...?

TG: Ja, wir konnten auch nicht mehr hinfahren. Hatten aber sehr viele Informationen, hatten vor allem ein ausgeprägtes Interesse an der Region und an der politischen Entwicklung des Iran. Die einzige Möglichkeit war, vom Irak aus in den Golfkrieg zu gehen und von dort zu berichten. Das war unsere Möglichkeit, die Iraner zu sehen. Wir haben sie dann nur noch als Leichen wiedergesehen. Das war wiederum eine ungeheuer starke und deprimierende Erfahrung. Zum einen, weil sich im Laufe dieser häufigen Aufenthalte im Iran schon so eine Identifikation hergestellt hat. Nicht mit der iranischen Politik, aber mit den Iranern. Wir hatten da viele Freunde. Vor allem stellt sich eine Identifikation auch mit der Bevölkerung her.

PH: War das egal, was für ein Iraner das ist, egal, zu welcher politischen Richtung er gehört? War es eine generelle Affinität?

TG: Wie andere Leute vielleicht eine Affinität zu ihrer eigenen Nationalität haben, die mir sehr stark abgeht, entwickle ich eher eine Affinität zu einer Nation, zu einem Volk, zu einer Bevölkerung, mit der ich mich ganz stark auseinandersetze. Und mit dem Iran, mit der iranischen Politik habe ich mich in der Zeit stärker auseinandergesetzt als mit der Entwicklung der deutschen Gesellschaft. Als wir nun von den Irakern über die Leichenfelder geführt wurden, wo wirklich Tausende von zerstückelten und zerfetzten Leichen rumlagen, war das schon ein bißchen als ob, ich weiß nicht, als ob deine Verwandtschaft da liegen würde. Oder Leute, die du kennst. Und die Art, wie die Iraker damit umgegangen sind. Selbst mit den Leichen: mit einem unglaublichen Haß und einer Verachtung. Die Überreste dieser Kämpfer wurden gefleddert, getreten, herumgestoßen.

Eine weitere sehr herbe und deprimierende Erfahrung war, daß wir in dem Moment, wo wir dort hingingen, zu den professionellen Kriegsberichterstattern gehörten, uns in der Gruppe dieser Leute bewegen mußten. Das ist eine wahnsinnig problematische Geschichte, eine ganz eigene Sache. Diese professionellen Medienkrieger, die von einem Schlachtfeld zum anderen ziehen, diese permanenten Geschichten von den Abenteuern im Libanon und den Gefechten in Afghanistan. Und dann trifft man sich im Golfkrieg wieder. Diese Wahrnehmung von der Dritten Welt. Die Kriege finden ja in der Regel in der Dritten Welt statt. Eine ganz neue Erfahrung von mir, das unter dem Gesichtspunkt des Marktwertes, der Vermarktung zu betrachten. Nachrichten als Ware. D.h., ein Tag, an dem kein Angriff stattfindet, an dem nur wenig Tote rumliegen, an dem nicht viel geschossen wird, an dem keine größeren Frontverschiebungen stattfinden, ist ein verlorener Tag, ist ein langweiliger Tag, ist ein kostspieliger Tag, an dem man nichts verdient. Ein Tag, an dem eine Großoffensive stattfindet, an dem Tausende von Leuten niedergemetzelt werden, an dem die Leichen in den Sümpfen aufgebläht schwimmen, an dem vielleicht noch im Hintergrund einige Häuser brennen und Artillerieeinschläge zu sehen sind, ist ein gelungener Tag, ist ein erfolgreicher Tag, ist ein profitabler Tag. An den man sich erinnert, an dem plötzlich das Adrenalin in die Adern schießt und man alle Aktivitäten entwickelt, um die Nachrichten auch hier an den Mann und ins Fernsehen zu bringen.

PH: Wo würdest Du den Unterschied zu den professionellen Kriegsberichterstattern sehen?

TG: Es ist ganz schwierig, weil in dem Moment, wo du aus dem Krieg berichtest, nimmt dir kein Redakteur etwas anderes ab als Leichen, als Einschläge, als Schießereien, als Katastrophen, als Tod und Terror. Unser Anspruch war minimal genug: vielleicht ein bißchen mehr Hintergrund zu bringen und ein bißchen weniger spektakulär zu arbeiten. Wir konnten auch nicht in dem Maße spektakulär sein, weil wir damals noch auf Film gearbeitet haben. Uns haben alle anderen Korrespondenten, die da rumliefen, immer ausgelacht. Wir waren nicht so schnell wie die Leute. Die drehen die Sache und dann rennen sie in die nächste Fernsehstation und schicken das über den Satelliten nach Hause. Wir mußten das Material transportieren.

PH: Das war eine Chance?

TG: Ja, das war auch eine Chance. Aber ich bilde mir im Grunde nicht allzu viel darauf ein, daß wir die Chance sehr gut wahrgenommen haben, weil man auch in den Bann dieser Sensationen gerät. Und es ist ganz schwer, sich dem überhaupt zu entziehen. Das ist sozusagen die Spannung, die einen da auch mitzieht. Vor allem auch das Verwertungsdenken, weil ich ja weiß, ich werde eine Sache besser los, wenn da ein bißchen was passiert.

PH: Gab es denn Situationen, wo es Dich selbst gestört hat, etwas zu drehen? Oder hast Du immer eine Rechtfertigung gefunden dafür?

TG: Es ging nicht um Rechtfertigung. Ich habe festgestellt, in dem Moment, wo ich die Kamera vorm Auge habe, denke ich nicht mehr nach über das, was passiert. Ich entwickle auch eine ungeheure Distanz dazu. Es wäre unmöglich, sich jedesmal zu überlegen, etwas aufzunehmen oder nicht. Man kann sich hinterher überlegen, schneide ich das rein oder schneide ich es nicht rein. Eine Szene habe ich heute noch vor Augen, aber in dem Moment habe ich sie gar nicht wahrgenommen - also ich habe sie wahrgenommen, als wenn ich sie im Fernsehen sehen würde. Wie ein Iraker einen halbzerfetzten und halbierten Iraner am Schopf hochnimmt und umdreht und ausschüttelt. Und dieses Khomeinibüchlein und die Plastikschlüssel und alles, was der so bei sich hatte, rausflatterten. Ich habe das aufgenommen. Wir haben es nicht verwendet. Aber für mich ist es eine Einstellung, die in meinem Kopf gespeichert ist und die ich wahrscheinlich auch nie mehr vergessen werde.

Ich glaube, es ist auch nicht praktikabel, nachzudenken über diese Dinge, die man aufnimmt. Ich glaube, es geht einfach nicht. In dem Moment fängt man an, dermaßen zu zögern und unsicher zu werden, daß man keine guten Aufnahmen mehr machen würde.

PH: Ich stelle mir vor, da steht so ein irakischer Offizier, der stolz die Beute präsentiert, und Du hast doch die Wahl, von dem Opfer raufzuschwenken, um dann die Reaktionen des Irakers zu beobachten. Und Dich darauf zu konzentrieren?

TG: Ja, das mache ich natürlich, aber das geht sozusagen automatisch. Es ging ja in dem Moment nicht um die Leiche, sondern es ging um diesen Haß und um die Verachtung und dieses unglaubliche, ja fast entmenschlichte Verhalten des Kriegsgegners gegenüber seinem besiegten Feind. Also uralte Impulse und Reaktionen, die plötzlich in dieser Situation hochkommen. Darum ging es. Und wenn ich die Chance habe, in einem Film darüber zu reflektieren, dann würde ich so eine Szene sicherlich auch benutzen. Aber ich werde sie nicht benutzen in einem Film, wie er täglich über das Fernsehen kommt, der sozusagen immer nur die Mitteilung von den Kriegsschauplätzen darstellt. Wo das eine Attraktion unter anderen wäre. Ich glaube, daß das eine Einstellung ist, die kommentiert werden muß.

PH: Mußtet Ihr Euch verstellen unter diesen Kollegen? Oder waren das alles kritische Leute und nur abgebrüht?

TG: Wenn du das professionell machst, wenn du wirklich Kriegsberichterstatter bist, dann ist es ja deine Spezialität, an diesen Punkten, wo es gerade knallt, immer wieder aufzutauchen. Und wenn du das permanent mit einem kritischen Bewußtsein machst, glaube ich, wirst du wahnsinnig davon. Es gab ja Führungen, Busfahrten, wo die irakischen Informationsleute und gleichzeitig Geheimdienstleute, Gruppen in Bussen oder Jeeps durch die Front fuhren. Was ich immer wieder festgestellt habe, ist, daß gerade die Fotoreporter sich ihren Walkman auf absolute Lautstärke stellen, daß man es bis sonstwohin hört. Um sich praktisch abzuschotten von dieser Realität. Sie können das sonst überhaupt nicht ertragen. Jahr für Jahr, Tag für Tag, Monat für Monat, sich immer wieder mit diesem absoluten Elend auseinanderzusetzen. D.h., sie setzen sich nicht auseinander, sondern sie setzen sich hin, machen sich den Walkman an und schauen nur noch. Und sie schauen wahrscheinlich, wie ich durch die Kamera schaue, mit einem völlig fremden Auge, als wäre so eine dicke Glasscheibe dazwischen.

PH: Aber das wiederholt sich doch immer wieder?

TG: Das wiederholt sich immer wieder.

PH: Dann wäre das doch dasselbe?

TG: Aber sie müssen immer wieder die besten Fotos schießen, die sie überhaupt schießen können. Es ist eigentlich eine völlige Entfremdung von der Realität, die da stattfindet. Die ich auch an mir selber beobachtet habe. Zum Beispiel die Artillerieeinschläge, die hörst du ja erst, wenn es schon eingeschlagen hat. Und siehst sie auch erst danach. Wenn du dann die Kamera draufhältst, hast du nur noch ein bißchen Wolke, Rauch. Du mußt die Fähigkeit entwickeln, zu wissen, wo denn der nächste Artillerieeinschlag kommen wird. Und da die ja immer von Beobachtern korrigiert werden, kann man auch ungefähr wissen, in welcher Richtung sie sich weiterbewegen und in welcher Entfernung der nächste Einschlag kommt. Ich habe zum Schluß, zu meinem eigenen Entsetzen, tatsächlich die Fähigkeit entwickelt, mitzuschießen, d.h. die Kamera im voraus schon so zu bewegen, wie die Einschläge kommen werden. Du entwickelst tatsächlich die gleichen Fähigkeiten wie die Leute, die an dem Geschoß sitzen. Du machst dir gar keine Gedanken mehr darüber. Das ist die Art, wie du am besten deinen Job erledigst.

PH: Aber jetzt überlege doch mal. Wie weit hast Du Dich entfernt von den Ambitionen in Berlin? Warum hast Du das weiter gemacht?

TG: Ich glaube, die erste Art, mich zu entfernen, war ja tatsächlich, dort hinzugehen. Das bedeutete immer größere Konkretionen und auch eine stärkere, eine komplexere Wahrnehmung der Dritten Welt. Angefangen habe ich, Dritte-Welt-Filme zu machen mit der Bolex, die am Stativ über dem Schreibtisch stand. Darunter haben wir Fotos und Karten gelegt, die schwarz und rot gefüllt waren, und Fähnchen usw. Wo wir die Bewegungen in der Dritten Welt, die Befreiungskämpfe, die Unabhängigkeitskriege, auf unserm Schreibtisch nachvollzogen haben. Das war die Dritte Welt, wie sie auf den Schreibtisch paßt. Wie man sie sich selber zurechtlegen kann. Dann ging das über die Station 2. Juni 1967, Schah-Besuch, dann eine echte Revolution im Iran, und dann plötzlich das Umkippen dieser "echten Revolution". Eine Konfrontation mit einem Maß an Realität, das schwer zu ertragen war. Aber erst dadurch, denke ich, habe ich eigentlich das Ziel erreicht, das ich mir vorgenommen hatte, bin ich tatsächlich dem nahe gekommen, was mich von Anfang an interessiert hatte. Danach sind Zeiten gekommen, da denke ich, ich habe dieses Interesse stärker kommerzialisiert. Ich habe mich dem Warencharakter, dem Nachrichtenwert usw., immer stärker unterwerfen müssen, weil ich von dem Job auch leben will. D.h., Themen anbieten zu müssen, die sozusagen nicht von den Auslandskorrespondenten erledigt werden können. Das bedeutet, daß man immer spektakulärer werden muß, daß man immer raffiniertere Einstiege finden muß, daß man auch immer riskantere Dinge machen muß, um eben diesem Argument - ein Auslandskorrespondent kann das auch machen - zu entgehen.

PH: Merkwürdig scheint mir jetzt eins. Die Dritte Welt, da waren erstmal Helden, dann Opfer. Aber konkrete Menschen zur Identifikation, die hast Du dort ja nicht gefilmt. Ich denke z.B. an den nahezu zärtlichen Film, den Du mit David gemacht hast, mit diesem Bauern ...

TG: KELLERSHOF.

PH: Ja, genau. Hat Dich derartiges in der Dritten Welt nicht interessiert? Irgendwie blieb die Dritte Welt merkwürdig verzweckt, oder?

TG: Ja, da ist etwas dran. Das hängt sicher z.T. mit den Revolutionsbedingungen zusammen, daß ich mich selten lange irgendwo aufhalten konnte. Aber das ist eine Sache, über die ich selber auch nachdenken müßte. Das ist mir nicht so bewußt geworden.

Wir haben da Leute sehr eng kennengelernt, aber sie sind nicht unbedingt in das Zentrum der Filme gerückt. Ob das möglicherweise daran liegt, daß ich mich nicht dafür interessiere, für die einzelnen Leute. Daß ich vielleicht immer noch diese Schemata im Kopf habe, von denen ich mal ausgegangen bin.

PH: Also möglicherweise eine stringente Linie von Berlin zu heute?

TG: Ich denke, es gibt auch anderes. Das, was mich sehr stark interessiert in letzter Zeit und was es erst seit kurzem gibt, ist, mit Amateur-Equipment zu drehen.

PH: Also Video 8?

TG: Ja, beispielsweise. Für mich bedeutet das weniger Technik, die dazwischen steht. Das Ding ist immer einsatzbereit, du kannst jederzeit anfangen zu drehen. Und du kommst näher an die ursprüngliche, spontane Wahrnehmung ran, denke ich. Das ist wichtig. Wir haben einen Film gedreht in Südafrika letztes Jahr. Anlaß war das Todesurteil gegen 14 Leute, die während einer Demonstration festgenommen wurden und jetzt in der Todeszelle sitzen. Wir hatten natürlich keine Genehmigung und haben eine Woche lang relativ ungestört in einem schwarzen Township drehen, arbeiten, mit den Leuten leben können, weil wir eben wie Amateure, wie Touristen aussahen, weil unser Equipment so aussah. Danach kamen die ersten Drohungen und dann ließ sich die Situation nicht mehr halten. Aber in dieser Zeit hat sich, da wir nicht über ein großes Equipment verfügt haben, wir nicht so eine riesige Technik mobilisieren mußten, eine sehr viel größere Nähe zu den Menschen hergestellt. Und das drückt sich, denke ich, auch aus oder hätte sich ausdrücken können in dem Film ...

PH: Du bist nicht ganz zufrieden mit dem Ergebnis?

TG: Ich bin nicht ganz zufrieden. Das hängt natürlich auch mit dem Einsatz von so einem Film zusammen. D.h., das Ziel war natürlich, den Leuten zu helfen, die in der Todeszelle sitzen. Also eine öffentliche Kampagne, eine weltweite Kampagne zu initiieren. Dazu brauchst du das Fernsehen. Das muß gesendet werden, das muß verbreitet werden. Und in dem Moment, wo du einen Sendeplatz findest, dann zwingen sich dir die Strukturen dieses Sendeplatzes und dieser Redaktion natürlich auch ungeheuer auf und prägen die Form und den Ausdruck.

PH: Das scheint mir aber ein regressiver Lernprozeß. Du bist von einer Filmakademie gefeuert worden, weil Du damals genau diese Strukturen erkannt hast, weil Du gewußt hast, was das Fernsehen mit den Leuten macht. Und jetzt, 20 Jahre später, siehst Du Dich immer mehr als Opfer von diesen Strukturen und kannst Dich nicht entziehen.

TG: Ja, aber sende mal einen Film im *Auslandsjournal*, der tatsächlich dem entspricht, was du ursprünglich machen wolltest.

PH: Ich sage ja nur, Du mußt vom *Auslandsjournal* weg.

TG: Aber es ist doch notwendig, diesen Film im *Auslandsjournal* zu zeigen, weil das zehn bis zwanzig Millionen sehen.

PH: Du willst also helfen?

TG: In dem Fall wollten wir bestimmten Menschen helfen, ja. Aber in letzter Zeit packt mich die Lust, mal wieder einen Film zu machen, wie es früher bei "Schauplatz" möglich war. Zumindest war meine Vorstellung damals: das ist ein Sendeplatz, wo dokumentarisch gearbeitet wird, wo eine Dreiviertelstunde zur Verfügung steht, wo auch die Leute, die mit der Redaktion zusammengearbeitet haben, einigermaßen sicher sein konnten, regelmäßig produzieren zu können. Und wo das Thema, das ich mir suchte, nicht ausschlaggebend war. Denn der Ansatz war, daß der Alltag so spannend sein kann (wenn du ihn nur spannend siehst und spannend erzählst), wie der spannendste Kriegsschauplatz. Niemanden überreden zu müssen, weil es klar war, wir machen schöne, genaue, hintergründige, spannende Filme, worüber auch immer. Das ist ein ganz anderer Ausgangspunkt. Da kenne ich heute keinen Redakteur, keine Redaktion mehr, die so etwas akzeptieren würde.

PH: War das jetzt zeitlich ein Exkurs, diese "Schauplatz"-Arbeit? Wurde die Iran-Arbeit dabei unterbrochen?

TG: Das lief parallel.

PH: Also hast Du Dich irgendwie kreativ befreit beim WDR. Und die andere Lust und vielleicht auch das Finanzielle habt Ihr ausgetobt in der Dritten Welt? Denn "Schauplatz" war doch immer Bundesrepublik.

TG: Ja, aber ich glaube, das ist das Beste, was dir passieren kann. Daß du einen Blick entwickelst, der genauso scharf ist auf deine unmittelbare Umgebung, auf die Region, wie auf die Dritte Welt. Und du kannst die Dritte Welt auch viel besser und genauer wahrnehmen, wenn du die Kriterien beibehältst, die dein eigener Alltag dir liefert. Dann kannst du auch Alltag in der Dritten Welt wahrnehmen. Hingegen die Dritte Welt zum einzigen Thema gemacht, kommt man ganz schnell in die Situation hinein, nur noch das Exotische, das Spektakuläre, das Grausame, das Fürchterliche oder das Erstaunliche oder Tolle dort zu sehen. Meine Vorstellung war immer, ich muß auf zwei Beinen stehen, mit einem, das sich direkt mit meiner eigenen Lebenssituation, Umwelt, mit meiner Region auseinandersetzt, und einem zweiten, meiner Affinität zur Dritten Welt. Der ich nachgehen kann, aber auch gleichzeitig Relationen und Maßstäbe entwickle, und die eigene Erfahrung ein bißchen relativiere. Also z.B. Probleme, die hier im Umfeld auftauchen, relativiere, indem ich sehe, was weltweit eigentlich los ist.

PH: Aber klappt so ein Austausch? Wir haben ja festgestellt, der Alltag und der Einzelmensch als Persönlichkeit kommt in den Filmen zur Dritten Welt zu kurz. Aber was hast Du hier für Filme parallel gemacht? Das haben wir ja öfter versucht zu sagen, wir machen Filme in der Dritten Welt, aber wir entfernen uns nicht von hier.

TG: Es gibt einen Film, der beide Teile ein bißchen miteinander verbunden hat. Je nachdem, wie man den Begriff "Dritte Welt" definiert. Wir haben einen Film gemacht über einen türkischen Asylbewerber in Nordrhein-Westfalen, in der Reihe "Schauplatz". Der sein ganzes Asylproblem, Elend und weiß der Teufel was ausgebreitet hat. Aber auch eine sehr beeindruckende Stärke hatte. Und der uns erzählte von seiner Frau, die noch in der Türkei lebte, mit drei Kindern, und von Faschisten, dem Militär ungeheuer unter Druck gesetzt wurde. Ihr wurde das Haus abgebrannt und hinterhergeschossen usw. Diese Frau hat ihrem Mann Tonbandbriefe geschickt, hat alles, was passierte, erzählt. Diese Tonbandbriefe kamen schon in dem ersten Film vor. Dann haben wir gesagt, obwohl "Schauplatz" eigentlich ein Regionalprogramm war und eigentlich nur in Nordrhein-Westfalen angesiedelt sein sollte, machen wir für "Schauplatz" eine Sendung und gehen in die Türkei und suchen diese Frau. Das war das erste Mal, daß wir so ein Amateur-Equipment genommen haben mit einer Super 8-Kamera damals. Wir haben diese Frau gefunden, die zu den stärksten und beeindruckendsten Frauen gehört, die mir je begegnet sind. Und die mit uns versteckt im Auto durch ihre Nachbarschaft gefahren ist und uns erzählt hat, was dort alles passiert ist. Wir haben anschließend noch dafür gesorgt, daß beide Asyl bekommen haben. Und die leben bis heute in der Bundesrepublik, weil es sonst schwierig gewesen wäre, diese Filme im Fernsehen zu zeigen. Es war zu befürchten, daß die Leute wieder zurück in die Türkei müssen und dann die Konsequenzen zu tragen hätten. Dieser Super 8-Film, der auch problemlos im Fernsehen gelaufen ist, gehört eigentlich zu meinen Lieblingsfilmen. Das ist im Grunde ein Film, der genau diesen Anspruch erfüllt. Der erstens ausgeht von unserer Nachbarschaft, und der in der Dritten Welt spielt, aber eine Figur ins Zentrum des Films rückt.

PH: Und der auch Menschen hilft?

TG: Und der Menschen hilft.

PH: Jetzt hätten wir eigentlich ein positives Ende, aber ich habe noch eine Frage. Es gibt unter Kollegen Gerüchte, daß Du versuchst, mit dem Filmemachen aufzuhören und von etwas anderem leben willst.

TG: Das ist so nicht richtig. Es ist sozusagen ein ökonomisches Phänomen: ich lebe ja seit 15 Jahren von der Arbeit für das Fernsehen, und man bekommt heute beim Fernsehen mit Mühe und Not den gleichen Minutenpreis wie vor 15 Jahren.

PH: Man kriegt weniger!

TG: Man kriegt die Hälfte, weil inzwischen ja alles um das Doppelte teurer geworden ist. D.h., man muß mehr produzieren. Das ist wie bei den Bauern, wo die Preise auch eher zurückgehen oder stagnieren und immer mehr produziert werden mµß. Es muß immer mehr umgesetzt werden, es müssen auch immer exaltiertere und spektakulärere Themen vorgeschlagen werden. Es ist so eine Art Spirale. Und diese Spirale hat mir irgendwann ein bißchen Angst gemacht und hat mich verbittert. Ich habe nach einer Möglichkeit gesucht, von dieser absoluten Abhängigkeit vom Fernsehen loszukommen. Ich habe dann mit einem Kollegen zusammen mit Computersatz angefangen. Wir machen das jetzt auf relativ niedrigem Level, weil ich viel zu viel in diesen Filmproduktionen zu tun habe. So rutsche ich nicht nach und nach in eine Situation hinein, wo ich Filme nur noch anbiete, weil meine Produktionsmittel amortisiert werden müssen, weil meine Miete bezahlt werden muß, weil ich irgendwie überleben muß. Genau das habe ich damit erreicht. Ich habe festgestellt, ich kann in einem anderen Job problemlos genauso gut leben. Ein Job, der mir sehr viel weniger Spaß macht und der mich auch nicht so besonders interessiert. Aber seitdem schlafe ich wieder gut und trete auch viel gelassener den Redakteuren gegenüber, wenn ich ihnen irgendetwas anzubieten habe.

Jeder Schnitt ist eine Form der Kommentierung

Ein Gespräch mit Peter Krieg

Peter Krieg gehörte in den 70er Jahren zu den profiliertesten entwicklungsbezogenen Filmemachern der BRD. Mit SEPTEMBERWEIZEN *wurde er auch einem größeren Kinopublikum bekannt. Zugleich markiert der Film seine Abkehr von Dritte-Welt-Themen. Mit Filmen wie* DIE SEELE DES GELDES, VATERS LAND *und* MASCHINENTRÄUME *versuchte er sich in der filmischen Umsetzung psychoanalytischer Kategorien. Peter Krieg ist Begründer des Verleihs "Barfuß-Film" und Initiator des ökologischen Filmfestivals "Ökomedia". Peter Heller führte mit Peter Krieg im Januar 1990 ein Fernseh-Interview, aus dem die folgenden Passagen stammen.*

PETER HELLER (PH): Warum wolltest Du Filme machen?

PETER KRIEG (PK): Sicherlich aus einem Generationenkonflikt heraus, wie ihn viele in meiner Generation mit der Vergangenheit der Väter hatten - verbunden mit einem sehr großen Bedürfnis, Gerechtigkeit herzustellen oder Wiedergutmachung in irgendeiner Form zu leisten. Für mich war nicht so sehr Film als künstlerisches Medium ausschlaggebend, sondern eigentlich eher der Film als Vehikel für meine eigene Wahrheitssuche. Als untergründiges Motiv treibt mich das natürlich auch heute noch um - alle meine Filme sind Suche nach einem besseren Verständnis der Welt.

PH: Wann hast Du Deinen ersten Film auf einem südlichen Kontinent gemacht?

PK: Das war 1974/75 FLASCHENKINDER.

PH: Hast Du Dich damals in Solidaritätsbewegungen oder ähnlichen Gruppierungen bewegt?

PK: Ich habe über die Recherche an diesem Film eine Solidaritätsbewegung kennengelernt, die später die Boykottbewegung gegen Nestlé getragen hat.

PH: Aber Du hast eigentlich in all Deinen Filmen, die Du in der sogenannten Dritten Welt gemacht hast, vermieden, Dich mit den Menschen näher zu beschäftigen. Du hast immer stärker die Gesellschaft, die Strukturen im Fokus gehabt.

PK: Ich hatte so als ganz unmittelbares Gefühl, sicher auch unterstützt durch meine eigene politische Geschichte um '68 herum, den Eindruck, daß das Problem nicht so sehr in den Personen liegt, sondern mehr in den Strukturen. Daß wir auf irgendeine verzwickte und vielleicht schwer zu durchschauende Art und Weise mit der Dritten Welt verbunden sind und daß das Elend der Dritten Welt eine Folge, ein Effekt ist, dessen Ursache wir selber sind. Und diesem Effekt, dieser Kausalität, wollte ich auf die Spur kommen. Dabei fielen die Menschen natürlich irgendwo hinten runter. Und das war dann auch eine Erkenntnis: um diese Neugier zu befriedigen, muß man gar nicht in der Dritten Welt filmen, denn diese Strukturen gibt es überall, bei uns natürlich auch - und wenn ich schon, das ist sozusagen 'ne private Leidenschaft, die der Motor ist meiner Filmarbeit, solchen Strukturzusammenhängen auf der Spur bin, dann kann ich die überall, auch in jedem anderen Thema untersuchen.

PH: Welche Eigenschaften haben denn die Fernsehfeatures, die zur besten Sendezeit laufen?

PK: Die Grundeigenschaft dieser Features, glaube ich, ist die, daß sie in relativ knapper Zeit so was wie eine kollektive Realität konstruieren. Ich bin ja der Meinung, daß man die Realität nicht vorfindet, sondern sie im Kopf selber herstellen muß. Und weil jeder einzelne seine eigene Realität herstellt, muß, um eine Gesellschaft zu konstituieren, auch eine gemeinsame Realität geschaffen werden. Und diese Aufgabe hat unter anderem natürlich das Fernsehen, haben die Medien, hat jede Form von Kommunikation. Und es gibt Standardformen, wie das Feature, und dies hat sich, glaube ich, in dem Punkt relativ gut bewährt.

PH: Stört es Dich nicht, wenn Dein Film vom Kommentar gefesselt ist, wenn die Bilder alle einem Korsett der Sprache unterworfen werden, worin sich der Zuschauer nicht bewegen kann?

PK: Das stört mich insofern prinzipiell nicht, weil natürlich alle Filme dem Korsett der Sprache unterworfen sind - egal ob das nun eine gesprochene oder bildliche Sprache ist. Und die Bewegung des Zuschauers ist sowieso eine Scheinbewegung - auch im Sinne des Cinéma Verité bewegt sich der Zuschauer ganz nach den Vorstellungen des Regisseurs, der das inszeniert hat, denn einen guten Film erkennt man gerade daran, daß es dem Regisseur gelingt, den Zuschauer in seiner Wahrnehmung exakt zu steuern. Von daher ist das Feature für mich eine sehr ehrliche Form der Manipulation.

PH: Im Film FLASCHENKINDER gab es doch noch einen klassischen Kommentar? Einige Jahre später, beispielsweise zu SEPTEMBERWEIZEN, hast Du selbst Statements abgegeben, hier gebe es keinen Kommentar, obwohl es ihn natürlich gab.

Der war nur versteckt in einer Art Nachrichtenform, aber alle Kritiken damals schrieben, endlich ein Dokumentarfilm ohne Kommentar - sie sind drauf reingefallen. Jetzt stehst Du also wieder mehr dazu, daß ein guter Kommentar durchaus Qualität hat.

PK: Ich habe das eigentlich nie dogmatisch gesehen. Jeder Schnitt ist eine Form der Kommentierung und ebenso jede Aussage eines Protagonisten, weil ich die Aussage ja auswähle - ich wähle aus, mit wem ich rede, was der sagen darf im Film - was er nicht sagen darf, wird ja rausgeschnitten.

PH: Wie siehst Du denn Dein Verhältnis zum Publikum?

PK: Am Anfang, wie FLASCHENKINDER auch zeigt, so die ersten zehn Jahre, habe ich eigentlich Filme für ganz bestimmte Benutzergruppen, Zielgruppen gemacht. Da wußte ich, die haben ganz bestimmte Erwartungen an meinen Film, der Film hatte die Funktion, ihr eigenes Gewissen zu beruhigen, ihre eigene Weltanschauung, ihre Weltbilder zu bestätigen. Und allzu kritisches Hinterfragen war da nicht möglich, war auch von mir aus gesehen gar nicht nötig, weil ich dieses Weltbild geteilt habe. Ab SEPTEMBERWEIZEN ging es bei mir in eine andere Richtung, da kamen auch die ersten Konflikte mit diesen Benutzergruppen, gerade in der Dritte-Welt-Szene, und ich habe mich immer mehr davon entfernt, Filme für eine bestimmte Gruppe zu machen. Das böse Ende brachte vor zwei Jahren der Film DIE SEELE DES GELDES. Damals fand in Berlin die Konferenz des Weltwährungsfonds (IWF) statt. Anscheinend kollidierte mein Film mit den Intentionen der Anti-IWF-Kampagne zur Verschuldungsfrage der Dritten Welt, weil er eigentlich ganz andere Gesichtspunkte noch reingebracht hat. Und er auch nicht mehr von dem edlen Wilden ausging, sondern es als ein Gesamt-System begriff, in dem alle ihren Beitrag leisten, daß so ein Problem wie diese Verschuldung entsteht, und das auch von allen gelöst werden muß. Und da waren die Leute sehr böse, da sind mir, in Frankfurt zum Beispiel, auch Prügel angedroht worden, da haben sich die Kirchen geweigert, diesen Film einzusetzen - sehr schnell war klar, daß diese Bewegungsszene gar nicht daran interessiert ist, mal neue Gedanken zu fassen oder ihre eigenen Weltbilder erschüttern zu lassen, sondern daß es eigentlich eine Szene ist, die sich bestätigen lassen will - und das wird für jemanden langweilig, der Neugier mitbringt in das Geschäft und versucht, auch in Filmen neue Gedanken, neue Sichtweisen zu erkunden. Darum bin ich eigentlich aus der Szene raus und hab' mit den Leuten heute genauso Konflikte wie ich sie mal mit Zimmermann hatte - aber da macht's wieder richtig Spaß.

PH: Also, alle Weltbilder, alles ist durchbrochen und verwaschen, die Leute sind verunsichert - und das einzige, was sich nicht verändert hat, sind eigentlich bestimmte Formen dieser Medien, gerade diese formale Ebene im Fernsehen scheint versteinerter denn eh und je - was würdest Du Dir für eine Form von Programm wünschen, speziell Berichterstattung Ausland, wie könnte so ein Zukunftsfernsehen ausschauen?

PK: Jemand hat ja gesagt, die ARD, das ist die DDR im Westen, und diese Erstarrung ist sicher schon am Programm ablesbar. Ich glaube, daß auch durch den Einfluß der privaten Medien, daß man übers Kabel alle möglichen Fernsehstationen, auch aus dem Ausland, kriegt, sich alles ganz langsam auflöst und auflockert. Früher gab es nur ein Programm, weil der Staat meinte, das Volk brauche nur eines, dann gab's große politische Diskussionen wegen der Erweiterung auf zwei Programme, heute sind wir soweit, daß es tendenziell kein Programm mehr gibt, sondern jeder hat eine Fernbedienung und macht sich sein Programm selbst - es wird nur noch Sender geben, die sich spezialisieren auf ganz bestimmte Bedürfnisse: der eine macht Kultursendungen, der andere Opern, der dritte Sport, einer nur Nachrichten, ein anderer etwas schwierigere Kulturberichte, Dokumentarfilme etc. - so was könnte ich mir vorstellen, und das würde auch Spaß machen.

Wenn es um die Dritte Welt geht, muß man viel erklären

Ein Gespräch mit Gordian Troeller

Der wohl bekannteste und erfolgreichste Fernsehdokumentarist für Dritte-Welt-Themen ist Gordian Troeller. Mit Marie Claude Deffarge, seiner häufigen Mitarbeiterin, war er zuvor bereits lange Jahre für den Stern tätig. Bekannt sind seine Reihen "Im Namen des Fortschritts", "Frauen der Welt" und "Kinder der Welt". Diese Reihen entstanden alle in Zusammenarbeit mit einem *Sender, Radio Bremen und stellen insofern eine bemerkenswerte Ausnahme im bundesdeutschen Fernsehschaffen dar.*

Die folgenden Passagen sind Auszüge aus einem *Fernseh-Interview, das Peter Heller im Januar dieses Jahres mit Gordian Troeller geführt hat.*

PETER HELLER (PH): Wann haben Sie Ihren ersten Film auf einem südlichen Kontinent gemacht und was waren Ihre persönlichen Motive dazu?

GORDIAN TROELLER (GT): Als ich in Persien, in der Gegend der russischen Grenze, die Turkmenen fotografierte, es war für den *Stern*, hatte ich eine Filmkamera mitgenommen. Marie Claude Deffarge, die damals mit mir zusammen arbeitete, fotografierte, während ich filmte. Und wir stellten hinterher fest, daß man mit den Fotos viel mehr lügen kann, als mit dem Film - sie machte nämlich wundervolle Fotos, alles kleine Dschingis-Khans, und beim Film, da kamen die Kröpfe zum Vorschein, da kam die Armut und da haben wir gesagt, von jetzt an filmen wir.

PH: Wann war das?

GT: Das war circa 1968.

PH: Ihre Fernsehreihen aus der Dritten Welt wurden sehr erfolgreich, Ihre Fernseharbeit ist engagiert und gelobt für ihre beispiellose Kontinuität. Wie finden Sie die Themen für diese Serien?

GT: Oh, das hängt sehr oft vom Zufall ab. Wenn ich eine Serie mache wie "Im Namen des Fortschritts", dann weiß ich ganz genau, was ich zeigen will - ich will zeigen, was unser Fortschritt in der Dritten Welt bewirkt, ob er gut ist oder schlecht. Ich habe herausgefunden, daß er schlecht ist. Und bei der Serie über

Frauen geht es natürlich darum, wie andere Kulturen mit dem Patriarchat, wie mit der Situation zwischen Mann und Frau fertigwerden, damit wir darüber reflektieren können und unsere eigene Situation verstehen.

PH: Wie haben sich die Themen Ihrer Filme im Laufe der vergangenen Zeit verändert?

GT: Ich glaube, sie haben sich gar nicht mal so sehr verändert. Ich hab' ja ungefähr 50 Filme für Radio Bremen gedreht, und im Prinzip ist sowohl die Machart wie die Thematik mehr oder weniger die gleiche geblieben.

PH: Die Machart hat eine große Stetigkeit, aber was die Themen betrifft - also erst wirtschaftlich orientierte Themen und dann doch mehr kulturelle Themen, mit denen Sie sich ja später beschäftigt haben, das entspricht schon einer Tendenz, wie sie zum Beispiel bei mir selber auch gelaufen ist. Ich meine, Sie haben ja jetzt keinen Film zur Verschuldungskrise gemacht - aber damals eigentlich schon.

GT: Ich habe 1973 angefangen mit Filmen über die Dritte Welt und wurde als Spinner hingestellt. Heute sagt Herr Weizsäcker genau das, was ich damals sagte. Im Augenblick ist das Interesse an Analysen zur Dritten Welt viel weiter gediehen als damals. Und über die Verschuldungskrise gibt es schon sehr viele Filme. Ich habe mich mehr aufs Kulturelle konzentriert, weil ich glaube, daß das Kulturelle eigentlich die Basis des Ganzen ist, daß die Zerstörung der kulturellen Identitäten das wichtigste Thema ist, und wenn heute in der ganzen Welt die Nationalitäten plötzlich ihre eigene Identität suchen wollen, wie in der Sowjetunion und so weiter, dann hat das damit zu tun.

PH: Können Sie das Verhältnis zwischen der Länge, der Dreharbeiten und der Arbeit am Schneidetisch für einen 45-Minuten-Film beschreiben?

GT: Da ich ja selber Kamera führe, muß ich nicht, wie es sonst ein Regisseur gewöhnlich zu tun hat, einem Kameramann sagen, das und das ist jetzt zu machen. Ich funktioniere sofort. Da ich eine kleine Kamera habe und mit der immer herumlaufe, bin ich für die Leute der Mann mit dem großen Auge. Ich kann also jederzeit filmen und stelle nie etwas. Ich komme mit ungefähr 4000 Meter Material, das sind ca. 6 Stunden, zurück. Und das versuche ich didaktisch aufzubauen, weil die meisten Themen, die ich behandle, nicht den Vorurteilen entsprechen, gegen die ich diese Filme mache. Und da versuche ich dann so stringent zu sein wie nur möglich. Das heißt, der Film wird eigentlich im Schneideraum gemacht.

PH: Und wie lange brauchen Sie dann am Schneidetisch?

GT: Na, am Schneidetisch brauche ich gewöhnlich 10 Tage bis 3 Wochen, um den Film fertig zu machen - und dann ungefähr 10 Tage, um ihn zu texten. Ich texte nämlich hinterher, ich schneide erst und texte dann.

PH: Sie machen sich erst ein Konzept?

GT: Ich mache ein Konzept, um die Ideen, die ich da "verbraten" will, einzuteilen und den Bildern zuzuordnen - dann erst, wenn der Film steht, mache ich den Text.

PH: In Ihren Filmen dominiert ein präziser, meist anklagender Kommentar - fürs Beobachten bleibt wenig Zeit und Raum. Ihre Filme sind sehr deutsch in dem Sinne. Diese Form des gut gemachten Fernsehfeatures ist Ihr Markenzeichen seit fast zwei Jahrzehnten.

GT: Wenn es um die Dritte Welt geht, und das ist das Schlimme, dann muß man dummerweise viel erklären. Ich weiß, daß ich zu viel spreche. Wenn ich einen Film über die Bundesrepublik machen würde, wo die Leute die Situation kennen, dann würde ich wahrscheinlich überhaupt nichts sagen. Ich erinnere mich, als Marie Claude Deffarge eines Tages einen Film von uns über Persien in Paris zeigte, stand plötzlich hinterher jemand auf und sagte: aber laßt uns doch über eure Bilder

"Kinder der Welt": VERSKLAVT UND VERGÖTTERT (Nepal, 1986)

träumen. Dann ist sie aufgestanden und hat gesagt: das wollen wir eben nicht, ihr sollt nicht darüber träumen; dann träumt ihr, was ihr in eurem Kopf habt - wir wollen euch aber zeigen, daß das, was ihr in eurem Kopf habt, nicht stimmt. - Deshalb müssen wir dummerweise viel reden.

PH: Ihr Arbeitgeber ist das Fernsehen, das Fernsehen ist im Griff der Politiker - Sie haben mit Ihrer engagierten politischen Stellungnahme deshalb schon mehrfach Ärger bekommen. Zur Zeit versucht man, eine Israel-Sendung von Ihnen aus dem Programm zu hebeln. Steht der Filmemacher alleine gegen die Anstalt?

GT: Nein, die Anstalt - gottseidank - steht hinter mir, aber die Rundfunkräte von München und Hamburg und auch Hessen haben mich verurteilt, und einige haben sogar gesagt, daß ich ein Antisemit sei - und in der Presse hieß es, daß ich der neue Goebbels sei - nur weil ich mir erlaubt habe, in Frage zu stellen, ob die Juden wirklich als Rasse verfolgt werden oder vielleicht doch, weil sie sich als auserwähltes Volk darstellen und natürlich - was ich nicht gesagt habe, aber was ich hätte sagen sollen -, weil sie seit Jahrhunderten von den Kirchen als Mörder Christi dargestellt wurden. Wenn man sagt, daß die Juden als Rasse verfolgt wurden oder werden, dann frag' ich mich, wieso es schwarze Juden gibt, blonde usw.. Für mich ist es nicht die Rasse, die verfolgt wird. Aber die Kampagne ist gewaltig gewesen, und die ARD hat immerhin entschieden, daß dieser Film nicht wiederholt wird.

PH: Und was zeigt dieser Film?

GT: Es geht um die palästinensischen Kinder, also "Kinder der Welt", die Steine werfen usw.. Ich analysiere, wie die Stimmung auf beiden Seiten ist. Die meisten jüdischen Schüler, die ich interviewt habe, sind gegen die Araber, sie sagen, die Araber müßten vertrieben werden - und behaupten, Gott habe ihnen dieses Land versprochen und deshalb hätten sie ein Recht darauf, die anderen nicht. Nicht umsonst heißt dieser Film DIE NACHKOMMEN ABRAHAMS, weil ja beide Völker, die Palästinenser - also die Araber - und die Juden von Abraham abstammen. Ich habe das versucht, aus der Sicht der Unterdrückten zu zeigen, nämlich der Palästinenser. Man wirft mir zum Beispiel vor, daß ich nicht sage, daß die Palästinenser auch Terroristen seien, daß die auch Kinder umbringen, Terroraktionen leiten - aber das ist nicht mein Thema. In meinem Thema geht es um das Unrecht Israels, weil es ja Besetzer ist. Ich war während des Krieges, ich bin Luxemburger, bei den Alliierten, natürlich haben wir uns gegen die Besetzer erhoben, haben auch auf Besetzer geschossen. Wenn wir das nicht getan hätten, wären wir ja keine Patrioten gewesen - damals wurden auch wir als Terroristen angekreidet, aber jetzt sind wir die großen Helden von damals, d.h., wenn ich besetzt bin, hab' ich das Recht, mich zu erheben - und das ist zum Teil mein Thema.

Ärger haben wir auch mit der israelischen Regierung, der israelischen Botschaft, weil wir einen Film über die Palästinenser gemacht haben, und in diesem Film zeigen - natürlich aus der Sicht der Palästinenser - wie es ihnen geht, wie sie geprügelt werden, wie sie erschossen werden, wie sie umgebracht werden, wie ihre Häuser in die Luft gesprengt werden usw. - das haben die Israelis nicht gemocht, und deshalb sind sie ganz massiv vorgegangen. Sie haben immerhin erwirkt, daß die Rundfunkräte in München und Frankfurt und in Hamburg den Film mehr oder weniger verurteilt haben. Sie haben sogar über mich in Luxemburg nachgeforscht.

Peter Heller

Schlußverkauf der Welt-Bilder

Erfahrungen eines Verwickelten

Filme mache ich seit dem Jahre 1973. - Die anderen davor, die zählen nicht so ganz, das waren noch Übungsstücke und Testfahrten ohne Zuschauer in der Zeit auf der münchener Filmakademie. Aber schon damals spielten ferne Länder und Kontinente eine wichtige Rolle: Praktikum beim Fernsehen in Kolumbien, Arbeit beim Fernsehen in Malaysia und abenteuerliche Reisen mit Rucksack und kleiner Filmkamera durch Nepal, Indien und auf dem Landweg heim nach Europa.

Ich träumte, hatte Illusionen und Wunschbilder über die fremden Welten gehabt. Aber die Wirklichkeit erwischte mich ...

Ich mache dokumentarische Filme und ich mache sie als "freier Produzent" - bin Kleinunternehmer und vielleicht auch eine Art von Wirklichkeitsforscher in der Industrielandschaft der Medien geworden. Damals, in der ersten Hälfte der siebziger Jahr hatte ich mir eigentlich ein Programm zum Ziel genommen, nach dessen Spielplan die Zuschauer meiner Filme mit Hilfe der Werkzeuge, die ich per Film liefern wollte, aufgeklärt und emanzipiert werden sollten. Durch meine Filme befreit von den Falschbildern der bestehenden Auslandsberichterstattung, sollten sie zu Kämpfern "auf der richtigen Seite" umerzogen werden. Film war für mich eine Möglichkeit zur Gegen-Manipulation der anderen.

Zehn Jahre später hatte sich mein Anspruch vom alten Szenario entfernt. Ich hatte erfahren und gelernt: vieles an meinen alten Vorstellungen und Ideen erschien mir nun zu einfach, zu naiv, gar falsch zu sein. Von nun an las sich mein Arbeitsprogramm etwa so: meine Filme erzeugen keine davonlaufenden Bilder, meine Filme sind zum Festhalten da; sie sollen Neugierde, Phantasie und Mut wecken. Meine Filme sind eine Aufforderung an die Zuschauer, die Hollywood-Sonnenbrille abzusetzen und mit einem anderen Blick in die Welt zu schauen. Meine Filme sollen den subjektiven Blick in sich haben: direkt und konkret; suggestiv und eindeutig, dennoch verspielt und offen - festgefahrene Weltbilder irritierend, aber über alle Maßen wahr. Meine Filme sollen zwar die Welt nicht verändern, aber zeigen, daß sie veränderbar ist. Und meine Aufgabe wird es nicht sein, Rezepte zu verteilen, eher will ich bestimmten Leuten Kopfschmerzen bereiten und anderen zum Verändern die Lust geben.

Na gut. Nach über dreißig Filmen ist die Erkenntnis lähmend, daß ein Filmgenre, das die Wirklichkeit reflektieren und verändern will, statt sie wegzuträumen, vor einer Mauer der Ohnmacht angekommen ist. Die Krise des dokumentarischen Films heute ist die Krise einer politischen Utopie, und der entwicklungsbezogene Film, wie er mir und anderen einmal vorschwebte, ist eines der Opfer.

Die Medienforscher belehren mich, daß kühle Tatsachen und nackte Fakten aus unserem schnell vorbeirauschendem Medium sich wenig einprägen. Vielmehr sind es vor allem die emotionalen Eindrücke, die im Zuschauer haften bleiben. Film und Fernsehen führen nicht ad hoc zu Erkenntnissen. Ihre kognitive Wirkung bleibt begrenzt. Aber es bleibt nach guten Filmen ein über die Zeit hinweg tradierter Gefühlseindruck, der sich weitgehend unabhängig von dem behaltenen oder vergessenen Wissen und den Inhalten verselbstständigt. Film beeinflußt eben die affektive Erlebnissphäre der Menschen und bestätigt oder verändert Werthaltungen weniger durch Einsichten als durch Emotionen. Für Filmemacher wie mich, die durch Argumente überzeugen und aufklären wollten, wurde diese Lehre zum Schock.

Das Paukersyndrom

Vor zwanzig Jahren sah alles anders aus. Das dokumentarische Filmangebot zur "Dritten Welt" war schlimm. Wer sich daraus informieren wollte, dem blieb nichts anderes übrig, als in einem verstaubten Horrorkabinett des (Neo-) Kolonialismus zu stöbern. Die Regale der öffentlichen Verleihstellen waren voller kirchlicher Spendenfilme und propagandistischer Streifen aus den Kolonien Portugals und dem Apartheidsstaat am Kap der Guten Hoffnung. Also kamen einige findige Mediendidaktiker (um Erhard Meueler) voller Euphorie über die Errungenschaften der neuen Medientechnologien auf die Idee, eben jene "falschen" Filme einzusetzen und mit entsprechender pädagogischer Anleitung von Schülern und Zuschauern auf ihre Manipulation hin zu untersuchen und zu verarbeiten; "gegen den Strich bürsten" hieß sowas damals. Doch schon nach kurzer Zeit wurde es um solcherlei Experimente still. Die Lehrer waren nicht gerüstet, waren überfordert, sie waren es gewohnt und selbst geschult, Filme nur als Pausenfüller und als verzwecktes Belegmaterial zu präsentieren (das hat sich, wie es aussieht, bis heute kaum geändert). Die Unterrichtung wurde zur Gefährdung der Zuschauer: die "falschen" Filme ließen sich nämlich nicht so ohne weiteres gegen die "falsche" Absicht ihrer Autoren uminterpretieren. Der Rohstoff Film ließ sich nicht gegen die Sehweise der Zuschauer ins Gegenteil beugen. So wurden die belehrenden Pädagogen einfach "überrollt", ohne deshalb die Illusion ihrer Überlegenheit dem Material gegenüber zu verlieren.

Seit Beginn der siebziger Jahre mischte auch das Fernsehen bei dieser Bildung kräftig mit. Was für viele zunächst eine Hoffnung schien, erwies sich jedoch schnell als Illusion: warum auch sollte das Fernsehen besser sein als die Gesellschaft und die Politik, die es hervorgebracht hatten?

Wir nannten uns damals MAUS (Medienausschuß entwicklungspolitischer Gruppen): wir, das war eine kleine Gruppe von Münchner Filmleuten aus der linken Szene. Während unser Fußvolk aus der Dritte-Welt-Solidaritätsszene in uns "Medienarbeiter" sah, waren wir "Filmexperten" für die Leute aus dem etablierten Medienbetrieb. Und MAUS erklärte sich einfach zum Räumkommando der Szene. Über Monate haben wir Hunderte von Filmen aus den Regalen der Fernseharchive und Verleihstellen gesichtet und mit einem selbstgebastelten Kriterienkatalog voll hehrer Ideale zu Inhalt und Form konfrontiert. Der Katalog machte schnell die Runde, und unser "Schwarzbuch" war bei Autoren und Verleihern gefürchtet: eine Benimm-Dich-Hausordnung für Filmer, Fernsehjournalisten und Benutzer der Filme entschied, auf welcher Seite des Grabenkrieges, der um die Dritte Welt tobte, der Betroffene identifiziert worden war. Es wurde verurteilt, verdammt und selten auch gelobt. Unsere Filmanalysen sondierten die Untiefen des Angebots; die Bilderberge, aus der Armen Welt zutagegefördert, hatten deprimierende Perspektiven. Kontinente waren zu Eigenschaften, Bilderklischees, Symbolen und Metaphern verurteilt: Afrika stand für Hunger, Elend und Ohnmacht, Lateinamerika für geplante Ausbeutung und Unterdrückung von außen, auch für revolutionären Kampf, für befreiende Kirche (immer) auf der Seite der Armen, und Asien schließlich war das Synonym für Überbevölkerung, Spiritualismus, kommunistische Gefahr und die Niederlage der Vereinigten Staaten von Amerika. Die Medien hatten eine eigene Weltkarte geschaffen, verzerrt von Kriegen, Skandalen und Katastrophenbildern.

Unsere spöttischen Blicke von damals haben überlebt, und heute, zum Ende der achtziger Jahre, entdecken sie eine Weltkarte der Dritten Welt nach Sendeminuten: da ist der Sahel groß wie vielleicht Asien, Chile ist praktisch verschwunden, Brasilien im Wachsen begriffen (Amazonas & Ökologie), Vietnam mit den "Boatpeople" untergegangen, Indien zum Zwerge heruntergeschrumpft und Afghanistan und Persien gerade schon wieder im Abnehmen, während Südafrika kontinuierlich anschwillt.

Das Netz der Berichterstatter hat große Lücken und Löcher. Während wir die Unterentwicklung Afrikas mit der Zahl der Ärzte pro hunderttausend seiner Einwohner mahnend belegen, haben wir uns daran gewöhnt, es als normal zu erachten, wenn drei Fernsehkorrespondenten eine halbe Milliarde Menschen betreuen. Kaufmannsinteressen und ideologischer Mehrwert entscheiden über den Nachrichtenwert, und oftmals schlüpfen riesige Landstriche und Völkermillionen hindurch, nur weil sie arm dran sind, weil für uns Reiche es sich nicht zu lohnen scheint, dort etwas zu suchen, zu finden, zu berichten: weiße Stellen im Angebot. Filme und Sendungen werden auf "unsere" Bedürfnisse und Gefühle abgestellt und produziert. Die Dritte Welt erscheint als ein großes Jagdgebiet und Rohstofflager für die reiselustigen Film- und Fernsehmacher. Es gibt Muster- und Lieblingsländer zum Herzeigen, die mit den politischen Klimaveränderungen wechseln: Vietnam, Tanzania, Südafrika, Chile und Nicaragua ...

Damals, vor mittlerweile fünfzehn Jahren, entdeckten wir, die Wühl-MÄUSe, im Angebot auch ein "Musterpersonal", das die Filme und Sendungen aus der Ferne bevölkerte: vom Berichterstatter selbst, hinter dem vorgestreckten Mikrophon eitel verschanzt, bis zum Vertreter der "Einheimischen" (in der Regel ein Funktionär der Regierungspartei). Der Rest der Menschheit war zur stummen, bunten und mechanisch tanzenden Kulisse mißbraucht.

Später dann äußerten sich neben den beliebten Experten aller weißen Schattierungen immer häufiger auch Einheimische. Die "Alibimohren" hatten zugenommen, der Streit aber, wer nun eigentlich die "Betroffenen" wären, blieb für die großen Medien weitgehend folgenlos. Über einfache Bauern wurde und wird drüberkommentiert; ihnen wird die Stimme genommen. Oder wenn sie schon mal selbst zu Wort kommen, dann als Augenzeugen kino- und fernsehgemäßer Katastrophen und anderer Sensationen.

Etwa in der zweiten Hälfte der siebziger Jahre, nach harten Auseinandersetzungen zwischen der Szene der Filmbenutzer und den staatlichen und kommunalen Bildstellen, wurde die "Entsorgung" des ideologischen "Abfalls" in den Filmregalen der nichtkommerziellen Verleiher durchgesetzt. Eine Erneuerung des Filmangebots der staatlichen und kommunalen Bildstellen begann. Zum Schaden der sich aus eben jenen Mängeln im Angebot nährenden, auch von uns Filmemachern selbst gegründeten, neuen, "alternativen" Privatverleihe und Kooperativen, denen die Öffentlichen nun das Wasser abzugraben begannen.

Mit der "Wende" zu Beginn der achtziger Jahre fand dann dieser Trend zwar ein Ende, zugleich aber sanken auch die Chancen für die "Alternativen" durch Kürzungen der Etatmittel im bildungspolitischen Bereich und den verstärkten Einsatz von Videokassetten anstelle von Filmkopien. Das "Geschäft" war verdorben, und seither krebsen die gewerblichen Kleinverleihe von Krisen geschüttelt und ökonomisch nicht mehr tragbar dahin.

Einzelhändler und Wendekrebse

Auf der einen Seite war die Welt ganz und gar nicht in Ordnung. Das war die Welt, wie sie in den von uns Filmemachern und Medienkritikern geschmähten Medien präsentiert wurde. Auf der anderen Seite war die Welt in Ordnung. Da standen wir selber. Unsere Kameras sezierten den verfaulten Organismus des internationalen Kapitals und unsere Filme sprachen die Wahrheit. Unsere Vor-Bilder lebten im Süden, die Worte der Vorsitzenden schrieen von Mauern und Wänden, und die Straßen Europas waren prallgefüllt von jungen Leuten im gerechten Zorn. Man mußte nur noch die Kamera draufhalten. Unsere Filme waren theoretisch, unsere Rezepte einfach und unerfahren. Es war die Hochzeit des Revolutionstourismus. Filme hatten keine Kunst zu sein, Hauptsache das Weltbild stimmte. Auf der Leinwand reichten sich die Befreiungsbewegungen die Hände, und so "fortschrittlich" auch die Inhalte und Absichten der Regisseure waren, so reaktionär und dogmatisch waren Erzählstil, Einflußnahmen und Vermittlungsansätze. Schnell entwickelte sich eine "positive" Folklore: das Revolutionslied im heraldischen Flor des Pathos, die kühle Eleganz der Waffen, wenn sie nur in den "richtigen" Händen lagen, machten den ansonsten so pazifistisch gestimmten Autor und Entwickler blind und gläubig. Wenn so etwas wie eine "linke Sentimentalität" sichtbar wurde, dann in den Filmen der Solidaritätsbewegungen der siebziger Jahre. Sogar Tod und Schmerz vor der Kamera sind dem progressiven Dokumentaristen mit einem Mal recht, und wenige Jahre später dürfen in "fortschrittlichen" US-Dokumentationen sterbende Helden mit ihrem Blut Durchhalteparolen an die Häuserwände Mittelamerikas schmieren. Damit ist das Ende der dokumentarischen Haltung und aller Behutsamkeit erreicht: wenn eine ideologische Rechtfertigung vorhanden ist, fallen jegliche Skrupel.

Filme dieser Sorte eigneten sich gut zum Werkzeug, und die Provinzpädagogen progressistischer Provenienz hatten Vollbeschäftigung. Es war die Zeit der Rache an den verlogenen Medien in den Händen der ewig Herrschenden. Aber die Rechnung ging nicht auf. Die Zuschauer waren bis auf die Standhaften, die solche Filme zur Selbstbestätigung brauchten, nicht lange beeindruckt; zur gleichen Zeit etwa ödete sich die Szene der Insider im Klima des gegenseitigen Politterrors an. Und Ende der siebziger Jahre war es auch schon wieder vorbei mit der Konjunktur der Fortschrittlichen.

Wir Filmemacher zeigten Zeitgeist, drehten die Nase nach dem Wind. Etwa um das Jahr 1975 herum spürt man einen kleinen Bruch: als Vietnam nicht klappen will, erbebt die Hoffnung, und die Weltkonzepte scheinen verunsichert. "Revolution" kommt aus der Mode (auch als Wort ist es heute kaum noch gebräuchlich). Und politische Wahrheiten (oder was man dafür hält) werden umschrieben und nicht mehr explizit und direkt ausgesprochen. Zu Beginn der achtziger Jahre beginnt das Interesse des Publikums für den kritischen, entwicklungsbezogenen Film drastisch nachzulassen. Die großen sozialpolitischen und ökonomischen Themen überleben die siebziger Jahre nicht. Bestenfalls als Spurenelemente ...

Lichtblicke und Durchblicke

Es gab demgegenüber auch Versuche, die eigenen Widersprüche im Film selbst aufzunehmen, deutlich zu machen und stehen zu lassen. Der verlegene Filmhersteller versuchte, die Form der Vermittlung zum Vehikel einer produktiven Irritation beim Zuschauer werden zu lassen. Das auf Affirmation eingeschworene Publikum aber mochte solche Filme nicht besonders. Ich selbst - als Betroffener - war natürlich begeistert: von den Filmen und der Haltung der Kollegen.

Das erste Mal hatte ich mich gefreut, als 1975 Michael Mrakitsch mit DJIBOUTI ODER DIE GEWEHRE SIND NICHT GELADEN - NUR NACHTS Fragen an die von ihm aus der französischen Kolonie mitgebrachten Bilder stellte. Endlich keine öde Ausgewogenheit, endlich ein Hinterfragen von hohlen Begriffen wie "objektiv" und "authentisch" auf dem Programm. Eine Panne im Fernsehgetriebe hatte da der Filmemacher inszeniert, und ein Krach beim Süddeutschen Rundfunk war die Folge.

Ein paar Jahre später kam Stephan Kösters ERFOLGSBERICHT. Hier rechnete einer der filmenden Kämpfer der Weltrevolution anhand seiner alten und neuen Bilder ironisch mit der eigenen Erfahrung in Vietnam ab. Erfrischend der filmische Ansatz, trotz der resignierenden Tristesse des Themas.

Schließlich dann mein Vergnügen mit Carl Schedereits INGOS INTERVIEW ODER: DIE EITELKEIT DES FERNSEHENS. Das Zuschauen befreite, sah man doch endlich, wie ein Fernsehreporter sich läuterte, wie der Autor selbst, ein Lateinamerika-Korrespondent, ausflippte und dem üblichen *Weltspiegel-* und *Auslandsjournal*-Bericht eine zweite und ehrliche, weil endlich subjektive Kommentierung beifügte und mit einer zweiten (inneren) Stimme die Heucheleien und Abhängigkeiten der Medienschöpfer entlarvte. - Bilder sind mit einem Kommentar eben einfach zu manipulieren, und es macht einen Unterschied, ob Ronald Reagan, Fidel Castro oder ein einfältiger Tourist der Autor ist.

Ich spürte beim Sehen dieser Filme immer einen Hauch meiner verdrängten eigenen Filmträume und der nichteingestandenen eigenen Widersprüche. Und ich empfand so etwas wie eine leise Scham und Reue, solche filmischen Wagnisse niemals selbst eingegangen zu sein.

Falsche Bewegung

Selbstverständlich habe ich als Filmschaffender im Laufe von siebzehn Arbeitsjahren den Wunsch nach einer Vielfalt von Ausdrucksformen entwickelt. Die Filmsprache darf nicht gleich bleiben - auch dann nicht, wenn der Erfolg des einen oder anderen Filmes dazu verführt. Uniforme Manipulationskonzepte verbietet der eigene Wunsch nach Kreativität. Das politische Ziel - Aufklärung, Gegeninformation, Unterstützung, Agitprop etc. -, das wir verfolgten, hieß uns den "Gebrauchswert" der Filme hoch ansetzen, sie also so zu inszenieren, daß sie den Anspruch der Brauchbarkeit auf dem effektivsten Weg erfüllten. Zwischen den Ambitionen des Filmers und der Gebrauchsfähigkeit seines Produktes mußte ein Spannungsfeld entstehen. Jahrelang hatte ich versucht, es aufzulösen durch die Beteiligung und Mitentscheidung der Zielgruppen (der künftigen Benutzer und Zuschauer) am halbfertigen Film. In der Praxis der zweiten Hälfte der siebziger Jahre hieß das: Mitarbeit der Benutzer bei der Gestaltung der Filme. Im Alltag der Filmherstellung eine sehr unübliche, sogar unerwünschte Arbeitsmethode. Verschließt sich doch das filmschaffende Team normalerweise der Weltöffentlichkeit und präsentiert sein Werk als das fertige Kleinod eines Autors dem staunenden Premierepublikum. - Aber eigentlich hätte mir schon damals eine Parallele zur Industrie auffallen müssen: die Marktforschung bedient sich jener Testmethode schon lange, und das von Mißerfolgen geplagte Hollywood hatte etwa zur gleichen Zeit damit angefangen, das Publikum nach seinen Wünschen und Sichtweisen zu befragen. Hollywood hatte damit Erfolg. Ich hingegen arbeitete ja wohl unter entgegengesetzten Vorzeichen? - Natürlich war mir da nichts aufgefallen ...

Also hatte ich immer wieder, wie ich meinte, Unvoreingenommene in den Schneideraum geholt: Lehrer, Studenten, Angestellte, Schüler, Freunde und Kollegen. Sie schauten hin. Sie fragten, kritisierten, äußerten Vorlieben und frustrierten den eitlen Künstler in mir. Ich machte Kompromisse, "lernte" vom Zuschauer und glaubte mich vom Ziel der Arbeit nicht zu entfernen, zu entfremden. Eine provisorische Rohfassung wurde erstellt, arbeits- und kostenintensiv. Aber es schien mir wichtig, den Film vor der Fertigstellung breiteren Kreisen von Nutzern und Multiplikatoren zur Diskussion und Mitentscheidung vorzuführen. Mit Filmdosen und mit eigens entwickelten Fragebögen fuhr ich durch das Land, führte vor und sprach mit Menschen, die später den Film gebrauchen sollten. Pro Film hatten auf diese Weise zwischen 350 und 400 von ihnen mitgewirkt. Nach solchen "Erprobungsphasen" von zwei bis vier Monaten wurden Tonbandprotokolle und Fragebögen ausgewertet, resümiert. Das Konzept der Filmmontage wurde nach erneuter Diskussion im Kreis der Mitarbeiter über Wochen hin korrigiert. Endfertigung des Films; Uraufführung und erneutes Reisen zu den Aktionsgruppen, Institutionen und Jugendorganisationen, um den Film einzuführen; Erfahrungen mit Lob, Verriß und Verständnislücken. Es waren meist halbjährige Einsatzreisen, für die wir einen Namen hatten: "Filme im Rucksack". Sie standen Pate bei der Geburt so mancher entwicklungspolitischen "Bestseller".

Die Beteiligung und der Erfolg beim Zuschauer haben mich blind und selbstzufrieden gemacht. - Erst Jahre später beim Lesen der alten Manuskripte zu den Filmvorhaben und beim Sichten der jeweiligen Filme bemerkte ich die Kluft zwischen Idee und Realisation: erschreckende Zugeständnisse, feige Lösungen von formalen Ansätzen, mutlose Experimente mit den Sehgewohnheiten, und immer wieder der halbe Weg zur Fernsehnorm. Meine ach so "revolutionäre" Einbeziehung des Publikums in den Schaffensprozeß stellte sich am Ergebnis gemessen als bloße Anbiederung an den mittelmäßigen Geschmack von Zuschauern heraus, die ihre linken Affirmationssehnsüchte bei mir eingelöst haben wollten. Der "Dienst am Volk", wofür ich mein damaliges Publikum nach der so handgerechten Zielgruppenideologie hielt, war wohl die willkommenste Entschuldigung dafür, daß ich alle meine "guten Vorsätze" (siehe oben) vergessen und die meisten Tugenden dokumentarischen Filmemachens vorschnell über Bord geworfen hatte. Was dann jemand erleben kann, der so viel auf den Gebrauchscharakter seiner Filme gegeben hat, mag folgende Anekdote belegen: "Einen tollen Film haben Sie da gemacht", kam das Lob aus berufenem Pädagogenmund in einem Vorstadtkino. "Ich setze ihren Film sehr oft im Unterricht ein. Und zwar diese eine Passage, zwischen der 38. und der 45. Minute" - von insgesamt 60 Minuten. Wenn einem dies in bester Absicht geäußerte Lob zum wiederholten Male begegnet, muß der Filmemacher erkennen, daß er den Kopf schon unter der Guillotine hat. Gegen die rezeptive Blindheit, die hier zum Ausdruck kommt, kann der Filmer eigentlich nur mit Zynismus kontern. Oder man sucht lieber das Weite und versucht etwas anderes, läßt sich wie ein Neuling auf andere Menschen und andere Dinge ein.

Im Getriebe

Der Filmemacher in mir braucht seine Zuschauer. Ich stelle mir eine Aufgabe und dem Zuschauer ein Ziel. Das Medium ist teuer, also braucht es viel Publikum. Und mein Verhältnis zu den Menschen vor der Leinwand und dem Bildschirm hat seine Geschichte.

Am Anfang waren meine Filme wie eine erhobene Faust; später blieb noch der erhobene Zeigefinger übrig und in den letzten Jahren ein Konflikt: der "entwicklungspolitische Zuschauer" hält an meinem Zeigefinger fest, obwohl ich versuche, mich von dem Lehrer in mir zu lösen. Ich will die Wirklichkeit befragen und ihre Zuschauer irritieren. Nur die wollen diese Sprache nicht verstehen. Man vergebe mir die unzulässige Verallgemeinerung, aber wenn es darauf ankommt, sind es doch immer die gleichen, die "nicht verstehen", weil es mehr oder weniger auch immer die gleichen sind, die sich aufgrund fixierter Erwartungen meine Filme antun; und von dem arg zusammengeschmolzenen Publikum, das der entwicklungspolitische Film heute überhaupt noch behalten hat, sind die Oberlehrer gewiß die Mehrheit. Also mache ich beim nächsten Mal wieder Zugeständnisse und korrumpiere zögernd meine Versuche mit dem Genre. Kollegen von mir haben wegen solcher Verzweckungsmechanik die Szene schon verlassen. Lorbeeren gibt es in diesem Themenbereich seit gut zehn Jahren sowieso keine mehr zu verdienen. Und finanziell ist der entwicklungsbezogene Film für den engagierten Filmemacher ein schlechtes "Geschäft" geworden. 1984 bezahlte mir das Fernsehen für einen Film in Kamerun den vierfachen Minutenpreis, verglichen mit Dreharbeiten im vergangenen Herbst (1989) im wesentlich teureren Mali. Und dabei sind in den letzten fünf Jahren die laufenden Kosten beträchtlich gestiegen.

Der Druck zwischen eigenem Anspruch und normativer Anpassung - seien es nun die Normen der Produktion oder der Rezeption - steigt seit Jahren an, und manchmal zögere ich mittlerweile schon, wenn mich einer fragt, ob ich denn nicht selbst voll in die Industrie integriert und einer der Hersteller von Konfektionsprogrammen geworden sei.

Manche unserer Filme haben in der Tat Ähnlichkeiten mit einer Tafel Schokolade bekommen: beliebig herauszubrechende Versatzstücke und Sequenzen erlauben es mir, dem Produzenten, aber auch meinem Auftraggeber (Fernsehen) zu kürzen und zu ändern. Filmsequenzen als filmische Lego-Bausteine! Eine Folge solcher Produktionsbedingungen: ein Halbstunden-Termin im TV und eine Kinoversion für die Leinwand im Programmkino der Großstadt und das Herz des Filmautors. Und wegen der Auslandsverkäufe und der unterschiedlichen Sendelängen hinter den Grenzen denke ich, der Macher, ja wirklich auch an alles. - Nur nicht an den Film selbst.

Die Nachricht war schon immer eine Ware. Filme sind immer auch Retortenerzeugnisse eines an Absatzchancen orientierten Produktionsapparates. Und ihre Produktionsbedingungen sind danach. Die Geschichte des entwicklungsbezogenen Films, unsere eigene Bevorzugung des "Aufklärungs"-, sprich: Informationswertes von Filmen zu Ungunsten ihres "filmischen Wesens" arbeitet dieser Marktsituation stärker in die Hand, als uns heute lieb sein kann. Filme sind teuer. Mit dem Geld für ihre Herstellung kauft sich der Filmemacher auch Bedingungen ein. Wer Filme machen will, der ist auf Geld angewiesen. Geld vom Fernsehen, von staatlichen Institutionen oder den Kirchen. - Von McDonalds, der GTZ oder den Chemiewerken Hoechst gar nicht zu reden. - Diese Auftraggeber betreiben Unterhaltung, Information und Bildung in unserer Gesellschaft - für irgendwen und irgendwas werben sie immer. Sie sind Schaltstellen unserer eigenen Entwicklungsförderung.

Wenn ich für das Fernsehen arbeite, dann überkommt mich das Gefühl, es mit einer Masse anonymer Zuschauer zu tun zu haben: ich will alle ansprechen und kenne doch keinen von ihnen. Ich fühle mich von dieser unübersehbaren Masse unbekannter Empfänger abgeschnitten, und es bleibt mir als Mensch bestenfalls ihr bestellter Stellvertreter, der Fernsehredakteur übrig. Dieser Zwischenhändler steht vor mir, ist konkret vorhanden und meint sowieso zu wissen, wie und was das Publikum denkt. Er, der Gutwillige, hat die Schranken des bürokratischen Apparats so verinnerlicht, daß sie zu den Grenzen seiner Vorstellung geworden sind. Und da er sich selbst dem Publikum weit überlegen dünkt, nimmt er seinen Mangel an Fantasie und Wagemut zum Maßstab. Der Zuschauer, der nicht abschaltet, hat keine Chance; er gewöhnt sich an die Normen des Betulichen. Wir, die Filmemacher, als Auftragnehmer und Hersteller, folgen den Taktgebern dieser Industrie; aufgrund schlechter Finanzlagen, aus Resignation, aus konkreten, aber auch aus eingebildeten Zwängen, aus Bequemlichkeit. Dann siegt in uns der Schreibtischtäter. Die Sehgewohnheiten der Zuschauer, die Programmraster und Längenvorgaben, die Lernziele und Unterrichtslinien fordern uns eine eigene Effizienz ab. Dramaturgie und beobachtende Erzählstruktur werden durch schnelle Effekte, durch Bildhascherei und Klischees mit Signalcharakter ersetzt, Denk- und Lernprozesse nur dem Anschein nach beschleunigt, in Wahrheit aber be- und verhindert. Der Zuschauer soll seinen gewohnten, festen Boden nicht verlassen müssen. Also sortiert mein erfahrener Expertenblick für seine Bedürfnisse allzu forsch und simpel: Arm und Reich, Weiß und Schwarz. - Lernen durch Irritation kommt nicht in Frage. Für solche Filme mache ich zu 60 % reine Schreibtischarbeit: angelesen, nicht erfahren und nicht selbst erlebt, vorgedacht und vorgeplant, vorverdaut aus hiesigen Quellen, Klischees und Bedürfnissen, nachgekaut aus der immer griffbereiten Fachliteratur Abteilung Afrika und Asien. Bei solchen Filmen höre ich das Ergebnis: der Kommentar belegt die Belesenheit des Autors.

Eine zweite Folgeerscheinung: die Dokumentaristen haben das Erzählen verlernt, Fallstudien kommen in unseren Filmen kaum vor, und wenn, sind sie von der Auftragslage bedingt. "Projektfilme" nennt sie der Kundige; mir kommen diese Filme wie verbrämte Industriefilme vor, doch viele Kollegen leben davon und müssen das wohl ganz anders sehen. Außer in Spenden-, Missions-, Industriefilmen und anderen Legenden, die vom Helfersyndrom leben, wird die filmische Fallstudie als formaler und struktureller Ansatz des Autors nur von einigen Ethnofilmern eingesetzt. Für die große Mehrzahl der alljährlich entstehenden entwicklungsbezogenen Filme scheint diese dokumentarische Arbeitsmethode gar nicht zu existieren. Also kann der Zuschauer nicht im Kleinen das Große entdecken, er kann keine Freunde auf Bildschirm und Leinwand finden, er mag noch nicht einmal zusehen. Die Chancen des dokumentarischen Erzählens sind vertan: Oberlehrer und Journalisten haben das Wort.

Dollars und Träume oder Mein Forderungskatalog

Wir müssen nach einer suchenden Perspektive trachten: das Andere und Fremde darf nicht von einem festen Standpunkt aus beurteilt werden; wir müssen versuchen, alle Sicherheit des Standortes zu verwerfen, ohne Vorbehalte vertraute Absichten aufzugeben; wir müssen riskieren und irritieren; gezielt feste Behauptungen widersprüchlich und fantasievoll gegeneinanderstellen; den Teppich unter unseren Füßen wegziehen; Fragen an den eigenen Blickwinkel stellen - unsere subjektiven Kamerablicke der Zuschauerreflektion anbieten.

Es gilt eine Sicht zu entwickeln, die zu erkennen gibt, aus welcher Blickrichtung sie jeweils resultiert. Es muß darum gehen, auch die eigenen Abhängigkeiten, die Strukturen und Interessen weder zu leugnen, noch sie als unvermeidliches, wenn auch höchst beklagenswertes Faktum hinzunehmen.

Meine Zuschauer kann und will ich mir nicht aussuchen. Doch möchte ich Filme machen und zeigen. Filme, die die Lust an der Entdeckung der Wirklichkeit wecken, nicht nehmen. Filme, die dem Zuschauer das Abenteuer des Entdeckens, Zusehens und Verstehenlernens möglich machen.

Die gerade in Afrika, Asien und Lateinamerika besonders aufwendige Recherchenarbeit und Vorbereitung von Filmen muß besonders subventioniert werden.

Die Auftraggeber und Förderer sollen die Zusammenarbeit hiesiger Filmemacher mit einheimischen Partnern fördern und mit konkreten Maßnahmen möglich machen.

Die Produktion von Filmen in den südlichen Kontinenten erfordert höhere Investitionen und bringt höhere Risiken mit sich. Diese können nicht zunehmend von den Filmautoren selbst getragen werden. Es geht um eine Umkehr im gegenwärtigen Prozeß der Abtreibung des dokumentarischen Filmschaffens. Qualität ist teurer. Und Qualität lohnt, denn sie gewinnt die Herzen und Köpfe der Zuschauer.

Die Verleihsituation von entwicklungsbezogenen Filmen in der Bundesrepublik basiert heute auf der Selbstausbeutung weniger Idealisten, Veteranen der alten Solidaritätsszene. Die Verleiher brauchen gezielte Vertriebsförderung. Vorbilder dazu gibt es in den kulturellen Filmförderungen der selbstverwalteten Filmbüros einiger Bundesländer.

Wenn heute Filmhochschulen und Medienakademien aus dem Boden schießen, so bleibt zu fragen, wo die "Schule der Zuschauer" geblieben ist? Für Filmbenutzer und Filmseher sollten medienkritische und mediendidaktische Seminare gegründet und angeboten werden.

Esther Krumbholz / Kerstin Reishus

Standbild Ausland

Die folgende Einschätzung stützt sich auf die Analyse von 31 Berichten über die Dritte Welt, die im Jahre 1987 im *Auslandsjournal* des ZDF gesendet wurden. Uns hat insbesondere interessiert:

- welche Faktoren für die Nachrichtenselektion bestimmend sind
- inwieweit ein Thema mit Hintergrundinformationen versorgt wird (z.B. historische Aufarbeitung)
- ob ein Thema in mehreren Berichten wiederholt aufgegriffen und dem Anspruch auf Kontinuität gerecht wird (unter Berücksichtigung des Objektivitäts- und Ausgewogenheitsprinzips)
- in welcher Form die Betroffenen in den Berichten selbst zu Wort kommen
- ob beim Zuschauer Klischees und Vorurteile möglicherweise verhärtet oder geschaffen werden.

Das *Auslandsjournal* wird freitags zur besten Sendezeit, von 19.30 Uhr bis 20.15 Uhr, ausgestrahlt und setzt sich aus vier zehnminütigen Berichten zusammen, deren jeweilige thematische und geographische Schwerpunkte jedoch meist nicht verwandt sind. Zu Anfang gibt der Moderator Rudolf Radke, oder Horst Kalbus, anhand einer Landkarte des betreffenden Gebiets eine kurze Einführung zum Thema, wobei nicht versäumt wird, auf die Brisanz oder das Konfliktpotential der Situation hinzuweisen. 1987 gibt es vor allem zwei Schwerpunkte in der Berichterstattung:

- Nicaragua: der Kampf zwischen Contras und Sandinisten und dessen Konsequenzen (Berichterstattung H. Jung)
- Philippinen: C. Aquinos Kampf um die Demokratie (Berichterstattung G. Ederer).

Die Themen sind im politisch-ökonomischen Bereich angesiedelt, kulturelle Aspekte bleiben weitgehend unberücksichtigt.

Die Korrespondenten sprechen übereinstimmend von einem "latenten Aktualitätsterror" und einer "spektakulären Ereignisrelevanz"[1] als bestimmenden Faktoren für die Nachrichtenauswahl. Bei *Heute* und der *Tagesschau* werden oft diejenigen Nachrichten, die Bezug zur und Bedeutung für die Bundesrepublik Deutschland haben, vorrangig behandelt, gegenüber tagespolitisch interessanten und wichtigen Nachrichten aus dem Ausland. Aber auch die Magazine richten sich nach diesen Kategorien:

> "Berichte mit spektakulärem, ereignisbezogenem Inhalt haben in jedem Fall Priorität vor strukturell-analytischen Stücken."[2]

R. Radke behauptet:

> ["Das *Auslandsjournal*] stützt sich nur zu einem Teil auf die Wochenaktualität, zu einem anderen, meist größeren Teil auf die Darstellung von latenten Problemen oder Entwicklungen."[3]

Es ist richtig, daß das *Auslandsjournal* sich nur zu einem Teil auf die Wochenaktualität stützt, aber die Behauptung, das hauptsächliche Augenmerk richte sich auf die Darstellung latenter Probleme oder Entwicklungen, ist falsch. Dazu wäre eine kontinuierliche Berichterstattung nötig; aber von der Möglichkeit, auch mittel- und langfristige Themen kontinuierlich aufzuarbeiten, wird nicht genug Gebrauch gemacht. Politische Berichterstattung "ist weitgehend ein Gemisch aus angstauslösenden Berichten über Unfälle und Krieg mit personalisierenden und privatisierenden Informationen über gesellschaftliche und politische Tatbestände, wobei strukturelle Tatbestände typischerweise ausgeblendet werden."[4]

Als aktuell gelten Katastrophen wie Dürre, Hunger, Erdbeben und Konflikte wie Putsch, Krieg, Grenzstreitigkeiten. Klischeevorstellungen von einem fremden Land werden durch diese Auswahl von Themenschwerpunkten und diese Art von Berichterstattung verstärkt. Äthiopien ist demnach ein Land des Hungers, dokumentiert durch immer wieder auftauchende Bilder von dickbäuchigen, großäugigen Kindern. Brasilien ist das Land der Schulden und der Regenwaldvernichtung. Die Philippinen leiden am chronischen Konflikt zwischen Militärmacht und Demokratie, zwischen Großgrundbesitzern und der landlosen Bevölkerung. Und im Mittelpunkt der Berichte über Nicaragua steht der Krieg der Contras und Sandinisten.

Das *Auslandsjournal* gibt sich liberal und steht auf seiten der Zivilbevölkerung, der Landlosen und Schwachen. Aber erst systematisches Vorgehen bei der Analyse der Berichte macht die "Handschrift", die persönliche Stellung des jeweiligen Korrespondenten sichtbar. Dieser Blickwinkel, also die persönliche Beurteilung einer Situation, wird dem Zuschauer jedoch meistens nicht verdeutlicht. Der Korrespondent liefert Fakten und Nachrichten, ohne dem Zuschauer die Möglichkeit zu geben, diese Fakten einzuordnen. Dabei werden Denkkategorien und Verhaltensnormen einfach von unserer auf die fremde Kultur übertragen.

Im allgemeinen hält der Zuschauer die in einem Bericht dargestellte Situation für die Widerspiegelung der tatsächlichen Verhältnisse. Es handelt sich aber nur um *eine* mögliche Sichtweise, geprägt vom kulturellen Hintergrund und der Persönlichkeit des Korrespondenten. Persönliche Stellungnahmen und Positionen werden meist nicht klar gezeigt, sondern fließen subtil in die Berichterstattung ein. Sprechen Auslandskorrespondenten von der "öffentlichen Meinung" oder von "informierten Kreisen", ist meist nur die Meinung der gebildeten und/oder politisch herrschenden Schicht gemeint, oder gar die von europäischen Beobachtern. Denjenigen, über die berichtet wird, kommt oft nur die Rolle von Statisten zu. Diese Einseitigkeit wird vom Berichterstatter aber selten hervorgehoben. Wird die Berichterstattung auf einen Ereignisbericht reduziert und werden die geschichtlichen und kulturellen Grundlagen, auf denen diese Ereignisse basieren, nicht dazu in Beziehung gesetzt, entsteht beim Zuschauer kein wirkliches Verständnis für die fremde Kultur. G. Péus meint dazu:

> "Ohne ein Minimum an geographischer, geschichtlicher und gesellschaftlicher Einordnungs- und Standorthilfe für den Zuschauer werden Nachrichten aus der 3. Welt den Nulleffekt behalten."[5]

Durch diese Vordergründigkeit entsteht leicht der Eindruck, eine Situation verstehen zu können, die Realität zu begreifen, da die Möglichkeit einer Relativierung nicht bewußt gemacht wird. Besonders kürzere Berichte wie im *Auslandsjournal* und *Weltspiegel* unterliegen dieser Gefahr, da sie meist unter Zeitdruck entstehen.

> "Ohne Übertreibung läßt sich auch heute die These aufrechterhalten, daß Berichterstattung über außereuropäische Länder seit den Zeiten kolonialer Expansion keine dem technologischen Fortschritt entsprechenden Entwicklungen in der Theorie und Praxis journalistischer Beobachtung zu verzeichnen hat."[6]

Diese Vorwürfe richten sich nicht an den Korrespondenten allein, denn er ist abhängig von der Heimatredaktion und dem Systemzwang unterworfen.

> "Die größte Gefahr für die Korrespondenten von heute und morgen [besteht] jedoch in einer instinktiven Anpassung an gewisse Denkschablonen und Konformismen, wie sie manchmal in den Heimatredaktionen gängig sind und die angeblich vom Publikum honoriert werden."[7]

Und wenn die Korrespondenten versuchen, sich den rigiden Strukturen zu entziehen, müssen sie damit rechnen, "daß [sie] mit erheblichen Widerständen zu kämpfen haben, wenn sie eine etwas ausführlichere Berichterstattung, ohne aktuellen Anlaß, bzw. nur an aktuelle Anlässe gekoppelt, in die hiesige Medienstruktur einbringen wollen."[8]

Nach einer Untersuchung der UNESCO von 1953, die in den siebziger Jahren als kaum veraltet bezeichnet wurde, werden 65 % der Weltbevölkerung von US-55 % von britischen, 53 % von französischen und 39 % von sowjetischen Agenturen über die Weltereignisse informiert. Staaten der Dritten Welt werden hauptsächlich von Weltagenturen mit Informationen über ihr eigenes Land versorgt. Demnach ist es nur allzu wahrscheinlich, daß bei dieser Monopolisierung Vorurteile, Klischees und ideologische Interessen eine Rolle spielen.

Konkret auf die im Jahr 1987 gesendeten Beiträge des *Auslandsjournals* bezogen, kann die soweit formulierte Kritik an der Berichterstattung von Magazinsendungen über die Dritte Welt folgendermaßen zusammengefaßt werden:

- Die Auswahl der behandelten Themen erfolgte überwiegend in Hinblick auf spektakuläre, emotionsgeladene oder die BRD wirtschaftlich unmittelbar betreffende Ereignisse. Waren keine wirtschaftlichen oder menschlich anrührenden Anknüpfungspunkte vorhanden, wurden latente Probleme der Entwicklungsländer nicht aufgegriffen.

- Historische Hintergründe wurden nur selten erläutert und wenn, dann meist im Vorspann von den Moderatoren. Diese Hintergrundinformationen waren in keinem Fall für ein eingehenderes Verständnis der Situation ausreichend.

- Einige Themen, wie die Konflikte in Nicaragua oder auf den Philippinen, wurden wiederholt behandelt. Eine kontinuierliche Aufarbeitung unter verschiedenen Blickwinkeln gelang den Korrespondenten aber nicht.

- Die betroffenen Einheimischen wurden viel seltener interviewt als sogenannte informierte Vertreter der Ersten Welt. Oft traten sie nur als wortlose Statisten ins Bild, nicht selten sogar offensichtlich gegen ihren Willen.

- Alle Beiträge arbeiten mit Vorurteilen. Die Verknüpfung von immer wieder gleichen Themen mit bestimmten Ländern oder Erdteilen verstärkt und schafft neue Vorurteile und Klischees.

Die 31 untersuchten *Auslandsjournal*-Beiträge unterscheiden sich in den genannten Punkten nur graduell voneinander. Am 29. Mai 1987 moderierte R. Radke einen Filmbericht von Dieter Großherr über Ostafrika, der beispielhaft die meisten der oben aufgezählten kritischen Anmerkungen verdient. Sein Titel ist: "Ostafrika: Tötet AIDS den Tourismus?" - ein Thema also, das besonders den reisenden Deutschen angeht und emotional in zweifacher Hinsicht berührt. R. Radke weckt in seiner Einleitung Mitleid mit den Neugeborenen im Brutkasten, die im Standbild hinter ihm an der Wand erscheinen. Angeblich sind sie alle AIDS-infiziert. Der potentielle Afrikareisende wird zudem bei seiner Angst vor der unberechenbaren Krankheit gepackt und erhofft sich eine klare Stellungnahme zum Risiko beim Afrikatrip.

Der wirtschaftliche Bezugspunkt zu Deutschland liegt auf der Hand: Kenia darf als immer beliebter werdendes Urlaubsland der Tourismusbranche nicht verloren gehen. Daher werden auch schon in Radkes Einführung die angenehmen Assoziationen mit Kenia nicht ausgespart; als erstes Bild erscheint hinter dem Moderator ein weißer, palmengesäumter Traumstrand am Indischen Ozean.

Kenia als Traumreiseziel für badefreudige Sonnenanbeter ebenso wie für Abenteurer und Tierliebhaber ist freilich auch das gängigste Klischee über das Land. In Verbindung mit der Liebesseuche AIDS wird ein noch viel älteres Klischee aus der Schublade geholt: das von der Freizügigkeit der Sexualität in Afrika, die sich ja irgendwann einmal rächen muß. Mit dem "schwarzen Kontinent" werden ohnehin seit Kolonialzeiten viele mysteriöse und grauenvolle Krankheiten in Verbindung gebracht.

Die klischeehafte Reduzierung Ostafrikas auf seine touristischen Qualitäten auf der einen Seite und seiner Bürger auf entweder nicht ganz zurechnungsfähige, kurzsichtig auf Genußbefriedigung ausgerichtete oder aber schlau-verlogene Menschen auf der anderen Seite wird im ganzen Filmbeitrag durchgehalten. Die deutschen Touristen am Swimmingpool und der dazugehörende Hotelmanager kommen ausführlich zu Beginn des Beitrags zu Wort, obwohl sie wenig Informatives zu sagen haben: Malaria beunruhige sie mehr, AIDS sei, wenn überhaupt, nur ein Problem der Schwarzen. Sexualkontakte seien eben zu meiden. Daß aber gerade Kenia eine Hochburg des Sex-Tourismus ist, "versäumt" D. Großherr zu erwähnen. Als Hintergrundinformation ist diese Tatsache unentbehrlich, zumal die Diskussion, ob AIDS aus Afrika kam oder vielmehr von Europäern und Amerikanern dort eingeschleppt wurde, noch zu keinem Ergebnis gelangt ist.

Viel kürzer als seine deutschen Vorredner wird der kenianische Regierungssprecher Sharif Nassir interviewt, nicht ohne seine Rede vorher schon als unglaubwürdig hinzustellen. Auch sind Diskrepanzen zwischen originalem englischem Wortlaut und darüber gelegter deutscher Übersetzung zu finden. "If there are one or two (AIDS-Kranke), it's like in other countries" wird verfälschend übersetzt mit: "Vielleicht sind es ein oder zwei, mehr nicht." So verstärkt sich der ohnehin vermutete Eindruck, die Regierung verschweige das Problem und stelle sich gar besser dar als andere afrikanische Länder. Bei seinen einleitenden Worten am Anfang hatte R. Radke allerdings darauf hingewiesen, daß Kenia als erstes Land über AIDS-Fälle in Afrika, nämlich in Sambia, berichtet hatte.

Weitere Interviewpartner sind eine Gruppe ostafrikanischer Fernfahrer, die offensichtlich unwillig Auskunft geben, meist nur mit Ja und Nein auf rhetorisch formulierte Fragen. Fazit auch dieses Interviews ist folgendes: Afrikaner, und besonders Lastwagenfahrer, führen ein freizügiges Sexualleben, haben an jeder Station eine Freundin und lehnen alles Unnatürliche, also auch Kondome ab. Nicht nur hat der Zuschauer den Eindruck, die Gezeigten hätten sich wahrscheinlich schon infiziert. Auch an anderen Stellen entsteht fatalerweise diese Vorstellung, da der gesprochene Text über Fakten im Zusammenhang mit AIDS mit den nicht dazugehörenden Bildern von Einheimischen zu einer Einheit verschmilzt (Induktionseffekt).

Ein tatsächlich AIDS-kranker Ugander wird von den Kameraleuten Claus Winnikies und Monika Peschel schonungslos unter die Lupe genommen. Er liegt halb entkleidet auf einer Untersuchungsliege, während ein weißer deutschsprachiger Arzt in einer ihm fremden Sprache seine Krankheit kommentiert und Vermutungen anstellt über die unterschiedliche Gefährlichkeit des HIV-1-Virus, das bei uns gefunden wird, und des vermehrt in Afrika auftretenden HIV-2-Virus. Während dieses ganzen Gesprächs verweilt die Kamera auf dem Gesicht des Kranken, der sich vor Verlegenheit windet und schließlich das Gesicht abwendet. Nicht einmal dann läßt das Kameraauge von ihm ab.

Dem Anspruch, ausgewogen und objektiv über ein Thema zu informieren, wird der Berichterstatter durch Angaben völlig ungesicherter Zahlen nur scheinbar gerecht. Seine offensichtliche Ungleichbehandlung von einheimischen und europäischen Informanten läßt diesen Anspruch aber unglaubwürdig erscheinen.

Den Mangel an Hintergrundinformationen oder wenigstens brauchbaren Hinweisen für ein verunsichertes Reisepublikum kann D. Großherr mit einer Anekdote über Prinz Charles auch nicht mehr ausgleichen: obwohl in Afrika jetzt auch meist Einwegspritzen verwendet würden und manche Länder, wie Ruanda, ihre Blutkonserven auf AIDS-Antikörper untersuchten, sei der Prinz doch auf Nummer Sicher gegangen und habe heimische Blutkonserven mit auf Safari genommen, "garantiert frei von AIDS".

Diese Analyse stellt *eine* Möglichkeit dar, eine Magazinsendung zu untersuchen. Einen anderen Ansatz von Kritik hat der Kommunikationswissenschaftler und Dokumentationsfilmer Bernward Wember anhand von Filmmaterial über Irland in seiner am 11. Dezember 1975 im ZDF ausgestrahlten Filmanalyse "Wie informiert das Fernsehen?"[9] aufgezeigt. Ein einfacher Test mit Fernsehzuschauern hatte ihn stutzig gemacht. Er fand nämlich heraus, daß unter mehreren Zuschauergruppen, die sich verschiedene Informationsfilme ansahen, nur jeweils etwa 20 % in einer Prüfung die entscheidenden Informationen einigermaßen richtig wiedergeben konnten. Kurz nach Betrachten des Films waren noch 80 % überzeugt gewesen, sie seien gut informiert worden. Woher diese Diskrepanz kommt, fand er in ausführlichen Bild- und Textanalysen heraus. Jede im Fernsehen verbreitete Information zerfällt nämlich in zwei Stränge, die optisch vermittelte Bildinformation und den akustisch erfaßbaren Text. Statt sich gegenseitig zu ergänzen, zerstören oder verfälschen sich diese Informationen nur allzuoft.

Mit angenehmen optischen Reizen wollen die meisten Berichte den Zuschauer fesseln. Um eine als angenehm empfundene Bewegung zu erzeugen, werden entweder viele kurze Einstellungen gezeigt, wobei bewegte Bilder länger gezeigt werden. Oder Kamerabewegungen ersetzen die Eigenbewegungen der gezeigten Objekte. Auch Ausschnittvergrößerungen können als Bewegungsverstärker dienen, etwa ein Zoom auf die Füße eines gehenden Menschen.

Als Bildinhalte werden besonders originelle oder brisant-aktuelle Themen bevorzugt. Fehlen diese, dann werden alltägliche Bilder intensiviert oder verfremdet, beispielsweise durch eine ungewöhnliche Perspektive von oben oder die Vergrößerung normalerweise kaum wahrgenommener Details. Alle diese Bewegungen sind häufig zu schnell oder zu ungewöhnlich, um kontinuierlich erfaßt zu werden. Dazu kommen oft noch schwer verständliche Texte, die nicht direkt etwas mit der Bildbotschaft zu tun haben. Dann werden sie entweder als Einheit erlebt, so daß eine andere als die beabsichtigte Information entsteht, wie im Falle der Einheimischen im Ostafrika-Beitrag, die alle als AIDS-Infizierte aufgefaßt werden konnten. Oder aber Bild und Text sind so weit voneinander entfernt - dieses Phänomen wird Bild-Ton-Schere genannt -, daß der Zuschauer gar nichts mehr versteht. Denn statt sich entweder auf den akustischen oder auf den optischen Reiz zu konzentrieren, neigt das menschliche Gehirn zu dem hoffnungslosen Unterfangen, beides begreifen zu wollen. Bei dieser schwierigen Aufgabe helfen die meisten Dokumentationen nicht. Film ist ein ununterbrechbar ablaufendes Medium, das selten Erinnerungsstützen gibt. Lücken in der Erinnerung während des Films verhindern das Verständnis der neuen Information, und am Ende bleiben von ausgefeilten Argumentationsketten oft höchstens die Ergebnisse haften.

Nachdem wir nach unseren Kriterien die Art der gelieferten Informationen, den Mangel an Ausgewogenheit und Hintergrundinformationen aufgezeigt haben, bedienten wir uns noch Wembers Methode, um herauszufinden, ob überhaupt eine Chance besteht, daß die Zuschauer sich an die ohnehin spärlichen Informationen auch erinnern können. Und obwohl Wember für seinen überzeugenden "Indizienbeweis" Beifall von allen Seiten erhielt, besonders auch von den Medienmachern, scheinen diese bis heute nicht viel aus seiner Kritik gelernt zu haben. Oder sie haben es schon wieder vergessen.

Der *Auslandsjournal*-Beitrag "Peru: Ohne Straßenhandel geht es nicht", ausgestrahlt am 21.8.1987, soll als Beispiel dienen, wie Schnitt, Kameratechnik und Text zusammenarbeiten, um die Zuschauer zu fesseln, auch um den Preis schlechterer Verständlichkeit.

Berichterstatter dieses Films war Klaus Eckstein, die Kamera bediente Gilberto Hume, und den Schnitt besorgte Bernardo Cáceres. Bei einer Dauer von 8 Minuten und 30 Sekunden besteht der Beitrag aus 48 Einstellungen. Das heißt, eine Einstellung ist im Durchschnitt etwa 10,5 Sekunden lang - viel länger, als die Einstellungen, die B. Wember bei seinen Irlandanalysen gefunden hat. Trotzdem bestätigt sich bei näherer Betrachtung der erste Eindruck, daß nämlich der Film ungewöhnlich hektisch erscheint. Hier liegt es allerdings nicht am Schnitt, sondern an den Kamerabewegungen.

Schon die erste Einstellung dauert zwar 15 Sekunden, die Kamera hält aber erst inne, als das Motiv selbst ausreichend bewegt ist. Sie schwenkt, ausgehend vom Standbild des Peru-Eroberers und Gründers von Lima, Francisco Pizarro, an Häusern vorbei in eine Straße Limas hinein, die Straße der Einheit, den Jirón de la Unión. Diese Straße ist unter anderem das Zentrum sogenannter informeller Geschäfte in der Hauptstadt, und Klaus Eckstein macht sie auch zum Zentrum seines Filmes. Angekommen in der Straße mit bewegtem Verkehr und eilenden Menschen verweilt die Kamera - bis zum nächsten Schnitt. Bis hierher bilden Text und Bild eine Einheit, der Sprecher erzählt über das Denkmal, über Francisco Pizarro und die Gründung Limas.

Das nächste Bild (15-25 Sek.) zeigt wieder das Treiben auf der Straße, lauter schäbig angezogene, arme, dunkelhäutige Menschen. Der Text erzählt über die Vergangenheit des Jirón de la Unión: einst war es eine Prachtpromenade, bevölkert von den "*Reichen und Schönen, weiß allesamt, und man sagte: Peru, das ist*

Lima, und Lima ist der Jirón de la Unión." Dieser krasse Gegensatz zwischen dem einstigen reichen weißen Publikum und den Armen, die heute dort ihre Geschäfte machen, soll wohl ein Stilmittel sein und kritisches Bewußtsein schaffen, wirkt aber vielmehr wie die bereits erwähnte Bild-Ton-Schere. Die Kamerabewegungen, ein Zoom in die Menge als Bewegungsverstärker und ein Schwenk kommen noch dazu, mit dem Resultat, daß die Konzentration schwerer fällt. Die Information, daß die Straße sogar Mitte dieses Jahrhunderts noch den Reichen "gehörte", erreicht erst bei wiederholtem Anschauen das Bewußtsein des Zuschauers.

In den folgenden Einstellungen (26 Sek. - 1 Min. 15 Sek.) scheinen Bild- und Textinhalte wieder zusammenzukommen. Dennoch ist der Text nicht einleuchtend:

"*Nicht alle Revolutionen in Lateinamerika sind blutig und enden in Niederlagen. Die Siegreichen sind oft still, aber unübersehbar, wie diese hier, auch wenn man sich im Jirón de la Unión, gestört nur von ein paar vorwitzigen Straßenhändlern, bemüht, das Gesicht zu wahren - tagsüber.* (Textpause. Bild: Straße in der Nacht.) *Schon warten sie an den Kreuzungen, die Straßenhändler, die Ambulanten, wie sie hier heißen. Gegen neun beginnt dann die Invasion. Nachts hat man den Jirón de la Unión freigegeben für das Heer der Ambulanten, das mit seinen Gehilfen und Zulieferern 48 % der arbeitenden Bevölkerung Perus ausmacht.* (Textpause. Bild: Lampen in der dunklen Straße.) *Die Schattenwirtschaft ist für immer mehr Lateinamerikaner ein Ausweg aus der Krise.*"

Klaus Eckstein will die Aufmerksamkeit der Zuschauer sicherstellen, indem er seine Texte mit militärischem Vokabular (Invasion, Heer) aufputscht und auf die übliche Assoziation "Lateinamerika - Revolution - blutig" anspielt. Seine spielerischen Satzkonstruktionen gehen aber auf Kosten des Sinns. Ist schon der Zusammenhang unklar, inwiefern sich die unauffälligen Siegreichen tagsüber, angesichts einiger weniger Straßenhändler, um Wahrung ihres Gesichts bemühen müssen, werden Ecksteins Ausführungen danach ganz einfach unlogisch. Wenn tatsächlich 48 % der arbeitenden Peruaner in der Straßenhändlerbranche tätig sind, wird wohl nicht die "siegreiche Mehrheit" von ein paar Straßenhändlern gestört, zumal diese offenbar als Rettung in der Krise angesehen werden.

In der nächsten Sequenz wird einer dieser Ambulanten vorgestellt. Dabei ist ein besonders auffälliges Beispiel für die sinnlose Verwendung des Zoom zu entdecken (2 Min. 6 Sek. - 2 Min. 16 Sek.). Der tagsüber in einem Stoffgeschäft angestellte Carlos Serdan arbeitet nachts als ambulanter Schuhverkäufer.

"*Das ist Carlos' Haus, immer noch ohne Türen und Fenster, in einem Vorort von Lima.*"

Zu diesem Text wird tatsächlich ein Haus gezeigt, zuerst aus einiger Entfernung, aber doch so nah, daß von der Umgebung, dem Vorort nichts zu sehen ist. Dann geht der Zoom näher, aber gerade nicht nahe genug, um dem Zuschauer einen Blick ins Innere oder auf die fehlenden Türen und Fenster zu gestatten.

Die Darstellung von Carlos' Familienbetrieb liefert schließlich das Stichwort *informelle Wirtschaft*, das Klaus Eckstein nutzt, um die wirtschaftliche Lage in Peru zu kommentieren. Unterlegt wird diese Erklärung von einem Bilderteppich aus Marktszenen (3 Min. 10 Sek. - 4 Min. 12 Sek.). Diese Sequenz ist die beste Demonstration für alle Arten der Kameraführung, mit deren Hilfe Einstellungen bewegt, bunt und interessant gemacht werden sollen. Die Kamera schwenkt und zoomt zugleich in die bewegte Menschenmenge und den Autoverkehr hinein, fährt an einer langen farbigen Plakatwand entlang und beobachtet einen Mann aus der Vogelperspektive beim Umstapeln von Töpfen. Der "Totschlageffekt" zwischen diesen Bildern und dem mit Zahlen gespickten Text ist besonders tragisch, weil hier die einzige Andeutung über einen Zusammenhang zwischen unserer Wirtschaft, also den Zuschauern, und der Armut der gezeigten Menschen gewagt wird.

"*Nicht nur im Schatten der Nacht blüht die informelle Wirtschaft. Die Regierung Alan García läßt die Ambulanten mehr oder minder gewähren. Sie sind ein Ventil für den explosiven sozialen Druck des hochverschuldeten Landes. Der durchschnittliche Verdienst der ambulanten Händler liegt ein gutes Drittel über dem peruanischen Mindestlohn von nur 100 Mark im Monat, und auch das reicht kaum zum Leben aus. Zwischen 1980 und '85 ist das lateinamerikanische Pro-Kopf-Einkommen um 300 Mark gefallen, eine Folge vor allem davon, daß Lateinamerika allein in den letzten vier Jahren 100 Milliarden Dollar an die Industrienationen überweisen mußte. In Peru steht das Schuldenproblem so sehr im Vordergrund der Nachrichten, daß inzwischen auch die Ambulanten und ihre Käufer wissen, wohin der Hase läuft.*"

In vielen Bemerkungen im weiteren Verlauf dieses Beitrags und besonders am Ende relativiert Klaus Eckstein seine kritischen Anmerkungen wieder durch harmlos gemeinte, aber sarkastisch wirkende Aussagen, als wollte er den Zuschauern nicht zumuten, sich von dem Gezeigten betroffen und verantwortlich zu fühlen. Nachdem er den ganzen Tagesablauf von Carlos gezeigt hat, kommt er zu dem Ergebnis (7 Min. 32 Sek. - 8 Min. 5 Sek.):

"*... Alles in allem arbeitet Carlos 16 bis 18 Stunden, sechs Tage in der Woche, und ist fast immer gut gelaunt ...*"

Ein Charakteristikum dieses *Auslandsjournal*-Beitrags ist das Fehlen von Interviews. Jegliche Information erhält der Zuschauer durch K. Ecksteins Kommentar. Dabei macht er sich nicht die Mühe, diese Informationen klar und verständlich darzubieten. Weil lückenhafte und unlogische Argumentation und angenehm im Ohr klingende, aber inhaltsleere Wortspielereien oft nur in schriftlicher Form entlarvt werden können, haben wir viele lange Zitate eingefügt. K. Eckstein greift noch zu denselben einfachen Mitteln, mit denen Berichterstatter vor Wembers Analyse die Bedürfnisse ihres Publikums glaubten erfüllen zu müssen.

Möglicherweise ist dieser Beitrag mit besonders wenig Engagement oder unter Zeitdruck entstanden. Die Wahl der technischen Mittel ist aber wohl immer noch beispielhaft für die meisten anderen Berichterstattungen, die heute im Deutschen Fernsehen gezeigt werden. Das *Auslandsjournal* hat offensichtlich nicht viel von Kommunikationswissenschaftlern und Medienkritikern wie Bernward Wember gelernt. Unter den 31 analysierten Berichten über die Dritte Welt genügte nicht einer auch nur annähernd unserem Anspruch auf (Hintergrund-)Information, Kontinuität, Vermeidung und Ausräumung von Vorurteilen und der Vertretung auch der Interessen der Dargestellten.

Ausgewertete Beiträge des Auslandsjournal

87.01.09: Die Heimkehr der Tupamaros
87.01.16: Nicaragua: Überleben zwischen den Fronten
87.01.16: Zentralafrikanische Republik: Neue Herren, alter Trott
87.01.30: Die Führungsschicht der Philippinen
87.01.30: Mauritius wird zum Blockadebrecher für die Apartheid-Republik
87.02.06: Religion als Kitt der Politik
87.02.06: Nigeria steckt in seiner tiefsten Wirtschaftskrise
87.02.20: Contras raus: Ein Jahr Demokratie in Honduras
87.02.20: Hunger als Waffe?
87.02.27: Brasilien: Ist das größte Schuldnerland pleite?
87.02.27: Elfenbeinküste: Die Wüste kommt
87.02.27: Philippinen: Wem gehört das Militär?
87.03.13: Südafrika: Farmer bewachen die Grenze
87.04.10: Wasser aus der Sahara
87.05.01: Das Erbe der Kolonialzeit
87.05.01: Rassisch gemischte Wohnviertel: Kuriosum oder Signal?
87.05.29: Ostafrika: Tötet AIDS den Tourismus?
87.05.29: Mexiko: Problem Jugendbanden
87.07.17: Philippinen: Grundbesitzer wollen nicht teilen
87.07.31: Südafrika: Schwierige Ehen zwischen Schwarz und Weiß
87.08.21: Nicaragua: Chancen für Friedensplan?
87.08.21: Peru: Ohne Straßenhandel geht es nicht
87.08.28: Philippinen: Kampf gegen linke Rebellen
87.08.28: Brasilien: Goldrausch im Teufelsloch
87.09.11: Die Mehrheit der Melanesier will die Unabhängigkeit von Frankreich
87.11.06: Nicaragua: Was sind die neuen Freiheiten wert?
87.11.13: Brasilien: Die grüne Minna vom Amazonas
87.11.20: Ägypten: Waffen für die Dritte Welt
87.11.20: Äthiopien: Vor einer neuen Hungersnot?
88.01.15: Philippinen: Die Macht der War-Lords
88.02.19: Philippinen: Wem gehört die Macht?

Anmerkungen

1 Neudeck, 1977, 17
2 ebd., 18
3 ebd., 43
4 ebd., 160
5 Gizycki, 1974, 93
6 ebd., 136
7 ebd., 57
8 Fohrbeck, 1983, 151
9 s.a. Wember, 1976

Literatur

Fohrbeck, Karla (Hrsg.), *Dritte Welt und Medienwelt - Entwicklungspolitik und das Bild der Dritten Welt in Presse, Hörfunk, Fernsehen*, BMZ Nr. 72, Dez. 1983

Gizycki, Renate von, *Berichte aus der Dritten Welt - eine bundesdeutsche Misere*, Frankfurter Hefte Nr. 5/6, Mai/Juni 1973

dies., *Selbstbild und Rolle von Auslandskorrespondenten im Fernsehen der BRD*, Medium, April 1974

Neudeck, Rupert (Hrsg.), *Den Dschungel ins Wohnzimmer*, Frankfurt 1977

Sreberny-Mohammmadi, A. (ed.), Foreign News in the Media: International Reporting in 29 Countries. Final Report on the "Foreign Images", in: *Reports and Papers on Mass Communication* No. 93, UNESCO, Paris 1985

Wember, Bernward, *Wie informiert das Fernsehen - Ein Indizienbeweis*, München 1976

Wilfried Hoffer

Ein Blick aus dem Inneren

Hat die Reflexion, die Widerspiegelung entwicklungspolitischer Fragestellungen im Fernsehen ein eigenes Schicksal erfahren oder spiegelt sie nur, in Zuwendung zu bestimmten Themen und in Abkehr von anderen, den Wandel von Fragestellungen und Interessen der öffentlichen Meinung, Indiz dafür, was eine Gesellschaft wichtig nimmt?

Ich kann die quantitative wie qualitative Entwicklung der Fernsehberichterstattung während der letzten zwanzig Jahre nicht kontinuierlich wiedergeben, weil ich selbst mich erst seit 15 Jahren mit dieser Thematik beschäftige - und davon die Hälfte im Ausland verbracht habe, also ohne Beobachtung der Fernsehszenerie in der Bundesrepublik Deutschland.

Eine dreiwöchige, zufällige Stichprobe zwischen Mitte November und Mitte Dezember 1989 ergab, neben 9 Magazinsendungen, 16 Dokumentationen, darunter 2 Künstlerporträts (berücksichtigt wurden Erstes, Zweites und die Dritten, 1plus und 3sat, sowie SAT1 und RTL plus). Bei den Privaten fand ich nichts, ebensowenig bei Eins Plus, 1 Auslandsjournal in 3sat. Das Erste und Zweite brachten, neben Weltspiegel und Auslandsjournal (das einmal ausfiel) 5 Dokumentationen, davon 2 im Hauptabend- und 3 (inklusive einer Wiederholung) im Nachmittagsprogramm. Die beiden Dokumentationen (als Zusammenfassung für alles außer Magazin): einmal aus der Reihe "Boulevards dieser Welt" ein Beitrag aus Mexiko City, zum anderen URWALDGEISTER AUF MADAGASKAR (über Lemuren).

Am besten hat West III sein Publikum versorgt mit 8 Sendungen, davon 6 im Hauptabendprogramm (zusätzlich einen indischen Spielfilm).

Gewiß: weder fundierte Analyse, noch repräsentativ (ganz abgesehen von der deutsch-deutschen Entwicklung) - aber nicht doch symptomatisch? Dafür nämlich, daß Dritte Welt "out" ist und daß wir andere Sorgen haben? Daß sich die Berichterstattung über Entwicklungsländer "normalisiert" hat, eingependelt am unteren Ende der Skala öffentlichen Interesses?

Das war doch nicht immer so: hat es nicht in den 70er Jahren eine Fülle unterschiedlichster Spielarten der Information über Dritte Welt, auch Auseinandersetzung darüber gegeben? Als die Hallstein-Doktrin zu zerbröckeln begann, als jemand wie Eppler als Minister agierte, der Entwicklungspolitik als Weltinnen- oder -sozialpolitik verstanden wissen wollte? Freilich doch: damals bildete sich die Aktion Dritte-Welt-Handel, entstanden die Dritte-Welt-Läden und Dritte-Welt-Gruppen mit z.T. resonanzstarken Kampagnen (Cabora Bassa z.B.) und Boykotten (von Apartheid-Früchten, von Kaffee, von Nestlé). Dann nahm die Nord-Süd-Kommission unter Brandt ihre Arbeit auf und veröffentlichte 1980 ihren Bericht. Wachsende Rezession und steigende Arbeitslosenzahlen ließen in der Folge die Dritte-Welt-Thematik zunehmend in den Hintergrund treten. Noch einmal flackerte sie mit der Hungerkatastrophe in Äthiopien Mitte der 80er Jahre auf - um heute ihren wahren Stellenwert erreicht zu haben?

Ist dem so, so liegt es auch daran, daß sich die Fernsehlandschaft verändert hat: die öffentlich-rechtlichen Anstalten hatten in den 70ern noch keinen Anlaß, einer künftigen Konkurrenz in vorauseilender Aufgeregtheit Paroli bieten zu wollen. Diese Konkurrenz begann, noch vor der realen Existenz privater Anbieter, schon zu Beginn der 80er erste Auswirkungen zu zeigen: mit der Begründung, das Publikum nationenweit bedienen zu müssen, gerieten beispielsweise im ZDF immer mehr Programme unter Druck, die nicht auf den ersten Blick "mehrheitsfähig" schienen. Daß Minderheitenschutz vielleicht das zentrale Kriterium für eine funktionierende Demokratie ist, haben weder die großen Parteien, noch ihre Statt- oder Steigbügelhalter in den Anstalten (auch wenn diese sich subjektiv oft ganz anders verstehen) begreifen wollen. Auch liberale Programmverantwortliche wurden problematisierungsmüde und zogen das Schöne, Leichte, Lockere, Positive vor - die Wende vollzog sich, halb gezielt, halb als Ergebnis von Abnützungserscheinungen. Wenn viele sich umorientierten, mit der Zeit und derem angeblichen Geist gingen, wuchsen die Zweifel an der eigenen Beharrlichkeit - war sie vielleicht nicht mehr als Beharrung, Unfähigkeit, sich Neuem anzupassen?

Konkret: die Ideenskizze zu einer neuen Redaktion mit interkultureller Orientierung wurde dem Programmdirektor vorgeschlagen (5/80); ein Gespräch geführt, in dem die Möglichkeit einer festen Reihe mit 5-6 Sendungen à 45 Minuten pro Jahr für 2-3 Jahre angedeutet wurde (9/80); eine Kalkulation über die zur Erarbeitung einer Konzeption erforderlichen Mittel - es sollten einige profilierte Filmemacher und Dritte-Welt-Erfahrene herangezogen werden - wurde eingereicht (10/80) und bewilligt (1/81). Bis Mai 81 wurde eine Konzeption entwickelt, die u.a. davon ausging, "aufzuzeigen, welche Prozesse - widerstehen, absorbieren, weichen - ablaufen, wenn traditionelle Kulturen und Industriekultur aufeinandertreffen"; sie intendierte, daß "Unverständliches als Unverstandenes begriffen und ausgehalten werden können" sollte, und wollte dazu anregen, Bedeutung und Konsequenzen davon zu überlegen, "daß südliche Weltbilder von eben jenen nördlichen Wertvorstellungen beeinflußt und verändert werden, deren Verbindlichkeit für eine wachsende Anzahl von Menschen in Industrieländern fragwürdig, nicht mehr anerkannt oder bekämpft wird". Diese Konzeption wurde der Redaktion (6/81), dem Hauptredaktionsleiter (7/81) und dem Intendanten (8/81) vorgelegt. Der

Antrag auf eine "Stoffzulassung zur Buchentwicklung" für drei 45-Minuten-Sendungen wurde eingereicht (11/81) und vom Hauptredaktionsleiter abgelehnt (2/82). Die Redaktion beschloß nach mehreren Diskussionen, auf zusätzliche Sendetermine zu verzichten und sechs Folgen à 30 Minuten in das Bildungsprogramm 1984 aufzunehmen (10/82); eine entsprechende Stoffzulassung wurde beantragt (1/83) und zurückverwiesen. Eine neue Stoffzulassung für vier mal 30 Minuten wird schließlich im Frühjahr 1983 genehmigt. Nach drei Jahren bald kämpferischer, bald gequälter Auseinandersetzung, bald Wut, bald Resignation waren also vier halbe Stunden übrig - und die Chance einer neuen "Programmfarbe" auf der Strecke geblieben: nicht so sehr als Resultat finsterer Intrigen oder erbitterter Konkurrenzkämpfe, auch nicht primär aus politischen Gründen (wiewohl Peter Kriegs Vorschläge deshalb abgelehnt wurden - und ich diese Ablehnung akzeptiert hatte) - einfacher, anspruchsloser: der eine wollte sich einsetzen, verstand aber nicht recht, worum es ging, der andere fühlte sich übergangen, ein Dritter erinnerte sich nicht mehr an ein Versprechen - Kompetenzgerangel, Lustlosigkeit, mangelnde Einsicht in die Bedeutung eines solchen Programms.

Doch es gab eine Kehrseite: unzureichende Vermittlung des "Problems" durch mich, den verantwortlichen Redakteur, mangelnde Fähigkeit, Zusammenhänge einleuchtend darzustellen.

Hing dieses Defizit vielleicht von der unzureichenden Reflexion eigener Motive ab? Was hat Filmemacher und insbesondere Fernsehredakteure bewogen, Dritte Welt zu thematisieren und, häufig mit mehr guter Absicht als Erfolg, ins Bild zu setzen, was hat sie bewegt, bewegt sie noch?

Der Reiz des Exotischen, Erkenntnisinteresse, Sehnsucht nach der Südsee, interkulturelle Sensibilität, moralische Empörung und politische Analyse, das "Schluchzen des weißen Mannes", der Wunsch nach Veränderung (wenigstens dort, wenn schon nicht hier) - all das mischte sich in unterschiedlichen Aggregatzuständen und kam in vielfältiger Form zum Ausdruck.

Weshalb ist es nicht gelungen, die Berichterstattung über den größeren Teil der Welt zu einem mehr als marginalen, festen Programmbestandteil zu machen, weniger abhängig von den Schwankungen öffentlichen Interesses, das ja nicht ausschließlich vom Fernsehen determiniert wird?

Hier nur zwei Gründe:

1. Der Alibicharakter von Entwicklungspolitik oder die Scheinexistenz der "Sache an sich".

Bis auf die schon erwähnte Ära Eppler, die jedoch viel zu kurz dauerte, um bleibende Spuren zu hinterlassen, gab es nie ein genuines Konzept für eine Politik der Entwicklung. Ein Bastard aus Außen- und Wirtschaftspolitik, wollte ihr niemand eine eigene Identität zubilligen, blieb sie ein institutionalisierter Etikettenschwindel, geprägt von wahnhaften außenpolitischen Zwangsvorstellungen einerseits, mißbraucht zur staatlichen Subvention privater Investitionen andererseits, ausgestattet mit dem Minimum an humanitärer Hilfe, um als Kulturnation durchzugehen - viel blieb da nicht mehr übrig für angemessenen Know-How-Transfer. Niemand schien so recht von dem überzeugt, was man tun zu müssen glaubte, die Zweifel an der "Entwicklungsfähigkeit" jener Länder wuchs, klotzen durfte man auch nicht mehr unkritisiert, der Begriff der soziokulturellen Komponente von Entwicklung blieb genauso diffus wie diese selbst - viel Staat war und ist damit nicht zu machen.

Kein Wunder, daß das Interesse der Programmverantwortlichen in den öffentlich-rechtlichen Anstalten an diesem Themenfeld eng begrenzt blieb - Lorbeeren waren da keine zu gewinnen, man absolvierte eine Pflichtübung. Während im politischen Raum (BMZ, Parlamentsausschuß) und seinem Umfeld (GTZ, KfW, DSE u.a.) ein passabel ausgestatteter Apparat mit seinen Zulieferern (Gutachter & Co.) für Selbstläufigkeit sorgt, gilt dies für die Anstalten und ihre Lieferanten keineswegs. Haben jene immer schon mehr Korrespondenten in die 50 Vereinigten Staaten entsandt als in die über 50 afrikanischen, und damit unmißverständlich Prioritäten festgelegt (zugleich jeder möglichen Lobby von Dritte-Welt-Berichterstattern den Boden entzogen), so hat es noch nie den Consultingbüros vergleichbare, auf Entwicklungspolitik spezialisierte Produktionsfirmen gegeben - wie denn auch -, sondern nur ein paar unbeirrte "Einzelkämpfer". Und die Produktionsbedingungen waren meist den Erfordernissen umgekehrt proportional: auch der wackerste Auslandsreporter blieb notgedrungen ein "Überflieger" (sind wir Journalisten meistens, doch im vertrauten Kontext richten wir weniger Schaden an), fast immer gezwungen, auf Gewährsleute zu rekurrieren statt sich auf eigene Erfahrung und gründliche Recherche verlassen zu können, weil dafür weder genug Zeit noch genügend Mittel zur Verfügung standen. War er sich dessen bewußt und skrupelhaft, verzichtete er auf die Umsetzung von Themen, die unter seinen Produktionsbedingungen nicht angemessen umzusetzen waren - gelegentlich vielleicht. Häufiger handelt er nach dem Motto "lieber unzureichend als gar nicht". Der freie Produzent kompensiert den Mangel durch Enthusiasmus und Selbstausbeutung.

Was bleibt? "Menschen, Länder, Abenteuer", "Abenteuer und Legenden", hie und da ein paar politische Reportagen?

Ein Hochstapler, der mehr gibt als er hat, ein Roßtäuscher, der mehr zeigt, als er reflektiert: das Fernsehen stellt eben nicht die Spitze eines Eisbergs dar, unter der sich die Masse des öffentlichen Bewußtseins verbirgt - es ist nichts weiter als diese Spitze an der Oberfläche.

Fernsehen, wenn es seinem Auftrag bestmöglich entspricht, *gibt* Raum, *öffnet* ihn nicht. Journalisten sind keine Vordenker, sind, wenn es gut geht, sensible und intelligente Zeitzeugen und Interpreten. Wenn es nicht so gut geht, gilt nach wie vor: nichts charakterisiert Berichterstattung über Dritte Welt zutreffender als daß wir, die Bewohner der Ersten, mit ihrer Hilfe unseren Reichtum durch deren Armut, unseren Waffenstillstand durch deren Kriege, unsere Technologie durch deren Mangel "kompensieren". Daß in den USA sechshundertmal mehr Energie zur Produktion eines Hektarertrags Mais verbraucht wird als in Guatemala, daß man mit dem in der Bundesrepublik Deutschland verfütterten Getreide ihre ganze Bevölkerung ernähren könnte, daß nicht nur die Kluft zwischen reichen und armen Ländern immer größer wird, sondern auch die zwischen Reichen und Armen in den Entwicklungsländern - das mag verblüffen, irritieren oder auch empören: nur eine kleine Minderheit setzt diese Irritation oder Empörung in politisches Handeln um, für die anderen bleibt der beschworene Zusammenhang, die *eine* Welt, bloße Behauptung.

2. Vermittlungsschwächen:

Die Journalisten haben zuviel behauptet und zuwenig begründet, zuviel beredet und zuwenig gezeigt, zuviel stillschweigend vorausgesetzt und zuwenig am Kenntnis-, Bewußtseins- und Gemütsstand der Zuschauer angeknüpft. Das gilt auch für jene Zuschauer, die über Programmstrukturen entscheiden. Gewiß fließt in diese Entscheidungen viel Sachfremdes ein, doch haben die Fernsehredakteure oft die Mühe der Überzeugungsarbeit gescheut und sich stattdessen der Arroganz der Sachverständigen hingegeben, Indolenz und Ignoranz der Hierarchen beklagt und sich, zähneknirschend, damit abgefunden, wenn sich, im zweitbesten Fall, Desinteresse mit Duldung paarte. Und die Finger wollte man sich auch nicht schmutzig machen, keine Schleichwege einschlagen, nicht antichambrieren. Aber: der Redakteur, der sich, ohne Karriereseitenblicke und ohne "Seilschaft" im Rücken, ausschließlich am inhaltlichen Interesse orientiert, ist so vereinzelt und von ähnlich folgenreicher Wirkung wie der Abgeordnete, der einzig und allein seinem Gewissen folgt - so haben wir unsere Gesellschaft eingerichtet.

Ein zynisches Plädoyer für Anpassung? Oder ein schlichter Hinweis auf politischen Realismus? Zeitgeist, Warencharakter, Outfit - all das beeinflußt Fernsehprogramme nicht weniger als die von Parteien. Wer da Minderheiteninteressen mehrheitsfähig machen will, muß Verbündete suchen, muß sich als Lobbyist nicht bloß verstehen, sondern auch verhalten, braucht Marketing, Werbekonzepte und -strategien, den passenden Slogan und das richtige Produktumfeld. Das mag das Selbstverständnis verletzen oder den guten Geschmack, die Eitelkeit des guten Gewissens kränken, den Hautgout von Käuflichkeit verströmen - ein zu dünnes Fell wird einem unweigerlich über die Ohren gezogen und wem der Spott schon anhaftet, der richtet auch noch Schaden an.

Was tun? Was sind die richtigen Slogans, wo ist das passende Produktumfeld?

Humanität - zwar ein Dauerbrenner, doch irgendwann haben wir den Hunger satt - außerdem entwicklungspolitisch eher kontraproduktiv. Imperialismus, Neokolonialismus - heute erst recht Ladenhüter. Weltwirtschaft - nicht griffig; Schuldenkrise - zu abgenutzt.

Die Dritte Welt als düsterer Hintergrund, vor dem unsere Probleme verblassen - lange Zeit hat Berichterstattung so auch funktioniert, doch klappt das nicht mehr so recht. Was ist geschehen?

Seit Jahren wird unsere unmittelbare Wirklichkeit zusehends bedroht, sodaß keine rechte Freude mehr darüber aufkommen mag, daß es uns besser geht als anderen: die Umwelt ist über uns her, in unser Intimleben eingebrochen und erodiert unser Wohlbefinden - da "brauchen" wir die dunklen Flecken von Hunger, Elend und Tod jenseits unseres alltäglichen Lebenshorizontes nicht mehr.

Unterernährung in Afrika, Überbevölkerung in Asien, Drogen und Kapitalflucht in Lateinamerika, Stellvertreterkriege ein wenig überall - darüber sind wir zu unserer Tagesordnung übergegangen. Was aber, wenn nicht nur im Sahel, sondern auch im amerikanischen Mittelwesten Dürre auftritt, nicht nur in Bangladesh, sondern auch in Spanien verheerende Unwetter niedergehen, nicht nur in Brasilien der Wald vernichtet wird, sondern auch bei uns, nicht nur an der Peripherie, sondern auch im Zentrum die Erde bebt?

Kurzfristige "Hilfe" dort, kurzsichtige Politik hier, nähert sich in den Folgen, ja die ohnehin brüchige Hilfskonstruktion wird überflüssig in dem Maß, wie unsere Lebensinteressen am dortigen Überleben hängen. Der Wendepolitik läßt sich insofern auch Gutes abgewinnen, als sie transparenter machte, daß sich hinter "globaler Verantwortung" und "humanitärer Verpflichtung" letztlich bloße Interessenpolitik verbarg - so abstrus diese Interessen gelegentlich auch beschrieben wurden (vor allem die geopolitischen).

Interessenpolitik ist dauerhafter als Politik auf moralischer Grundlage; ob sie nützlicher ist, hängt davon ab, worauf die Interessen gerichtet werden. Je direkter der Nerv der Bevölkerung getroffen wird, umso weniger wird sie dulden, daß Machtinteressen von Politikern und ihre eigenen Lebensinteressen auseinanderklaffen. Je deutlicher Umweltschutz als möglicher Überlebensschutz nicht nur verstanden, sondern auch erfahrbar wird, umso schwieriger werden Versuche, abzuwiegeln, auszusparen, irrezuführen.

Gerade weil auf diesem Feld der Politik der Dissens zwischen vielen meist "unpolitischen" Bürgern und den Berufspolitikern stärker ist als anderswo, läßt sich dies auch für die Durchsetzung entwicklungsrelevanter Inhalte im Fernsehen nutzen: weil immer mehr Bereiche "umweltrelevant" werden und der Bürger in seiner täglichen Lebensführung davon immer öfter und ungeschützter berührt werden wird: Ernährung, Wohnen, Arbeit, Verkehr, Freizeit - Ausweich- oder Fluchtmöglichkeiten schwinden, und unser Verdrängungspotential ist nicht unbegrenzt.

Der Bürger wird Informationen fordern, weil er offiziellen Mitteilungen mißtraut. Fragen werden auftauchen, formuliert, öffentlich gestellt werden: stecken in den Früchten aus fernen Ländern nicht die Gifte, die wir dorthin exportiert haben? Finanzieren wir heute mit unseren Steuergeldern nicht die Voraussetzungen dafür, daß morgen Millionen Umweltflüchtlinge an Europas Grenzen stehen werden, weil Riesenstaudämme und Bewässerungssysteme ihnen das Wasser abgegraben haben; weil sie das Saatgut nicht mehr kaufen können, weil es nur chemisch "verpackt" zu haben ist? Wollen wir es uns leisten, Atomkraftwerke, für deren Sicherheit bei uns es keine Garantie gibt, in Länder zu exportieren, die das Know-How noch weniger beherrschen und die mit Hilfe der Sonnenenergie ganze Regionen versorgen könnten - wenn wir darin investierten?

Eines scheint mir sicher: die Beschäftigung mit Umweltthemen wird immer schwieriger zu diffamieren oder gar zu verhindern sein. Kein Fernsehratsmitglied wird sich leichtfertig als Sprachrohr einer Verlautbarungspolitik hergeben wollen oder Panikmache vorwerfen können, wenn er mühelos mit den Ergebnissen von Enquetekommissionen des Bundestags widerlegt werden kann. Wenn solche unverdächtige Quellen z.B. davon sprechen, daß "die heute schon folgenreiche Knappheit der Wasserressourcen ... zu Katastrophen führen kann, die wir uns gegenwärtig noch nicht ausmalen können", dann läßt sich ein solches Szenario nicht kurzerhand vom Tisch wischen.

Naiver Zweckoptimismus?

Natürlich bleibt auch die Umweltdiskussion nicht verschont von Abstumpfungseffekten, gewiß ist die Sensibilität für Verletzungen des Ökosystems ungleich verteilt, ertränken sie viele im Konsumrausch, lassen sich von der anhaltenden Hochkonjunktur den Kopf vernebeln. Schadenfreude über den unausweichlichen Kater nützt nichts. Die begründbare Zuversicht jedoch, daß Ernüchterung so manchen Blick klären wird, kann Energien mobilisieren.

Eine entscheidende Bedingung dafür ist ein partieller Rollenwechsel des Journalisten. Er muß sein Mißtrauen gegen die Forderung, als Bote guter Nachrichten aufzutreten, überwinden, darf nicht vor "konstruktiver Kritik" zurückschrecken, muß sich unter Umständen Beifall von der falschen Seite gefallen lassen: wenn neben die Informationsfülle über Defizite nicht auch Nachrichten über mögliche, d.h. verwirklichbare Maßnahmen treten, die wenigstens umrißhaft Lösungen erkennen lassen, kann die bloße Analyse der verfahrenen Situation latente Ohnmachtsgefühle der Menschen verstärken und politisch gegenläufig wirken.

Ansätze zur Schadensbegrenzung, Alternativen zur herrschenden Problemperpetuierung gibt es und sie sind vorzeigbar, beispielsweise auf dem Sektor Ressourcenschonung. Zeigen, was sein könnte, mit der Ausnahme die Regel einfordern - und sich meinetwegen als Propagandist verunglimpfen lassen, der ein paar Tropfen auf den heißen Stein zu Vorboten des ersehnten Dauerregens verklärt: es gibt ehrenrührigere Mißverständnisse.

Mag sein, daß die inhaltliche Vielfalt unter der Priorität des Umweltgesichtspunktes leiden, daß interkulturelle Aspekte zu kurz kommen werden - ich sehe keinen wirksameren Hebel, an dem Filmemacher und Journalisten mit entwicklungspolitischem Engagement besser ansetzen könnten, um anschaulich zu machen, daß der Sahel europäisches "Zonenrandgebiet" ist und daß Produktionsverlagerung oder Müllexport zwar kurzfristig Erleichterung verschaffen, aber längst fällige Maßnahmen verzögern und, bauernfängerisch, eine Lage entdramatisieren, deren Explosivität zu enthüllen lebensbewahrend sein kann.

Die Einsicht in die Konterdependenz von Umwelt- und Entwicklungspolitik wird jener nicht schaden und dieser nützen, wird beide auf eine neue Ebene heben und ihre Reflexion im Fernsehen dazu - nur ein Lump ist bescheiden.

Jens Harms

Zwanzig Jahre Fernsehworkshop

Der Traum von einer gerechten Welt
oder
Die Schwierigkeiten der entwicklungspolitischen Aufklärung

Vom 26. bis 30. März 1990 findet in der Evangelischen Akademie Arnoldshain der *X. Fernsehworkshop "Entwicklungspolitik"* statt. Veranstalter dieses Workshops ist eine Arbeitsgemeinschaft, in der dreißig Organisationen und Institutionen vereinigt sind, die für die Forderung einer gerechteren Weltordnung eintreten und den entwicklungspolitischen Film als ein notwendiges Instrument zur Information, Aufklärung und öffentlichen Mobilisierung betrachten. Beteiligt an dem "Unternehmen" sind u.a. von staatlicher Seite das *Bundesministerium für wirtschaftliche Zusammenarbeit* und der *Deutsche Entwicklungsdienst*, kirchlicherseits *Brot für die Welt* und *Misereor* sowie aus dem politischen Raum die *Konrad-Adenauer-Stiftung* und die *Friedrich-Ebert-Stiftung.* Als Partnerorganisationen sind im Trägerkreis des Fernsehworkshops die ARD, das ZDF und die *Arbeitsgemeinschaft Dokumentarfilm e.V.* vertreten.

Es ist bereits erstaunlich genug, daß der Fernsehworkshop seit zwanzig Jahren existiert, denn die Trägerorganisationen weisen ein enormes entwicklungspolitisches Spektrum auf. Daß die "Koalition des guten Willens" gehalten hat, kann in zwei Richtungen interpretiert werden: entweder wird der Streit um entwicklungspolitische Konzeptionen und Medienarbeit als so marginal angesehen, daß man sich darüber nicht zerstreiten muß, oder der gemeinsame Leidensdruck, in der eigenen Gesellschaft letztlich nur wenig ausrichten zu können, wirkt so solidarisierend, daß man darüber alle ideologischen Verschiedenheiten hintanstellt.

Nun sind die bisher veranstalteten neun Fernsehworkshops alles andere als Harmonieveranstaltungen gewesen. Dies beweisen die Resümees, die nach jeder Veranstaltung, die im Zweijahresrhythmus stattfindet, gezogen werden. Dr. Jürgen Wichmann, Direktor der Katholischen Akademie Trier, der "Erfinder" des Workshops und im Jahre 1972 der erste Veranstalter, hat die These vertreten, daß sich jeder Workshop seinen eigenen "Buhmann" geschaffen hätte: 1972 die kirchlichen

Hilfswerke mit ihren Spendenfilmen, 1974 die politischen Redaktionen der Fernsehanstalten wegen einer zu platten Berichterstattung, 1976 die Industrie mit ihren apologetischen Werbefilmen, 1978 die Auslandskorrespondenten wegen einer zu wenig gezeigten Betroffenheit und 1980 die Fernsehanstalten in Bausch und Bogen. Jürgen Wichmann schied 1980 frustriert aus dem Trägerkreis aus, forderte die Trägerorganisationen auf, ihre Mitgliedschaft zu überdenken, und prophezeite dem Workshop sein Ende.

Wichmann hat sich getäuscht: Kritik an den Veranstaltungen gab es auch weiterhin, aber gleichzeitig fand eine Auseinandersetzung mit den von den Fernsehworkshops formulierten Vorwürfen statt. Sicherlich haben die Workshops mit dazu beigetragen, daß Spenden- und Industriefilme für die Rezeption der Dritten Welt keine Rolle mehr spielen. Inwieweit die Workshops auf die Schärfung des Bewußtseins von Redakteuren Einfluß nahmen, ist natürlich nicht feststellbar, jedoch beweist eine vielfach differenziertere Berichterstattung, daß die auf den Workshops inszenierten Debatten nicht ins Leere liefen. Schließlich hat sich die ästhetische Qualität der Dritte-Welt-Filme verbessert, eine Entwicklung, die vor allem bei den letzten Workshops deutlich wurde. So kann man wohl sagen, daß das Projekt Fernsehworkshop auch weiterhin leben wird, denn der Diskurs über entwicklungspolitische Medien- und Filmarbeit bleibt gerade wegen der Verstimmung, die er hervorrufen muß, so konstruktiv, daß man ihn nicht missen möchte.

Strukturen analysieren und auf die Menschen der Dritten Welt hören

Der Fernsehworkshop trat 1972 mit dem programmatischen Untertitel "Für eine gerechtere Welt" an, der II. Fernsehworkshop strich den Komparativ und formulierte "Für eine gerechte Welt", was sicherlich auch Ausdruck der auf internationaler Ebene vor sich gehenden Diskussion um eine neue Weltwirtschaftsordnung war, mit der endlich Gerechtigkeit zwischen Industrie- und Entwicklungsländern hergestellt werden sollte. Im Jahr 1976 entschied man sich schließlich für den Untertitel "Entwicklungspolitik", denn es ging bei den Workshops nicht nur um eine abstrakte Gerechtigkeitsdebatte, sondern das Ziel war eine Änderung der Politik bei uns. Dabei blieb es dann auch, obwohl vielfach darauf verwiesen wurde, daß der Untertitel "Entwicklungspolitik" eine Einengung bedeutet, da gerade die deskriptive Darstellung der Lebensverhältnisse sowie ein ethnographischer Zugang an Bedeutung für den Dritte-Welt-Film gewonnen hätten. Der Trägerkreis des Workshops konnte sich jedoch bisher für keine Umformulierung entscheiden. Die von den Gründern gedachte caritative Orientierung fand bereits beim ersten Workshop eine Politisierung. Ausdruck dafür ist die beim ersten Workshop vorgenommene Auszeichnung des Films von Peter von Gunten, BANANERA LIBERTAD. Gunten fragt nicht nach mehr Gerechtigkeit, sondern analysiert am Beispiel der Bananenproduktion und des Bananenhandels die Mechanismen der internationalen Ausbeutung.

Peter von Guntens Film lag im Trend der entwicklungspolitischen Debatte der beginnenden siebziger Jahre. Johan Galtungs Thesen der strukturellen Gewalt wurden rezipiert, und die lateinamerikanische Dependenzlehre fand in Europa Eingang. Unterentwicklung wurde nicht mehr als Durchgangsstadium zur Modernität gesehen, sondern als Ergebnis eines imperialen Unterdrückungsprozesses, den es durch radikale Änderungen der Weltarbeitsteilung zu überwinden gelte.

Dem Zeitgeist entsprechend wurden für den II. Fernsehworkshop 1974 folgende Ziele formuliert: a) über Ursachen und Auswirkungen von Unterentwicklung berichten, b) über die Praxis von Entwicklungshilfe berichten und Möglichkeiten zur Überwindung von Unterentwicklung aufzeigen, c) die Einstellungen und Strukturen in den Industrieländern kritisch befragen und d) Menschen der Dritten Welt sich selbst oder Probleme ihrer Länder darstellen lassen. Vor dem Hintergrund dieser Zielsetzungen erklärte die Vorauswahlkommission des II. Fernsehworkshops: "Die Vorauswahlkommission ... stellt nach Betrachtung von 50 entwicklungspolitischen Filmen, die von Rundfunkanstalten (Fernsehen) und freien Produzenten nominiert wurden, fest, daß die weitaus meisten Filme sich durch Oberflächlichkeit, Unkenntnis und Vorurteil auszeichnen. Der entwicklungspolitische Fernsehfilm befindet sich in einem katastrophalen Rückstand". Und weiter heißt es in der von Roshan Dhunjibhoy, Peter von Gunten, Rolf-Henning Hintze, Prof. Dr. Thomas Koebner und Ansgar Skriver unterzeichneten Erklärung: "Angesichts der deprimierenden Verfassung des entwicklungspolitischen Films in der Bundesrepublik appelliert die Vorauswahlkommission an die Öffentlichkeit und die Programmverantwortlichen öffentlich-rechtlicher Rundfunkanstalten, dafür zu sorgen, daß der entwicklungspolitische Film im Fernsehen jene Qualität und jenen Platz erhält, der den Aussagen aller großen politischen Parteien der Bundesrepublik über die Sicherung des Friedens durch Entwicklungspolitik entspricht. Dies läßt sich nur erreichen, wenn Journalisten in entwicklungspolitischen Spezialkursen Grundkenntnisse vermittelt bekommen, und entwicklungspolitische Themen nicht länger an den Rand des Fernsehprogramms abgedrängt werden. Wir fordern die Einrichtung von entwicklungspolitischen Redaktionen in ARD und ZDF und kontinuierliche Berichterstattung über Themen der Entwicklungspolitik". Dieser Erklärung schlossen sich u.a. Friedrich Zimmermann, Peter Berg, Peter Heller, Marietta Peitz, Wolfgang Landgraeber, Renate von Gizycki und Vertreter der unterschiedlichsten politischen Gruppierungen an.

Die Medienwissenschaftlerin Renate von Gizycki forderte in einem Beitrag zum II. Fernsehworkshop, die Fernsehjournalisten und Filmemacher müßten sich nach ihrem Weltbild und entwicklungspolitischem Selbstverständnis befragen lassen. Sie entdeckte in einer Vielzahl von Berichten aus der Dritten Welt "koloniale Attitüden und Missionsdenken" und forderte dazu auf, einen "Zusammenhang ... zwischen den Problemen unserer eigenen Gesellschaft und denen der Dritten Welt" herzustellen.

In Anbetracht der weiterhin unbefriedigenden, den hohen Anforderungen nicht entsprechenden Fernsehproduktionen, organisierten sich am Rande des V. Fernsehworkshops 1980 in Trier eine Reihe von Filmemachern und Entwicklungsexperten, um darauf hinzuweisen, daß "die Funktion des entwicklungsbezogenen Films darin (bestehe), Partei für diejenigen zu ergreifen, die nicht zuletzt aufgrund unserer Wirtschafts-, Außen- und Kulturpolitik ein Leben in Elend, Hunger, Krankheit und Analphabetentum führen müssen". Unterzeichnet wurde das Manifest, in dem eine radikale Umorientierung gefordert wird, u.a. von den Filmschaffenden Peter von Gunten, Peter Heller, Peter Krieg, Wolfgang Landgraeber, Jean François Le Moign, Susanne Müller-Hanpft, Sabine Nawroth, Marietta Peitz, Tamara Wyss, Friedrich Zimmermann.

Die Forderung nach einer radikalen Analyse der Bedingungen von Unterentwicklung blieb insbesondere bei freien Filmemachern nicht ohne Resonanz. Dabei wurde vielfach von den Erkenntnissen der Dependenztheorie ausgegangen, die Opfer und Täter benannte. Da man natürlich die Sache der Opfer vertreten wollte, lag es auf der Hand, gegen die Kolonialisten in den Industriemetropolen und ihre Handlanger in den peripheren Ländern zu agitieren. Dem Zeitgeist entsprechend kam diese Sprache beim Publikum der Fernsehworkshops der siebziger Jahre an. So ist es auch nicht verwunderlich, daß die Filme von Peter von Gunten, Peter Krieg, Peter Heller, Rolf Hans Strobel sowie von Gordian Troeller und Claude Deffarge oft auf den Listen der hervorgehobenen Filme zu finden waren und das Genre des Dritte-Welt-Aufklärungsfilms prägten. Der "klassischen" Fernsehproduktion mangelte es dagegen an Eindeutigkeit, so daß solche Filme in der Regel nicht die Sympathie des Publikums finden konnten. Der "Erfolg" war ein weitgehendes Fernbleiben der Fernsehjournalisten von den Workshops, eine Entwicklung, die bereits in dem Protokoll des Workshops von 1974 beklagt wurde.

Bereits von Anfang an war es ein erklärtes Ziel des Fernsehworkshops, besonders auf authentische Stimmen aus der Dritten Welt achtzugeben. Die Menschen der Dritten Welt mit ihren Vorstellungen einer gerechten Welt sollten selbst zu Wort kommen. Außerdem sollten solche Entwicklungsmodelle vorgestellt werden, die es ermöglichen, eine eigenständige Entwicklung einzuleiten, um aus dem Teufelskreis der Abhängigkeit auszubrechen.

Bei der Darstellung von Alternativen zum metropolitanen Industrialismus verfiel man immer wieder auf Tanzania. So war dieses Land Pilgerstätte für viele Filmemacher, um die Strukturen einer besseren Welt ausfindig zu machen. Das Ergebnis waren u.a. Filme wie UJAMAA von H.R. Strobel (FSW 1974). DIE BAUERN VON MAHEMBE von Hans Peter Dürr, Andres Enderli, Esther Enderli, Marlies Graf, Fritz E. Maeder, Hans Sanderegger (FSW 1976). ZUM TEUFEL MIT DER SCHULE von Gordian Troeller und Claude Deffarge (FSW 1976). Der beim Fernsehworkshop 1978 hervorgehobene Film MODELLFALL TANZANIA - EIN STAAT ERZIEHT ZUR SELBSTHILFE von Christoph Maria Frohder war mit dem Begleittext versehen: "Der Staatsbesuch des Präsidenten von Tanzania, Julius Nyerere, war Anlaß, dem deutschen Publikum zu zeigen, welche Schlüsselfunktion dieser schwarzafrikanische Staat für die Zukunft des ganzen Kontinents darstellen könnte (...). (Er) ist klug genug, Wohlstand für sein Land nicht von einem schlecht genutzten Industriepotential zu erwarten". Ende der siebziger Jahre war dann offensichtlich, daß das Modell Tanzania ökonomisch zusammengebrochen war, so daß bereits beim Fernsehworkshop 1980 kein Film über Tanzania mehr angeboten wurde. Von einem vorbildlichen Modell konnte in Anbetracht der Versorgungsmisere nun niemand mehr sprechen.

Zweifelsohne war das Bemühen, Menschen der Dritten Welt selbst zu Wort kommen zu lassen, besonders schwierig umzusetzen. Als ein erstes gelungenes Beispiel galt der von Peter von Gunten produzierte Film DIE BAUERN VON MAHEMBE, der beim Fernsehworkshop 1976 in Saarbrücken besondere Beachtung fand. Mahembe ist ein tanzanisches Ujamaa-Dorf, über das die Bauern in ihrer Sprache berichten. Anderen Filmen gelang es kaum, eine solche Authentizität herzustellen. Allerdings wird wohl die Frage gestellt werden müssen, ob die gewonnene Authentizität nicht ein einigermaßen perfider Trick ist, den eurozentrischen Blick des Autors und Regisseurs zu kaschieren, denn der Film eines europäischen Regisseurs wird wohl immer Ausdruck seines Denkens und seines spezifischen Blickes sein.

DIE BAUERN VON MAHEMBE sind für die Zeitbedingtheit des entwicklungspolitischen Films ein gutes Beispiel. Das Modell Tanzania wird eingebunden in eine dependenztheoretisch orientierte Weltinterpretation. So erscheint der Film heute als ein typisches "Kind" der siebziger Jahre, als man glaubte, "die Träne des weißen Mannes" (Pascal Bruckner) aus einem schwarzen Gesicht rollen lassen zu müssen.

Mit dem Fernsehworkshop 1986 wurde dazu übergegangen, solchen Filmen mehr Beachtung zu schenken, die von Autoren aus der Dritten Welt gemacht wurden. Von vierzehn hervorgehobenen Filmen stammten bei dem 86er Workshop fünf Produktionen aus der Dritten Welt. Dokumentation und Analyse stehen hier nicht mehr allein im Zentrum, vielmehr sind verstärkt filmästhetische Gesichtspunkte bestimmend. Damit wandelt sich das Genre des Dritte-Welt-Films, Eindeutigkeit wird durch Vielschichtigkeit und der Lehr- durch den Spielfilm bzw. den dokumentarischen Spielfilm ersetzt. DAS WAHRHAFTIGE WORT DES KLUGEN BAUERN des Äypters A'Wahed Askar, GREGORIO von der peruanischen Gruppe "Chaski", der tunesische Film LES BALISEURS DU DESERT von Nacer Khemir, der nicaraguanische Film ALSINO Y EL CONDOR von Miguel Littin sowie der brasilianische Film A PROXIMA VITIMA von Joao Batista de Andrade lassen insgesamt für einen filmisch anspruchsvollen und differenziert argumentierenden Dritte-Welt-Film auch für die Zukunft hoffen. Mit dem Fernsehworkshop 1988 in Schwerte wurde dieser Weg dank des Engagements von Ralph Sikau von Cine Terz (Bonn) weiter beschritten, und der X. Fernsehworkshop in Arnoldshain wird dem in der Dritten Welt produzierten Film einen noch breiteren Raum einräumen.

Aufgrund der skizzierten Entwicklung des entwicklungspolitischen Films und

Dritte-Welt-Films schrieb Wilhelm Roth in *epd-Film* 8/86: "Aber ich glaube, wenn man nicht endlich die Schönheiten dieser Filme entdeckt, wenn man sie nicht aus dem Ghetto der politischen Pflichtaufgabe herausholt, dann wird es eine Dritte-Welt-Filmkultur bei uns demnächst nicht mehr geben. Und dann werden wir auch politisch dümmer sein, weil wir eine der wichtigsten Quellen für das Kennenlernen der Dritten Welt zuschütten". Der Fernsehworkshop scheint einen guten Weg beschritten zu haben. Der entwicklungspolitische Aufklärungsfilm als Lehrstück, der für die siebziger Jahre kennzeichnend war, ist nur noch ein Genre unter anderen, zu Recht. Zu Beginn der achtziger Jahre wurde immer deutlicher die Frage gestellt, ob wir denn überhaupt eine entwicklungspolitische Konzeption verfügbar haben, die zu dem gewünschten Ziel einer gerechten Weltordnung führen würde. Die Dependenzlehre verschwand mehr oder minder von der Bildfläche. Gleichzeitig wurde der Wunsch, die Verhältnisse in der Dritten Welt - kulturell und politisch - zu verstehen, zum Programm. Der ethnographische Film und der in Ländern der Dritten Welt produzierte Spiel- und Dokumentarfilm fand verstärkt Beachtung. So zeichnen sich die Fernsehworkshops der achtziger Jahre durch eine Pluralität der Stile und Argumente aus. Wahrscheinlich wird auch nur dadurch der Komplexität der Dritte-Welt-Problematik einigermaßen Rechnung getragen.

Das Ende der entwicklungspolitischen Aufklärung?

In der Satzung der *Arbeitsgemeinschaft Fernsehworkshop "Entwicklungspolitik"* heißt es: "Ziel des Workshops ist es, durch Fachgespräche über ausgewählte Aspekte der Entwicklungspolitik die Umsetzung entwicklungspolitischer Informationen im Fernsehen und in der Filmproduktion zu fördern sowie die nichtgewerbliche Auswertung geeigneter Produktionen in der Bildungs- und Öffentlichkeitsarbeit zu intensivieren". Daß die Entwicklungspolitik eine nicht zu unterschätzende Bedeutung für das Überleben der Menschheit hat, darüber besteht weitestgehend Einigkeit. Wie allerdings eine an den Zielen "Internationale Gerechtigkeit" und "Sicherung der Umwelt" orientierte Politik auszusehen hat, darüber herrscht Unklarheit, mehr Unklarheit jedenfalls, als man in den siebziger Jahren, als der Fernsehworkshop ins Leben gerufen wurde und sich ausformte, glaubte. Damals jedenfalls war eine Vorstellung von Aufklärung verbreitet, die von der Idee geleitet war, daß jeder gutwillige und vernünftige Mensch zu ähnlichen Schlußfolgerungen über die richtige Entwicklungspolitik und eine ihr gemäße Bildungsarbeit kommen müsse. Der Lauf der Weltpolitik hat zu einer Diskreditierung vieler gesellschaftspolitischer Leitbilder geführt. Die Umsetzung des Traums von einer gerechten Welt scheint heute weiter entfernt denn je. Gerade weil es kaum möglich ist, die Strukturen einer gerechten Welt politikfähig zu definieren, muß um die Mittel einer entsprechenden Entwicklungspolitik gestritten werden. Aufklärung im "Zeitalter der Post-Moderne" ist nicht mehr dadurch charakterisiert, daß anderen beigebracht werden muß, was sie zu denken und wie sie sich politisch zu verhalten haben. Aufklärung heißt vielmehr, einen konstruktiven Streit um den adäquaten Weg zu führen, mit denen die langfristig anzuvisierenden Ziele schrittweise umgesetzt werden können.

Die zwanzigjährige Geschichte des Fernsehworkshops weist eine entsprechende Umorientierung auf. Die in den siebziger Jahren vorherrschende Eindimensionalität des Dritte-Welt-Films als Aufklärungsprodukt ist tendenziell von einer Mehrdimensionalität abgelöst worden, bei der eine Pluralität von Inhalten und Stilarten bestimmend ist. Der Abschied vom alten Modell der Aufklärung, dem viele Pädagogen und Erwachsenenbildner in oftmals unerträglicher Intoleranz folgten, ist für den Fernsehworkshop zweifelsohne eine Bereicherung. Allerdings sollte diese neue Offenheit nicht als Beliebigkeit mißverstanden werden, denn der Dritte-Welt-Film kann kein affirmatives Produkt sein, mit dem bestehende Verhältnisse stabilisiert werden. Der Dritte-Welt-Film muß in seiner Orientierung kritisch bleiben, denn nur darin liegt sein Wert, sofern er seinen Beitrag für den Aufbau einer gerechteren Welt leisten will.

Es ist schwer festzustellen, ob das Projekt Fernsehworkshop in seiner zwanzigjährigen Geschichte erfolgreich war. Ich denke, daß der Workshop einen wichtigen Beitrag dazu geleistet hat, Probleme der Dritten Welt sowie ihre Bearbeitung durch die Politik adäquater zu rezipieren. Sicherlich waren die Workshops der siebziger Jahre von einer Kultur des entwicklungspolitischen Engagements bei uns getragen, diese Kultur verlangte auch nach dem eindeutigen Argument des entwicklungspolitischen Films. Diese Eindeutigkeit ging verloren, das Engagement wurde schmäler. Die Koalition der Träger hielt bei allem Selbstzweifel durch. Dabei durchzieht der Versuch, zu einem "Dialog zwischen Partnern" zu kommen, die zwanzigjährige Geschichte des Workshops wie ein rotes Band. Die Argumente sind vielfältiger geworden, gleichzeitig wurde aber auch die Sprache der Dritten Welt mit ihren Filmen konturierter. Dieser Weg sollte weiter begangen werden, so daß der Fernsehworkshop vielleicht eines Tages nicht mehr als Veranstaltung verstanden wird, bei der sich entwicklungspolitisch interessierte Deutsche über ihr richtiges Verständnis der Dinge streiten, sondern zu einem Forum der Begegnung der Menschen und Filme aus verschiedenen Teilen der Welt wird, mit dem Ziel, der Nord-Süd-Problematik in unserem Denken und in unseren Medien den Ort zu geben, welchen sie aufgrund ihrer Dringlichkeit einnehmen sollte.

Joachim Paschen

DIE BAUERN VON FERMATHE NICHT GENUG HUNGER DURCH ENTWICKLUNG

Zum Medienangebot von FWU und Bildstellen

"Her mit entwicklungsbezogenen Filmen für die Bildungsarbeit!" hieß der Slogan der 70er Jahre. Und wir haben sie bekommen, so reichhaltig inzwischen, daß das Bedürfnis nach neuartigen Informationen im Überdruß des Überflusses verlorenzugehen droht. Schuld ist daran sicher auch die allgemeine Medienentwicklung, die das überalterte pädagogische Personal dazu veranlaßt, entweder die Schule als medienfreie Oase zu verteidigen oder kritiklos alles zu nehmen, was unterrichtliche Erleichterung schafft.

Die frühen 70er Jahre waren auch für den Bildungsbereich eine Aufbruchphase: es ging um neue Strukturen und neue Inhalte. Vorherrschend war die Überzeugung, daß durch die gezielte Aufklärung der nachwachsenden Generationen die Welt vernünftiger und gerechter gestaltet werden könnte. Den Medien wurde dabei ein hervorragender Platz zugewiesen: sie sollten - unabhängig vom jeweiligen Ausbildungsstand der Lehrer - zuverlässige und aktuelle Informationen liefern, durch ihre Machart für neue Erfahrungen "sensibilisieren" und durch Erzeugung von "Betroffenheit" zu engagiertem Handeln motivieren. Diese Dekade versprach für die entwicklungsbezogene Bildungsarbeit eine interessante Ernte.

Wenn im folgenden verglichen werden soll, wie sich denn die Bildungsmedien zur Dritten Welt in den 70er Jahren von denen davor und danach unterscheiden, beziehen sich die Aussagen auf das Angebot der über 400 *Bildstellen* in der Bundesrepublik, die Schulen und andere Bildungseinrichtungen meistens unentgeltlich mit Medien versorgen. Sie erhalten ihr Angebot überwiegend von einer Einrichtung der Bundesländer, dem *Institut für Film und Bild in Wissenschaft und Unterricht*, kurz FWU, in Geiselgastein bei München. Seit 40 Jahren liefert es AV-Medien für den Bildungsbereich, je zur Hälfte etwa Auftragsproduktionen und Übernahmen von anderen Produzenten, inzwischen vorwiegend dem Fernsehen.

Die Bildstellen übernehmen die Medien des FWU im allgemeinen ungeprüft. Das liegt daran, daß die FWU-Medien gewissermaßen einen kultusministeriellen Gütestempel tragen: sie gelten per se als zugelassene Unterrichtsmittel in den einzelnen Bundesländern. Die Rücksichtnahme auf eine mittlere Linie bedingt natürlich, daß sich die einzelnen Angebote nicht allzuweit von der Mitte entfernen dürfen. Zuständig für die Auswahl der Medien, sowohl für die Produktion wie für die Übernahme von Fremdproduktionen, sind die jeweiligen Referenten, im Fall der entwicklungsbezogenen Medien vor allem die Referenten für Geographie, Politische Bildung und Religion. In einem besonderen Abnahmekreis werden die Entscheidungen getroffen. Allgemeine Richtlinie sind die vielen, vielen Lehrpläne für die verschiedenen Schularten in den Bundesländern. Davon wird auch abgewichen, wenn zum Beispiel zunehmend für den Bereich der Erwachsenenbildung Angebote gemacht werden. Mehr und mehr ist auch zu beobachten, daß das FWU bei Produktions- und Übernahmeentscheidungen den Gesichtspunkt der Amortisation in den Vordergrund rückt. Das scheint vielleicht eher gewährleistet zu sein, wenn man günstige Angebote vom Fernsehen übernimmt, als wenn man sich an kostenträchtigen alternativen Projekten beteiligt.

Um der Fixierung auf die Mitte etwas zu entgehen, bemühen sich die meisten Bildstellen um eine Erweiterung des Angebots über die FWU-Medien hinaus. (Die Zeiten, da das *Bundesministerium für wirtschaftliche Zusammenarbeit* Filme über die Bildstellen bzw. Landesfilmdienste anbot, sind allerdings vorbei.) Das Angebot ist natürlich nicht bundeseinheitlich, sondern wird durch die länderspezifischen Interessen geprägt. So kommt es, daß etwa der Film DIE LIEBE ZUM IMPERIUM (deutscher Kolonialismus in Ostafrika) in immerhin neun von vierzehn Landesbildstellen erhältlich ist; daß der Film MBOGOS ERNTE ODER DIE TEILUNG DER WELT nur von einer Landesbildstelle angeboten wird, dafür aber von allen Landesfilmdiensten und vielen evangelischen Medienzentralen. Generelle Aussagen über das, was die Bildstellen über das FWU hinaus anbieten, sind nicht zu machen.

Die Zahl der vom FWU angebotenen entwicklungsbezogenen Filme hat erst ab 1980 unter dem Einfluß der Videotechnik stark zugenommen: Waren in den 60er Jahren 25 Filme mit Themen zur Dritten Welt neu hinzugekommen und in den 70er Jahren 30 Filme, so verdoppelte sich die Zahl in den 80er Jahren. Allerdings hat sich der Anteil der Filme/Videos zu dieser Thematik im Gesamtangebot kaum verändert: er beträgt nach wie vor nur wenige Prozent. Insgesamt hat das FWU ca. 130 Filme/Videos zu diesem Themenbereich angeboten, ca. 50 davon werden jedoch nicht mehr verkauft, können aber durchaus noch von den Bildstellen verliehen werden.

Nicht ohne Grund sind die 70er Jahre als Einstieg in die Programmanalyse des FWU gewählt worden, auch wenn diese Zeit quantitativ noch nicht so hervorsticht. Es war die Zeit, als sich das besondere Engagement der Kirchen und des Bundesministeriums für wirtschaftliche Zusammenarbeit auf die Bearbeitung der bundesdeutschen Öffentlichkeit richtete. Für eine neue Politik "weltweiter Partnerschaft" sollte vor allem mit Hilfe von Medien Gedanken, Herzen und Geldbeutel geöffnet werden. Auch das FWU beteiligte sich an dieser "Aufklärungsarbeit". Bei dem sehr unterschiedlichen, ja widersprüchlichen Interesse verwundert es nicht, daß es eine experimentierfreudige Zeit war: es entstanden inhaltlich wie methodisch sehr verschiedene Filme, die auf je eigene Art bestimmte Wahrnehmungen zum Ausdruck brachten bzw. prägten.

Nichts zeigte damals deutlicher das besondere Interesse an Medien zur Dritten Welt, als die Tatsache, daß ein Filmanalytiker ausgerechnet einen Unterrichtsfilm über die Zustände in einem Entwicklungsland kritisch auf den Schneidetisch nahm. 1972 veröffentlichte B. Wember sein vernichtendes Urteil über die BERGARBEITER IM HOCHLAND VON BOLIVIEN (FWU-Katalog-Nr. 32 00912) als ein Beispiel für Manipulation durch Verschleierung und andere filmische Fehlleistungen.

Der Film gehört allerdings ganz in die Gedanken- und Gefühlswelt der 60er Jahre (er entstand 1966). Für die 70er Jahre kann man sagen, daß bis dahin keine Filmanalyse so sehr das kritische Bewußtsein bei Produzenten und Rezipienten geschärft hat, was nicht heißt, daß dies bereits die alltägliche Praxis bestimmt hat. Die Tendenz der 70er Jahre hat zuerst der 1968 im Auftrag der OECD entstandene Film NICHT GENUG (32 02085) zum Ausdruck gebracht, der 1969 vom FWU übernommen wurde. Dem bornierten Skeptizismus des Mannes auf der Straße in den "Geberländern" (gemeint sind die hochentwickelten Industrieländer) wird der strahlende Optimismus einer Entwicklungspolitik entgegengehalten, die durch "vermehrte Hilfe" den "Nehmerländern" Entwicklung ermöglicht. Am Beispiel von Indien und Thailand wird die Notwendigkeit des Kapital- und Technologietransfers als Voraussetzung für wirtschaftlichen und sozialen Fortschritt aufgezeigt. Noch offensichtlicher in seiner propagandistischen Absicht ist der Film SECHS MILLIARDEN PARTNER (32 02241), der in der zeitgeschichtlichen Parallelisierung zwischen der deutschen Nachkriegsentwicklung und den Problemen der unabhängig gewordenen Staaten in Afrika sein "Beweismaterial" sucht: so wie die USA mit ihrer Marshallplan-"Hilfe" Entwicklung in Europa induziert haben, tragen nun die "ehemaligen europäischen Kolonialherren eine besondere Verantwortung" für Afrika. Die Bürde des weißen Mannes soll man auch wieder in Deutschland tragen lernen. Dramatisierende Effekte nutzt einige Jahre später der Trickfilm AUF DER KIPPE (32 02718). Er soll die Besitzenden und Satten zur Hilfsbereitschaft motivieren, damit die Welt im Ansturm der Besitzlosen und Hungrigen nicht aus den Fugen gerät. Nach dem gleichen Muster arbeitet auch der Trickfilm HUNGER (32 02682): der Vielfraß wird, wenn er sich nicht mäßigt, von den vielen Hungrigen selbst gefressen.

An Zustandsanalysen in der Dritten Welt hat man sich zunächst nicht herangewagt. Stattdessen bemühte sich das FWU um Einblick in das Leben anderer Kontinente aus der Perspektive von Kindern und Touristen. Dabei sind sehr interessante Beobachtungsfilme herausgekommen, die gerade in ihrer Beschränkung Vorteile haben. Die Zuschauer werden nicht zu der Erwartung verführt, hier eine umfassende Schilderung zu erhalten, sie werden vielmehr dazu angeregt, über den begrenzten Blickwinkel hinaus mehr in Erfahrung zu bringen. Zur Serie der "Kinder"-Filme gehören TWAHA AUS TANSANIA (32 02644), ROSITA AUS PERU

(32 02940) und PRAHLAD AUS INDIEN (32 03239). Ehrlich sind diese Filme, weil sie die Kinder selbst zu Worte kommen lassen; realistisch sind sie, weil sie die Kinder nicht als Beispiel für Elend, Hunger und Armut vorführen, sondern als Menschen mit eigenem Stolz und eigenen Wünschen.

Das Bemühen um soziale Authentizität ist in der Ende der 70er Jahre begonnenen Serie "Blickwechsel", die das FWU zusammen mit dem *Studienkreis für Tourismus* als Einstimmung für Jettouristen produziert hat, nicht ganz so ausgeprägt: Es gibt Filme/Videos zum Besuch von Sri Lanka, Kenia, Mexico, Jamaika, Manila und Marokko. Wohl wird auf einige Probleme der Länder eingegangen, im wesentlichen auf eigentümliche Verhaltensweisen, die man als Tourist respektieren sollte, doch werden die Probleme des Tourismus für die Entwicklungsländer nicht angesprochen. Wer bereits im Flugzeug Richtung Exotik sitzt, soll nicht mehr verunsichert werden. In ganz anderem Zusammenhang könnten diese Filme/Videos doch durchaus zur Verunsicherung beitragen, dort nämlich, wo der Tourismus Anknüpfungspunkt für die Problematisierung der interkulturellen Beziehung ist.

Die 70er Jahre waren die Zeit der großen und kleinen "Projekte". Ganze vier davon (natürlich nur bundesdeutsche) finden sich im FWU-Programm wieder:

- In Bolivien wird 1970 mit GESUNDHEIT ALS PROBLEM DER ENTWICKLUNGSHILFE (32 02516) gezeigt, wie durch private und staatliche Initiativen die ärztliche Versorgung verbessert wird.
- In Äthiopien gibt es ein AUFFORSTUNGSPROJEKT (32 02875), das den von der Erosion bedrohten Bewohnern des Hochlandes die Existenzgrundlage sichern soll.
- Niger zeigt ein großes Entwicklungshilfeprojekt (32 03087), das die Ursache der Dürre durch Hebung des Grundwasserspiegels beseitigen soll. Der Film dokumentiert auch gleich den Erfolg: die landwirtschaftliche Kooperative verkauft die Erzeugnisse in der nahegelegenen Stadt.
- Rwanda liefert das Beispiel HILFE DURCH SELBSTHILFE (32 03169). Ein (!) deutscher Entwicklungshelfer gibt ökologisch angepaßte Ratschläge zum Stoppen der Erosionen, und eine ganze Region kann wieder hoffnungsfroh in die Zukunft blicken.

Diese *Projektfilme* dokumentieren die Abwicklung der Entwicklungshilfe im allgemeinen sehr engagiert mit und sehr nah an den betroffenen Menschen; sie sind jedoch gleichzeitig gewissermaßen eine publikumswirksame Abrechnung über die Verwendung der Entwicklungshilfegelder, und insofern doch nur eine subtile Fortsetzung der positiven Imagebildung vom Anfang des Jahrzehnts. Ganz im Stile der vereinfachenden Propaganda wird ein harmonisches Bild der Entwicklungspolitik sichtbar.

Die schwierigste Aufgabe bestand zweifellos darin, die dem Verhältnis Industrie- und Entwicklungsländern zugrundeliegenden Strukturen erkennbar zu machen. Ohne eine Kenntnis der historischen, machtpolitischen und wirtschaftlichen Mißverhältnisse mußten punktuelle Eindrücke und Erfahrungen oberflächlich bleiben. Die Sprödigkeit des Themas reizt nicht gerade zur filmischen Behandlung; um so interessanter sind die Versuche des FWU, zu einigen dieser strukturellen Probleme Angebote zu machen.

Besonders unter dem Einfluß des Anti-Apartheid-Programms der Kirchen sind Filme über den täglichen Rassismus entstanden bzw. übernommen worden. Seit Anfang der 70er Jahre steht der Film ENDE DES DIALOGS (32 02351) zur Verfügung, der das Leben der schwarzen Bevölkerung im damals noch nicht so "berühmten" Soweto bei Johannesburg aus ihrer Sicht darstellt. Noch krasser dokumentiert der von der BBC übernommene Film EIN TOURISTENFÜHRER - FOTOJAGD IN AFRIKA (32 02484) die rassistische Einstellung von Weißen gegenüber den farbigen Bewohnern von Südafrika. Diese und noch einige andere Filme hatten das Ziel, auf die Ungerechtigkeit des Apartheidsystems aufmerksam zu machen und durch moralische Entrüstung zum Handeln zu motivieren.

Auf die strukturelle Bedeutung des Kolonialismus weisen zwei andere Filme hin: HERREN IM EIGENEN LAND (32 02906) dokumentiert 1975 den Beginn der Unabhängigkeit Angolas. Die Wirkungen des mehrhundertjährigen Kolonialismus werden drastisch vor Augen geführt; den gewaltigen Problemen stehen selbstbewußte Angolaner gegenüber. Der Film favorisiert das beabsichtigte "linke" Entwicklungsmodell, auch wenn es nicht ausdrücklich erwähnt wird. (Es ist übrigens der einzige FWU-Film, der ein "Hoch auf den Sozialismus" zum Ausdruck bringt und ein "Nieder dem Imperialismus" wünscht, wenn auch verklausuliert in einem auf portugiesisch vorgetragenem Lied.) In DIE URWÄLDER UNSERER KINDHEIT (32 03184) stehen zwar "nur" zwei ältere Damen aus Deutschland im Mittelpunkt, die in Tansania Bäumchen pflanzen, aber sie symbolisieren mit ihrem Einsatz am Ort ihrer Kindheit, als Töchter von Missionaren, eine Art von "Wiedergutmachung" damals angerichteter Schäden.

Auf das komplizierte Feld internationaler Arbeitsteilung haben sich in den 70er Jahren zwei Filme gewagt. Ein Vergleich am Beispiel von zwei Industriearbeiterfamilien, denen VW den Lebensunterhalt in Wolfsburg und in Sao Paulo verschafft (32 02420), zeigt den unterschiedlichen Lebensstandard, aber auch die gleichen Ausbeutungsverhältnisse bei entsprechenden Entlohnungen. Die Gegenüberstellung hinterläßt mehr Fragen als Fakten und überläßt den Zuschauern weitgehend das Urteil. Stärker Partei nimmt der Film mit dem programmatischen Titel DER UNGLEICHE HANDEL (32 03193). Er ist in seiner Tendenz weitgehend von der Diskussion im Rahmen der UNCTAD um eine neue Weltwirtschaftsordnung bestimmt: beispielhaft klagen tansanische Baumwollbauern ihren Lohn auf dem Weltmarkt ein und bleiben mit leeren Händen zurück. Die massiven Strukturen wirtschaftlicher Interessen werden deutlich, die auch in den 80er Jahren die weltwirtschaftliche Entwicklung bestimmt haben.

Man mag die naive Emphase der 70er Jahre belächeln, die sich auch in den Medien für die Schuljugend wiederfindet; sie zeichnen sich jedoch im Vergleich zu den entsprechenden Medien der 50er/60er bzw. der 80er Jahre auch durch ein

Engagement aus, das politische Diskussionen um Einstellungen, Veränderungen, Ziele, Interessenkonflikte in Gang gebracht hat.

In den 50er Jahren hatte das FWU noch einige Stummfilme im Angebot, die aus den Zeiten der 1934 gegründeten *Reichsanstalt für den Unterrichtsfilm* (RWU) stammten: zunächst für den rassebiologischen Unterricht gedacht, wurden sie nun als Informationen über fremde Lebensweisen genutzt. Neuproduktionen bzw. Übernahmen der 50er und frühen 60er Jahre nutzten jedoch durchaus die Tradition der spätkolonialen Denkungsart. Für den Geographieunterricht entstanden monographische Filme, die die Länder Afrikas, Asiens und Lateinamerikas ausschließlich als Rohstofflieferanten charakterisierten. Danach beschert Afrika Europa vor allem mit Bananen, Baumwolle, Datteln, Diamanten, Erdnüssen, Holz, Kaffee, Öl, Rohrzucker und Sisal. Aus Asien kommen Gewürze, Kautschuk, Kokus, Reis, Tee, Zinn. Lateinamerika wird nur als Land des Kaffees bekannt. Fast im Widerspruch zu solchem "Reichtum" wurde in anderen Filmen das primitive Leben in den Ländern der südlichen Hemisphäre hervorgehoben: wenn sie nicht Nomaden sind, leben sie in einem "Negerdorf", einem "Fellachen-Dorf" oder einem "Indianerdorf"; am aufregendsten sind dort natürlich die "Tieropfer", der "Opferkult" und die "Kultfeier".

Nach einer solchen Vorbereitung muß es Anfang der 60er Jahre sehr überraschend wirken, daß einige ehemalige Kolonien in Afrika in die Unabhängigkeit "entlassen" werden. Über Ghana, Guinea und Kenia gibt es je einen kurzen Film; es wird versucht, die neuen Zustände jeweils exemplarisch zu verdeutlichen. Die Stimmung in Europa zu Beginn der 60er Jahre reflektiert am prägnantesten der Überblicksfilm AFRIKA WIRD SELBSTÄNDIG (32 00675), der mit Hilfe von Wochenschauaufnahmen in 17 Minuten nicht nur sein aktuelles Thema behandelt, sondern auch noch 60 Jahre Vorgeschichte und einen Ausblick in die zukünftige Weltgeschichte. Den Zustand afrikanischer "Unabhängigkeit" exemplifiziert der Film an den Ereignissen in Belgisch-Kongo; er hinterläßt die Überzeugung, daß auf weiße Ordnung schwarzes Chaos folgen muß. Die neuen Perspektiven ("Zusammenarbeit mit den neuen Industrieländern") werden zwar verbal angedeutet, doch die Bilder sprechen eine andere Sprache: überlaßt doch den schwarzen Kontinent seinem Schicksal!

Gegen solche Einstellungen hat Entwicklungspolitik später zu kämpfen. Wenn es in den 60er Jahren um Entwicklungsprojekte geht, findet man sie entweder in Indien (2 Filme, einer davon über das westdeutsche Renommierprojekt Rourkela), allenfalls in Ägypten (STEPPE WIRD BAUMWOLL-LAND). Der überraschendste Projektfilm trägt den Titel BAUERN VON FERMATHE (32 00614), 1952 hergestellt vom Europa-Büro der UNO, 1962 vom FWU übernommen. Er zeigt, wie Bauern in einem Dorf auf Haiti von einem UN-Berater in die moderne Feldbewirtschaftung eingewiesen werden. Stolz wird darauf verwiesen, daß Entwicklungshilfe hier nicht in Form von Nahrungsmittelzuschüssen, sondern als "Hilfe zur Selbsthilfe" (1952!) geleistet wird: "Für Fermathe beginnt nun eine neue Zeit." Und für Haiti? fragt man unwillkürlich fast 40 Jahre danach. Die Struktur einiger späterer Filme ist hier bereits vorgeprägt.

Der Übergang von der Film- zur Videotechnik in den 80er Jahren schlägt sich sehr schnell im FWU-Programm nieder, nicht nur was den Umfang, sondern auch was die Herkunft des Angebots angeht. Über 50 Titel werden in dieser Dekade angeboten, davon über 30 auf Video und ca. 20 auf Film, zum Teil sogar auf beiden Medien, insgesamt sind es knapp 28 Stunden "Dritte Welt". War früher eine Übernahme vom Fernsehen eher die Ausnahme, so macht es jetzt mehr als die Hälfte aus. Größtenteils wurden die Dreiviertel- und Halbstundensendungen von ARD und ZDF unverändert auf Kassette gezogen, ein kleiner Teil ist bearbeitet und gekürzt worden. Es handelt sich meistens um Korrespondentenbeiträge zu aktuellen Themen mit grundsätzlicher Bedeutung: "Kampf in der Karibik", "Die neuen Afrikaner", "Wie Hunger gemacht wird", "Hunger durch Entwicklung" etc.. Sicher ist es eine positive Auswahl aus der einschlägig bekannten Fernsehberichterstattung, die mehr selber erzählt, als andere zu Worte kommen läßt. Das Problem liegt wohl eher darin, daß die Sendungen meist erst mit mehrjähriger Verzögerung nach der Ausstrahlung von Bildstellen angeboten werden können, so daß der aktuelle Anlaß aus dem Blick geraten ist, ja von ganz anderen verdrängt worden ist, sich vielleicht auch schon überholt hat. Ausnahmen hiervon mögen sein z.B. ZWEIMAL KENIA (42 00189) von 1982 (deutscher Korrespondent stellt sich einem "Gegenbericht" eines kenianischen Kollegen) oder KINDER IN VIETNAM (42 00572) von 1985 (Peter Krebs konfrontiert seine Kriegsberichterstattung mit der Situation 10 Jahre danach), beides Filme, die eine kritische Reflexion der Informationsübermittlung durch das Fernsehen ermöglichen.

Außer daß das Fernsehen jetzt unmittelbar und dauerhaft per Video im Bildungsbereich dabei sein kann: was haben die 80er Jahre an Neuem gebracht? Vieles wurde in bekannter Manier einfach fortgesetzt: die rein geographisch orientierten Unterrichtsfilme, unter anderem HOLZWIRTSCHAFT IM TROPISCHEN REGENWALD (32 03479), EINFÜHRUNG DER FLÜGELBOHNE IN WEST-AFRIKA (32 03548); daneben Projektfilme, z.B. EINE CHANCE FÜR DEN SAHEL? (32 03816), und Kinderfilme, z.B. JOHNNY IM SUPERMARKT (32 03894). Immerhin gibt es einen (!) Kinderfilm, der direkt aus der Dritten Welt kommt: CHACON, DER ZAUBERER (32 03679) aus Ecuador; er behandelt eher symbolisch die sozialen Unterschiede, die durch Zauberei wohl verdeckt, aber nicht überwunden werden können.

Einige Filme/Videos sollen jedoch noch hervorgehoben werden, weil sie sich um eine Problematisierung bemühen und um eine besonders eindringliche Darstellung, die uns die Menschen in der Dritten Welt (trotz Medium) nahe bringen: WEIZEN FÜR INDIEN (32 03553) und WANDEL IN EINEM INDISCHEN DORF (32 03573) gehen auf die Probleme der "Hilfe durch angepaßte Technik" und der "grünen Revolution" ein, ohne daß die Antworten gleich mitgeliefert werden bzw. ihre Unlösbarkeit konstatiert wird. Das Gleiche gilt für einen Film über den VERLUST BÄUERLICHER KULTUR auf den Philippinen (32 03789).

Über Lateinamerika sind einige ungewöhnliche, allerdings auch sehr umfangreiche Produktionen im Angebot. Gerlinde Böhm hat mit SENOR TURISTA (32 03677) einen beeindruckenden Film über die Ausnutzung des Ferntourismus bei den Indios in Peru gemacht. Hark Bohm ist der filmische Dokumentarist einer Reise durch Nicaragua 1985: WIE EIN FREIER VOGEL (42 00696); aus den vielen Interviews entsteht ein facettenreiches Bild. JUNGSEIN IN RIO (42 00780) ist ein einstündiger Bericht über einen 23jährigen aus den Favelas, der in Beziehung gesetzt wird zu seinem Leben als 12jähriger, das ebenfalls im Film festgehalten worden war. Eine Langzeitstudie über die Veränderungen in einem peruanischen Indianerdorf durch den Bau einer Urwaldstraße liefert GLORIABAMBA (42 0110). Am überzeugendsten ist wohl die neue Art der ethnographischen Beziehungsfindung, die niemanden zum Schauobjekt macht, sondern das Gemeinsam-Menschliche hervorhebt, in Peter Hellers KINDER VON FOUFOU UND COCA-COLA (42 01150) gelungen: die provozierend selbstverständliche Darstellung von Szenen aus dem "Alltag einer afrikanischen Vielehe" raubt uns unsere Vorurteile über die "arme" Dritte Welt. Wo werden wir mit unseren Glaubenssätzen bleiben?

Neu ist schließlich, daß seit 1987 das *Bundespresseamt* in Bonn unter der Flagge des FWU mit dem Streifen UDODIRIM WIRD FACHARBEITER (42 00699) das Loblied der "privaten Ausbildungshilfe in Nigeria" in den Schulen direkt und ungehemmt vortragen kann; daß die Schweizer Süßwarenindustrie unter dem Titel VOM KAKAO ZUR SCHOKOLADE (32 03799, ursprünglicher Titel "Der zarte Schmelz der Schokolade") die Schüler in der Bundesrepublik über "Zusammenhänge der Wirtschaft (Untertitel) aufklären darf. Vielleicht sind das aber auch Beiträge, die in den 90er Jahren wieder andere Tendenzen rechtfertigen.

AGEH **Der Personal-Dienst deutscher Katholiken für Partner in Afrika, Asien und Lateinamerika**

Die Arbeitsgemeinschaft für Entwicklungshilfe (AGEH) e.V. vermittelt Fachkräfte nach Afrika, Asien und Lateinamerika. Sie ergänzt die Entwicklungszusammenarbeit der kirchlichen Werke und Verbände.

Gefragt sind Fachkräfte aus den Bereichen

Handwerk/Technik
Gesundheitswesen
Landwirtschaft
Soziales
Verwaltung

Wir erwarten von den Bewerbern eine abgeschlossene Ausbildung, mehrjährige Berufserfahrung, ein Mindestalter von 23 Jahren, christliche Grundhaltung und ein aktives Bekenntnis zur Kirche. Wir bieten Ihnen einen Dreijahresvertrag mit dem einheimischen Projektträger, der durch einen Garantievertrag ergänzt wird, ein angemessenes Unterhaltsgeld sowie eine umfangreiche soziale Sicherung nach dem Entwicklungshelfer-Gesetz (EhfG).

AGEH - Arbeitsgemeinschaft für Entwicklungshilfe e.V., Theodor-Hürth-Str..2-6, 5000 Köln 21, Tel.: 0221 / 81 50 21

Detlef Ruffert

Wende-Wandel bei den Bildmedien

Die Bildmedien sind von besonderer Bedeutung in der schulischen und außerschulischen Bildung, in der Kultur- und Freizeitarbeit. Durch sie entsteht die Möglichkeit, einen Bildungsgegenstand eindringlicher und intensiver zu vermitteln. Die emotionale Kraft des sich bewegenden, lebendigen Bildes macht dies möglich. Verbale Information wird durch die Bildmedien ergänzt und, so ist die Hoffnung, damit der Lern- oder Überzeugungserfolg gewährleistet. Schließlich wird es möglich, durch die Bilder den Konsumenten, den Rezipienten, unmittelbarer zu erreichen. Bilder sollen helfen, Themeninhalte leichter und eindringlicher zu verbreiten.

Insofern war und ist das Feld der entwicklungspolitischen Bildungsarbeit besonders auf Bildmedien angewiesen. Die Satzung des Fernsehworkshops Entwicklungspolitik trägt diesen Grundgedanken Rechnung, und deshalb werden zwei Ziele formuliert:

a) Förderung der Umsetzung entwicklungspolitischer Informationen im Fernsehen und in der Filmproduktion,

b) Intensivierung der nicht-gewerblichen Auswertung geeigneter Produktionen in der Bildungs- und Öffentlichkeitsarbeit.

Dem ersten Ziel dienen vor allem die alle zwei Jahre stattfindenden Tage des entwicklungspolitischen Films im Rahmen des Fernsehworkshops.

Problematisch ist der zweite Anspruch, dessen Realisierung seit 1982 immer wieder Anlaß zu ausführlichen Diskussionen war. Bis zu diesem Fernsehworkshop war es üblich, daß am Ende aus den empfohlenen Filmen eine Liste zusammengestellt wurde, die dann dem Bundesminister für wirtschaftliche Zusammenarbeit (BMZ) als Ankaufsliste zugeleitet wurde. Dies war die Grundlage für den Ankauf der geeigneten Produktionen für die Bildungs- und Öffentlichkeitsarbeit. Der Verleih wurde - mit finanzieller Unterstützung durch das BMZ - durch die Landesfilmdienste wahrgenommen. Somit ergab sich eine enge Verzahnung zwischen Fernsehen, Filmproduktion, Ankauf und Verleih von Medien zur entwicklungspolitischen Bildungsarbeit. Am Beispiel der Filme aus dem BMZ, die über die Landesfilmdienste verliehen wurden, läßt sich schon an der Zahl der Titel ablesen, daß sich ein Wandel vollzogen hat.

Grafik 1 zeigt den Abbau der Verleihmedien von 51 im Jahr 1982 auf 36 im Jahr 1990. In diese Zeit fällt die Wende in der staatlichen Entwicklungspolitik, und damit auch eine Neugewichtung tradierter Verleihmedien. Die Auseinandersetzung mit der politischen Dimension von Ungleichheiten zwischen der Ersten und der Dritten Welt und der Frage politischer Gewichtung wirtschaftlicher Abhängigkeiten, die Kritik an gesellschaftlichen Strukturen, die Verarmung bedingen und fördern, wich der intensiveren Zuwendung von "eigentlich" entwicklungsorientierten Themen. Es sollte verstärkt darum gehen, die Formen und Inhalte von finanziellen, wirtschaftlichen, technischen und sozialen Hilfen aufzuzeigen. Die "Entpolitisierung" der Entwicklungshilfepolitik wurde letztlich auch in den bereitgestellten Medien deutlich.

Grafik 1: Angebot an Filmtiteln durch das BMZ

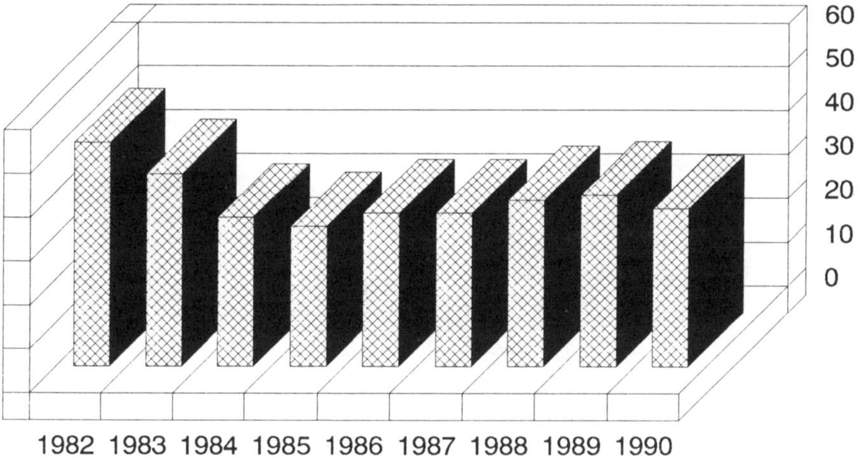

1982	*51*	1985	*32*	1988	*38*
1983	*44*	1986	*35*	1989	*39*
1984	*34*	1987	*35*	1990	*36*

Besonders gravierend und in öffentlicher Diskussion aufgegriffen, war die Kündigung von Filmtiteln im Jahre 1984. Filme wie CAMILLO TORRES, BANANERA LIBERTAD, DIE NEUEN HERREN SIND DIE ALTEN, VERARMUNGSHILFE wurden aus dem Verleih genommen, mit der Begründung, daß diese Medien aus technischen Gründen wie auch aus inhaltlichen Überlegungen (Filme seien veraltet und vielfach politisch überholt) nicht mehr verliehen werden sollten. Gerade aber diese Titel waren es, die beim Fernsehworkshop eine große Rolle spielten, die positiv bewertet und empfohlen wurden. Mit diesem Eingriff wurden wichtige Themen ausgeklammert, von der Tagesordnung genommen, die Auseinandersetzung darüber erschwert.

Bei der Ankaufspolitik seitens des BMZ spielten die Empfehlungen des Fernsehworkshops schließlich nur noch eine untergeordnete Rolle. Letztmalig im Jahr 1984 wurde eine spezielle Empfehlungsliste erarbeitet.

Die Titel neuerer Produktionen, die das BMZ in den Verleih genommen hat, beschreiben den Wandel: AUF UNSERE KOSTEN - BEISPIELE DEUTSCHER ENTWICKLUNGSHILFE IN AFRIKA, OCHSEN ZIEHEN FÜR DEN FORTSCHRITT - im Gegensatz zu den aus dem Verleih entfernten, sind dies Werbefilme für die Entwicklungspolitik des BMZ.

Die inhaltliche Veränderung des Medienangebotes ist aber nur ein Mosaikstein im Verleih und Einsatz der Filme. Die Anzahl der Vorführungen (siehe *Grafik 2*) hat sich von 13.020 im Jahr 1982 auf 6.461 im Jahr 1989 reduziert. Obwohl die Anzahl der Titel nur um rund 30% zurückgegangen ist, hat sich die Anzahl der Vorführungen um rund 50% verringert. Das signalisiert ein nachlassendes Interesse an Medien speziell zur Entwicklungspolitik.

Grafik 2: Vorführungen der über die Landesfilmdienste angebotenen Filme aus dem BMZ

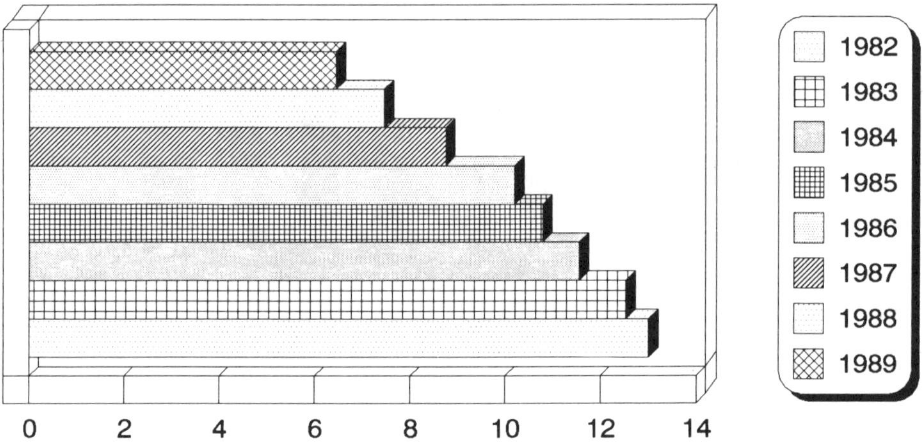

	Vorführungen	Besucher
1982	13.020	348.662
1983	12.545	318.799
1984	11.562	285.655
1985	10.792	281.059
1986	10.212	246.875
1987	8.750	193.082
1988	7.470	149.230
1989	6.461	131.019

Die Themen in der außerschulischen politischen Bildung veränderten sich. Wertewandel war das Schlagwort Mitte der 80er Jahre. Es ging um den Menschen selbst, seine individuellen Möglichkeiten der Selbstverwirklichung in der post-industriellen Gesellschaft. Der Blick der Bildung fokussierte sich auf das Individuum und damit auch vermehrt auf innere Probleme der sozialen und kulturellen Umwelt. Nicht zuletzt die technische Durchdringung unserer Kommunikationsstrukturen konzentrierte Ende der 80er das thematische Interesse auf Medien und Information. Dies zeigt, daß sich die Arbeit mit Medien in der schulischen und außerschulischen Bildung seit Jahren in einem tiefgreifenden Umbruch befindet.

In besonderer Weise traf dies das bisher gängigste Verleihmedium, den 16mm-Film. In vielen Bereichen wurden statt der bisherigen 16mm-Filme Videokassetten angekauft und verliehen.

Ein Rückgang der Verleihzahlen ist sowohl bei den nichtgewerblichen, als auch den gewerblichen 16mm-Verleihern feststellbar. Die aktuellen Entwicklungen deuten darauf hin, daß durchaus Medien über Probleme der Entwicklungsländer gezeigt werden, vielfach aber die Fernsehausstrahlung und der private Mitschnitt auf Video Ausgangspunkt sind.

Mit anderen Worten: speziell Interessierte finden in den Fernsehprogrammen genügend Angebote, für allgemeiner Interessierte gibt es immer weniger Möglichkeiten, sich nichtgewerblich aktuelles Material didaktisch aufbereitet auszuleihen.

Der 16mm-Film dürfte zukünftig in der entwicklungspolitischen Bildungsarbeit nur noch eine marginale Rolle spielen. Die Seh- und Wahrnehmungsgewohnheiten tendieren eindeutig zum Bildschirm, weg von der Leinwand. Die Vervielfältigung und der Verleih der Videokassetten ist billiger und einfacher, die Vorführung ist unproblematisch und sogar noch in bester Tonqualität, selbst auf die Verdunklung kann verzichtet werden. Damit ist aber auch vorauszusehen, daß sich die medialen Botschaften verändern werden. Ein Film auf der Leinwand vermittelt stärker und intensiver seine Bilder, was auch auf die Kraft seiner emotionalen und

Der Bildsequenz des radelnden Holzsammlers ist folgender Kommentar unterlegt: "Eine weitere Ursache ist die Ölpreisexplosion. Weil Öl zu teuer ist, sind immer mehr Menschen in der Dritten Welt auf Holz als Brennstoff angewiesen."
Aus dem Film RETTET DEN WALD - DAS BEISPIEL AFRIKA (im Verleih des Bundespresseamtes).

kognitiven Wirkung zutrifft. Der Bildschirm ist dagegen ein Alltagsmedium, ein alltägliches Konsumgut, ist mehr oder weniger Oberfläche.

Für das notwendige Ziel der Intensivierung nichtgewerblicher Auswertung geeigneter Produktionen ist zu beachten:

- die thematische Auseinandersetzung mit vom Fernsehworkshop empfohlenen Medien in der Bildungsarbeit geschieht in geringerem Umfange als früher;
- die politischen Zielsetzungen des Fernsehworkshops erreichen, bezogen auf entwicklungs- und medienpädagogische Arbeitsvorhaben, immer weniger die Basis;
- der "Transport" entwicklungspolitischer Ideen, Fakten und Aktivitäten durch empfohlene Medien nimmt ab.

Drei programmatische Aspekte dürften in der nächsten Zeit wichtig werden:

- zum einen muß wieder gewährleistet werden, daß vom Fernsehworkshop empfohlene Medien mit finanzieller Hilfe der öffentlichen Hand in den Vertrieb und Verleih kommen. Der Staat sollte die inhaltliche Arbeit der Träger des Fernsehworkshops anerkennen und nutzen;
- andererseits sind neue Distributionswege zu finden. So könnte die Idee vorangetrieben werden (durch Ablösung von Urheber- und Produzentenrechten) Fernsehmitschnitte für die Bildungsarbeit zu ermöglichen;
- letztlich ist der 16mm-Film besonders zu fördern (auch im gewerblichen Bereich), um dieses wichtige Bildungs- und Kulturmittel für die Bildungsarbeit im Sinne medialer Vielfalt weiterhin zum Transport entwicklungspolitischer Informationen zu nutzen.

Rolf Niemann

Der Einsatz entwicklungsbezogener Filme an Volkshochschulen

Der Themenbereich Afrika, Asien und Lateinamerika hat an bundesdeutschen Volkshochschulen einen festen Stellenwert. Eine Auswertung der VHS-Arbeitspläne der Bundesrepublik hat für das Studienhalbjahr 1976/77 insgesamt 24.000 Unterrichtseinheiten zu diesem Themenbereich ergeben. Nach knapp 10 Jahren hat sich die Anzahl der Unterrichtseinheiten nahezu verdoppelt, macht aber dennoch weniger als ein Prozent des Gesamtangebots aus. Gleichwohl hat eine umfassende Evaluierung der entwicklungspolitischen Bildungsarbeit im Volkshochschulbereich ergeben, daß der Themenbereich "Dritte Welt" aus mehreren Gründen überproportional wahrgenommen wird. Da ist zunächst einmal der fachbereichsübergreifende Charakter dieser Angebote und auch die häufig intensive Nutzung von Medien. Hinzu kommt eine auffällige Steigerung der Dritte-Welt-Themen in der musisch-kulturellen Bildung, so daß fast von einer Wende von der geographischen zur kulturellen Orientierung der Dritte-Welt-Bildungsarbeit gesprochen werden kann. Auch "Eine-Welt-Wochen", "Lateinamerika-Tage" oder "Afrika-Wochen" erhalten jeweils einen hohen Aufmerksamkeitswert. Es hat sich ergeben, daß die eher kognitiven Angebote zu diesem Themenbereich zurückgedrängt worden sind zugunsten einer mehr ganzheitlichen Betrachtungsweise der Situation der Menschen und der Länder Afrikas, Asiens und Lateinamerikas.

Filmvorführungen zur Dritten Welt im Rahmen der Lehrangebote der Volkshochschulen, ihrer Filmclubs und der Kommunalen Kinos sind ein wichtiger Bestandteil des öffentlichen Weiterbildungsangebotes. Dabei läßt sich feststellen, daß eine Verschiebung von rein pädagogischen Lehrfilmen zu einer offenen Filmarbeit und zu mehr kontemplativen Filmen stattgefunden hat. Der zuständige Referent für entwicklungspolitische Bildungsarbeit im Deutschen Volkshochschul-Verband hat es immer als seine Aufgabe gesehen, bewährte und neue Filme zu sichten und im Rahmen seiner Mitarbeiterfortbildungen für Lehrkräfte an Volkshochschulen diese als Anregung mit einzusetzen. So ergab sich am Sitz des Bundesverbandes der Volkshochschulen in Bonn in Zusammenarbeit mit einigen filminteressierten

Kolleginnen und Kollegen anderer Nichtregierungsorganisationen der Entwicklungszusammenarbeit im Jahre 1985 die Idee, eine Projektgruppe *alle(r)weltskino* zu gründen und in Zusammenarbeit mit der örtlichen Volkshochschule im Wintersemester 1986 erstmalig ein Programm "alle(r)weltskino - Forum für alle Welt" in wöchentlichem Turnus durchzuführen. In einer speziell zu diesem Zweck aufgelegten Broschüre mit Beschreibungen der einzelnen Filme wurde das Selbstverständnis dieser Reihe "Afrika, Asien, Lateinamerika in Filmen aus aller Welt" so formuliert:

alle(r)weltskino - Forum für alle Welt

Normalerweise verschwinden die Filme aus den uns fremden Kulturen Afrikas, Asiens und Lateinamerikas - wenn sie überhaupt in die Bundesrepublik gelangen - in den Archiven von einigen kleinen, spezialisierten Verleihern. Ausgeliehen werden sie allenfalls von entwicklungspolitisch Interessierten, die solche Filme im Rahmen von Bildungsveranstaltungen unter oft miserablen Abspielbedingungen zeigen. Die Programmgestalter der Kinos übergehen Filme dieser Art; sie spielen nicht genug Geld ein.

Im Gegensatz dazu möchten die Gruppen alle(r)weltskino Filme aus und über die Dritte Welt dort vorführen, wo sie hingehören: im Kino bzw. in kinogerechter Umgebung. Damit möchten wir ein möglichst breites Publikum ansprechen. Den filmbesessenen Cineasten ebenso wie den an der Dritten Welt Interessierten oder auch all jene, die einfach mal wieder einen guten Spielfilm sehen wollen.

Allzuoft erschöpfen sich Interesse und Engagement für die Dritte Welt in abstrakter Informationsarbeit. Die AfrikanerInnen, AsiatInnen und LateinamerikanerInnen begegnen uns dabei zumeist als statistische Größen, allenfalls noch als Erdbebenopfer oder Leprakranke - selten jedoch als Menschen mit Gefühlen, Sehnsüchten und Leidenschaften, die in einer harten, aber auch faszinierenden Wirklichkeit leben. Deshalb soll das alle(r)weltskino zwischen herkömmlichen Bildungsveranstaltungen und dem bekannten Unterhaltungskino ein Forum schaffen für Filme aus und über die Dritte Welt. Produktionen aus Chile und Korea laufen dabei neben Streifen aus Hollywood oder Europa: Filme aus aller Welt eben.

Im September 1986 wurde diese Initiative vom Bildungswerk der Erzdiözese Köln aufgenommen, das in Zusammenarbeit mit dem Katholischen Bildungswerk, der evangelischen Melanchthonakademie, der Volkshochschule Köln und der Gruppe *alle(r)weltskino* diese Filmreihe in einem richtigen Kino (um einen Tag versetzt) veranstaltet hat. Inzwischen hat sich der Kreis der Veranstalter über die jeweiligen Volkshochschulen auch nach Aachen und Leverkusen ausgebreitet.

Die Reihe *alle(r)weltskino* unterliegt einer gemeinsamen Programmgestaltung der verschiedenen Träger in nunmehr vier Städten in Nordrhein-Westfalen. Die Mitglieder der Projektgruppen beraten gemeinsam das Programm für das Semester und sind autonom hinsichtlich des gesamten Semesterprogramms, bei der Auswahl der Referenten und der Durchführung der Filmgespräche. Gemäß der Gesamtkonzeption soll jeder Film in der laufenden Woche in allen Spielstätten vorgeführt werden. Dies ist leider aus Kapazitätsgründen nicht in jeder Spielstätte immer gewährleistet. Immerhin hat sich ergeben, daß die Kosten für Filmmiete, Transport, Werbung und Referenten durch diese Zusammenarbeit für die einzelnen Träger viel günstiger sind, als wenn eine Stadt bzw. ein Träger eine solche Filmreihe allein durchführen würde. Die Eintrittsgelder für die Besucher bewegen sich zwischen 2,- und 5,- DM pro Filmvorführung. Als Werbeträger dienen die Programmhefte und Faltblätter der verschiedenen Mitveranstalter sowie die Kinoseiten der Tageszeitungen.

Der Kölner Kollege Jobst Rüthers faßt seine Erfahrungen zusammen:

> Das alle(r)weltskino wurde/wird in Köln gut aufgenommen. Kommen zu den bekannten Filmen zwischen 80 und 200 Besuchern, so sind es bei den weniger bekannten und den Dokumentarfilmen immerhin 35 bis 120 Zuschauer. Erfreulich ist das Interesse an den Filmgesprächen. Trotz der späten Stunden beteiligen sich 50 bis 100 % der Zuschauer. Von besonderer Attraktivität ist die Anwesenheit von jemandem, der aus dem Land stammt, in dem der Film spielt. Die Zuschauer honorieren offensichtlich authentische und persönliche Stellungnahmen. Ab und zu, wenn das Budget es zuläßt, laden wir den/die Filmemacher/in ein. Viele Ausländer- und "Dritte-Welt"-Gruppen kooperieren mit uns bei der Vorbereitung der Filmgespräche.
>
> Das alle(r)weltskino spricht ein relativ breites Publikum an: erwartungsgemäß kommen viele junge Erwachsene, aber auch ältere Menschen, die im Kino ansonsten kaum zu finden sind. Bei vielen Veranstaltungen sind auch AusländerInnen verschiedener Nationen anwesend, die es einem danken, wenn der Film im Original mit Untertiteln aufgeführt wird. Es scheint vorteilhaft zu sein, daß das alle(r)weltskino von drei Institutionen getragen wird, die jeweils eine eigene Zielgruppe haben. (...)
>
> Ein Projekt dieser Art ist sehr arbeitsaufwendig, und nicht immer funktioniert die Zusammenarbeit zwischen den Veranstaltern reibungslos. Insbesondere mangelnde Kooperation und fehlendes Wissen über verwaltungstechnische Abläufe in den Bildungswerken hemmten bisweilen die Arbeit. Für den Kinobesitzer ist es wichtig, einen festen Ansprechpartner zu haben, mit dem er jederzeit Kontakt aufnehmen kann. Für ihn bedeutet jeder nur einmalig zu spielende Film im Programm einen erheblichen Mehraufwand, und er ist häufig auch noch mit Problemen behaftet: Für die Werbearbeit fehlen oftmals die Informationsmaterialien oder Plakate und Bilder zum Aushang etc.
>
> Und die Erfahrungen, die bisher in Bonn und in Köln gemacht wurden, fordern zum Weitermachen und Nachahmen auf. Der Arbeitsaufwand und die Kosten stehen durchaus in einem vertretbaren Verhältnis zur Resonanz auf diese Filmarbeit. Die Schönheit der für uns manchmal "exotischen" Filme und die Möglichkeit, "Dritte Welt" authentisch zu erleben, rechtfertigen das Engagement allemal.

Die Filmarbeit der Volkshochschulen hat von der Initiative in den bis jetzt vier nordrhein-westfälischen Städten profitiert. Von der Konzeption des *alle(r)weltskinos* sind für über 50 Filme Erfahrungswerte mit Zuschauern, Verleihbedingungen und Filmbeschreibungen leicht greifbar und zu übertragen. Für immer mehr Volkshochschulen sind Filmvorführungen und Filmreihen zu einem festen Bestandteil des Programms geworden. Über die traditionelle Rolle des unterrichtsbegleitenden Motivationsinstrumentes hinausgehend ist das Medium Film in verstärktem Maße zu einem wichtigen Träger entwicklungsbezogenen Lernens geworden. Von ca. 900 Volkshochschulen haben im Arbeitshalbjahr 76/77 nur 27 Volkshochschulen ca. 50 Filme bzw. Filmreihen gezeigt. Diese Anzahl hat sich im Arbeitshalbjahr 1983/84 auf 50 Volkshochschulen und über 100 Vorstellungen erhöht. Neuere Daten sind noch nicht verfügbar, aber für das Jahr 1990 können wir getrost von einer weiteren Verdoppelung ausgehen. Anläßlich des "Informationstages Dritte Welt" am 12. September 1989 haben wir Anfang des Jahres eine Liste mit 50 Titeln von erfolgreich gespielten Filmen des *alle(r)weltskinos* den Landesverbänden der Volkshochschulen zur Weiterleitung an ihre Mitgliedsinstitutionen zugeschickt mit dem Angebot, die Filmmiete und die Transportkosten zu übernehmen, wenn die entsprechende Volkshochschule eine Abspielstätte organisiert und einen sachkundigen Referenten für eine Fachdiskussion im Anschluß an den jeweils gezeigten Film stellt. In ca. 40 Städten wurde dieses Angebot mit Interesse aufgenommen, und um den 12. September wurden eine Reihe zusätzlicher Filmveranstaltungen mit Diskussion angeboten. 23 Volkshochschulen haben einen Erfahrungsbericht über eine mehr oder weniger erfolgreich durchgeführte Veranstaltung zurückgeschickt. Hier einige Zitate aus den Berichten:

- Filmvorführung HALF LIFE im lokalen Kino mit ca. 1/2-stündigem Dia-Einführungsvortrag durch einen Mitarbeiter der *Gesellschaft für bedrohte Völker e.V.*, abschließende Diskussion, ca. 3/4 Stunde. (...)
48 BesucherInnen, Altersdurchschnitt deutlich höher als bei anderen Vorstellungen, nicht unbedingt traditionelles Kinopublikum, (zumindest z.T.) bereits vorinformiert. Dies mag auch daran liegen, daß im Vorfeld gezielt Initiativen sowie die evangelische Kirche angesprochen wurden.

- Die Filmveranstaltung DER SOJA-KOMPLEX mit anschließender Diskussion wurde lediglich von zehn, also der Mindestteilnehmerzahl, besucht. Obwohl auch Dritte-Welt-Gruppen direkt angesprochen wurden, kam, wie das bei politischen Veranstaltungen oft der Fall ist, nur diese geringe Teilnehmerzahl zusammen. Die Teilnehmer waren größtenteils Lehrer, die diese und ähnliche Problematiken im Unterricht behandeln wollen. Eine Lehrerin erarbeitete eine anschauliche Bildergeschichte "Die Abenteuer der Sojabohne" mit ihren Schülerinnen, die am Dritte-Welt-Tag vorgeführt wurde.

- Der Film CANNIBAL TOURS wurde von insgesamt 32 Personen besucht. In der anschließenden Aussprache stellte sich heraus, daß mehrere Pädagogen unter den Besuchern waren; das Durchschnittsalter (ca. 30-35 Jahre) lag merklich über dem sonstiger Filmveranstaltungen des Kommunalen Kinos. Die Diskussion als solche war zeitlich nicht sehr intensiv (max. 15 Min.) und brachte zutage, daß
der Film sehr gut gefallen hatte, die Beobachtungen stimmten und selbst auch schon so erlebt wurden;
die Zuschauergruppe sehr homogen war.

- Zur Eröffnung unserer VHS-Reihe "Können wir von anderen lernen" konnten wir den Film DAS WAHRHAFTIGE WORT DES KLUGEN BAUERN zeigen. Trotz seiner Länge von 140 Minuten harrten alle 25 TeilnehmerInnen bis zum Ende des Films aus. Die Teilnehmergruppe setzte sich aus Ägypten- und Drittwelt-Interessierten zusammen. (...) Obwohl der Film mit seinen langen, ruhigen Einstellungen und seinem poetischen Erzähler nicht unseren Konsumer-Sehgewohnheiten entspricht, beeindruckte er die ca. 15 TeilnehmerInnen, die sich an der anschließenden halbstündigen Diskussion beteiligten, nachhaltig. Dadurch fand der Tenor des Films eine Entsprechung in den kritischen Äußerungen der TeilnehmerInnen in Bezug auf die moderne Entwicklung Ägyptens. (...) Eine positive Wirkung des Films war in jedem Fall die andere "Sichtweise"; nicht die kritische oder die bejahende Sichtweise prägte die Aussage des Films, sondern eine Sichtweise, die uns Fortschrittsgläubigen seit Jahrhunderten fremd ist: "Laßt sie in ihrem Elend in Ruhe! Solange sie noch die Verbindung zu ihrer Erde, zu ihrem Kosmos haben, (...) werden sie Mut und Wege finden, (...) sich selbst zu helfen."

- Wir hatten den Film EINE FRAU - EIN LAND gemeinsam mit dem Dritte-Welt-Arbeitskreis angeboten. Diese Gruppe hat den Abend vorbereitet, indem sie sich mit den Ursachen des Palästina-Problems auseinandergesetzt hat. Wir hatten 21 TeilnehmerInnen an diesem Abend. Zum großen Teil waren es Mitglieder aus dem Arbeitskreis Dritte Welt. Die Berufsgruppe der LehrerInnen, vor allem Religionslehrer, war stark vertreten. Bei der anschließenden Diskussion, die in Folge des fortgeschrittenen Abends nicht sehr lange war, wurde vor allem auf die Lebenssituation der dargestellten Frauen im besetzten Palästina eingegangen.

- Im Rahmen der Reihe "Die Dritte Welt im Film" wurde der Film MIT BRENNENDER GEDULD vorgeführt. Diese Einbindung hatte positive Auswirkungen auf die Zusammensetzung des Teilnehmerkreises, der 17 Personen (...) umfaßte. Es handelte sich dabei weniger um in der Dritte-Welt-Bewegung Engagierte als vielmehr um ein film- und literaturinteressiertes Publikum, das offensichtlich vom Untertitel "Hommage à Pablo Neruda" angesprochen worden war. Da der Film im Original gezeigt wurde, wurde in einer Einführung auf den Politiker Neruda hingewiesen. Im Anschluß an diesen Film herrschte im Publikum große emotionale Betroffenheit über das Schicksal Nerudas und den Putsch in Chile. Dieses äußerte sich zunächst in Sprachlosigkeit. Vielen Teilnehmerinnen und Teilnehmern war der Politiker Neruda unbekannt gewesen; sie sprachen für sich deutlich von einem Erkenntniszuwachs über die politische Situation und ihre Geschichte in Chile. Durch Nachfragen wurde dieses Wissen vertieft, wobei die Einschätzung der politischen Situation in Chile kontrovers von einem älteren Teilnehmer diskutiert wurde (Diktatur, Putsch als Bereinigung politisch unerwünschter sozialistischer Verhältnisse). Zeitlich war die an den Film anschließende Diskussion nur kurz, da aufgrund des emotionalen "Schocks" die Bereitschaft zum Gruppengespräch kaum gegeben war.

- Am Informationstag Dritte Welt wurde im Rahmen der Filmreihe "Erste Welt - Dritte Welt" der von Ihnen zur Verfügung gestellte Film KUKURANTUMI - ROAD TO ACCRA gezeigt. (...) Die anschließende Diskussion kreiste im wesentlichen um zwei Themenbereiche. Der erste Fragenkomplex, der vor allen Dingen von den Erwachsenen thematisiert wurde, drehte sich um die Lebenssituation und den Alltag der Länder in der Dritten Welt. Die im Film dargestellte Situation wurde zum Anlaß genommen, unsere Informationsdefizite über die Lebensbedingungen in Drittweltländern zu beklagen und gleichzeitig die unzureichenden Lebens- und Versorgungsbedingungen zu beschreiben. Andiskutiert wurde in diesem Zusammenhang auch die Frage, inwieweit die dort noch funktionierenden familiären Bindungen und die soziale Einbindung der Menschen in Stammes- und Siedlungsgemeinschaften erhaltenswert sind. Gerade diese letzte Frage leitete zu einem zweiten Themenkomplex über, der sich mit unserer Verantwortung für die Dritte Welt, mit dem Einfluß unserer Entwicklungshilfe in Ländern der Dritten Welt und unserer Verantwortung für die Unterentwicklung in dieser Region beschäftigte. In der Gegenüberstellung von traditionellen Orientierungen und Sozialbeziehungen und westlichen Einflüssen in den Drittweltländern, die zum Teil auch in dem o.g. Film thematisiert wurden, sahen besonders die jugendlichen Zuschauerinnen und Zuschauer eine Ursache für die Zerstörung traditioneller Kulturen in den Ländern der Dritten Welt. Der eher schädliche Einfluß westlicher Entwicklungshilfe, die Problematik unzureichend vor dem Hintergrund der jeweiligen Kultur reflektierter Hilfsmaßnahmen und der zerstörende Einfluß westlicher Konsumvorstellungen wurden thematisiert. Interessant ist in diesem Zusammenhang, daß nicht Entwicklungshilfe an sich in Zweifel gezogen wurde, sondern vehement dafür plädiert wurde, Entwicklungshilfe vor allem als Hilfe zur Selbsthilfe und nicht als neuen Markt für westliche Industrien zu verstehen.

- Zum Informationstag "Dritte Welt" zeigte die Volkshochschule zusammen mit dem Arbeitskreis "Eine Welt" den Dokumentarfilm BOMBAY - DAS IST UNSERE STADT. Der Film hat die Wohnungsnot und das Problem der wild errichteten Slums in Bombay aus der Sicht der Betroffenen zum Thema. Es gab zwei Vorführungen mit jeweils 30 Besuchern. Nach beiden öffentlichen Vorführungen wurde noch fast eine Stunde diskutiert, ausgehend von den Wohnproblemen in Bombay auch über weitergehende Probleme der Entwicklungsländer, die vor allem mit dem Bevölkerungswachstum zusammenhängen. Zu diesen Diskussionen sind alle Besucher im Saal geblieben. Die Diskussionen haben aber auch deshalb so lange gedauert, weil ich selbst sieben Jahre in Bombay gelebt habe und das Wohnungsproblem am eigenen Leib erfahren habe. Der Bericht über die Diskussion zeigt, daß das Häuflein der Teilnehmer relativ klein war, daß das Interesse aber vergleichsweise groß war.

- Wir haben den Film von Peter Heller DIE LIEBE ZUM IMPERIUM ausgewählt, weil er eine ungewöhnliche Thematik behandelt, deren historische Hintergründe wenig bekannt sind. Der Film selbst kam gut an und hat Betroffenheit ausgelöst. (...) Als Veranstalter war mir klar, daß wir hier nur eine Minderheit ansprechen werden. Politische Bildung ist derzeit ohnehin nicht gefragt, und Fragen der Dritten Welt nicht in vorderster Linie. Um diesem Manko entgegenzuwirken, habe ich mich für die Durchführung einer Veranstaltung entschlossen. (...) Mit einer Teilnehmerzahl von 10 Personen war zumindest eine günstige Diskussionsrunde gegeben; alles Leute, die ohnehin stark von diesem Thema angerührt sind.

- Der Film ALSINO UND DER KONDOR wurde in zwei Vorführungen gezeigt. Die Nachmittagsvorstellung war von 8 Personen, die Abendvorstellung von 42 Personen besucht. Die Gruppe der Besucher war von Personen bestimmt, die an Fragen der Dritten Welt interessiert sind bzw. in Initiativen tätig sind. Dies waren z.T. Personen aus einer evangelischen Gemeinde und aus dem Eine-Welt-Laden. Das an den Film anschließende Gespräch war sehr kurz, offensichtlich war man von den Bildern sehr beeindruckt und hatte das Bedürfnis, das Erlebnis zunächst zu verarbeiten.

- Die Film- und Kino-Initiative hatte den Film JOM in Zusammenarbeit mit der Volkshochschule zweimal aufgeführt. In beiden Filmaufführungen (jeweils 50 und 60 Besucher) gab es kurze Einführungen und anschließende Diskussionen, die von Mitarbeitern des Arbeitskreises Dritte Welt geleitet wurden. Unter den Besuchern waren jeweils etwa sechs bis acht Afrikaner/-innen und ca. zehn Erwerbstätige, der überwiegende Teil der Besucher bestand aus Studenten. In der Diskussion, insbesondere mit den afrikanischen Besuchern, ging es zum einen um Fragen zur afrikanischen Kolonialgeschichte, die der Film aufgeworfen hatte. Im Zentrum der Diskussion stand dann aber vor allem die Frage nach der kulturellen Identität und den Unterschieden in der kulturellen Wahrnehmung von menschlichen und gesellschaftlichen Werten. Als ein Ergebnis der Diskussion entstand der Wunsch, daß häufiger afrikanische Filme gezeigt werden sollten, ein Anliegen, dem wir u.a. durch die Aufführung einer Filmreihe mit afrikanischen Filmen nachgekommen sind.

- Der von der VHS an diesem Tag vorgesehene Film CHINA: DER ALLTAG - DIE KÜNSTE hat nur drei Teilnehmer angelockt, so daß wir in Absprache mit den Interessenten den Film (u.a. wegen der Überlänge) nicht gezeigt haben.

Die vorstehenden Zitate geben das ganze Spektrum der Einschätzungen, Meinungen und Probleme im Zusammenhang mit Filmvorführungen an Volkshochschulen wieder. Es hat sich gezeigt, daß es am sinnvollsten ist, eine solche Filmvorführung im Rahmen einer Veranstaltungsreihe durchzuführen. Sehr häufig wurden Kooperationspartner in Form von Aktionsgruppen bzw. Kirchengemeinden am Ort eingebunden. Diese waren häufig auch bei der konkreten Auswahl der Filme beteiligt. Es läßt sich auch konstatieren, daß mehr Informationsmaterialien zu den einzelnen Filmen benötigt werden. Die hauptamtlichen Mitarbeiter an Volkshochschulen haben alle technischen Möglichkeiten, Informationsblätter herzustellen und auch in einer großen Auflage zu verteilen. Für die Betreuungspersonen ist es wichtig, daß sie hinreichende Hintergrundinformationen über den Film und das dargestellte Land einbringen können. Hier sind Personen mit authentischen Erfahrungen aus dem betreffenden Land besonders gefragt. Auch die technische Abwicklung beim Vertrieb und die rechtzeitige Rücksendung zu den Verleihern ist manchmal ein Problem.

Bei unseren Mitarbeiterfortbildungen bieten wir immer wieder Filme über oder aus Afrika, Asien und Lateinamerika an. Dabei wird jedesmal ausführlich diskutiert und über didaktische Maßnahmen hinsichtlich des Einsatzes dieser Filme gesprochen. Ein strukturelles Problem dieser Mitarbeiterfortbildungen ist die Tatsache, daß zuwenig hauptamtliche VHS-Mitarbeiter/-innen daran teilnehmen, die für die Planung und den Einsatz von Filmveranstaltungen an der Volkshochschule zunächst zuständig sind. Gerade für diesen Personenkreis ist es schwierig, aber umso notwendiger, aktuelle Informationen über das Filmangebot zur Dritten Welt in einer Weise aufzubereiten, daß sie mit wenig Aufwand und geringen Kosten davon Gebrauch machen können. Eine Lösung wären regionale Weiterbildungsveranstaltungen in Zusammenarbeit mit Filmzentren und Verleihern, und darüber hinaus gezielte Verbreitung von handhabbaren Informationsmaterialien.

Ein weiterer Lösungsansatz ist die Errichtung eines *Interkulturellen Mediendokumentationszentrums* (MEDOK), das die *Gesellschaft für Interkulturelle Kommunikation und Kultur e.V.* in Zusammenarbeit mit der *MediaPark Köln GmbH* unter der Federführung von Ralph Sikau realisiert. Seit September 1989 werden alle Fernsehsendungen mit einem Bezug zur Dritten Welt aufgezeichnet und die dazu gehörigen Filmdaten und Hintergrundinformationen bzw. Besprechungen in eine Datenbank eingegeben; sie können voraussichtlich ab April 1990 online abgerufen werden. Durch die Vernetzung der Interninformationen und die Verbindung mit anderen europäischen Datenbanken wird hier die Datenbasis für ein umfassendes Filmarchiv zur Dritten Welt gelegt.

Schließlich ist noch zu erwähnen, daß der Deutsche Volkshochschul-Verband als Mitveranstalter der Westdeutschen Kurzfilmtage in Oberhausen einen wesentlichen Anteil daran hat, daß bei diesem Festival immer eine große Anzahl von Filmen und Filmemachern aus der Dritten Welt beteiligt sind. In der Person des verantwortlichen Referenten sind wir einer der Träger des *Fernsehworkshops Entwicklungspolitik*, der europäischen Medienkooperative ZEBRA sowie des audio-visuellen Netzwerks GRAD (*Groupe Européen de Réalisations Audiovisuelles pour le Développement*). Auch die Teilnahme von Vertretern des Deutschen Volkshochschul-Verbandes an der Internationalen Leipziger Dokumentar- und Kurzfilmwoche für Kino und Fernsehen sowie den Internationalen Filmfestspielen in Berlin dient dem Kennenlernen geeigneter Filme für den Einsatz an Volkshochschulen. Gerade in einer Zeit weltweiter Kommunikation ist es wichtig, daß im Bereich der Erwachsenenbildung unterschiedliche Medien aus aller Welt - und dazu gehören in erster Linie Filme - einen festen Platz behaupten.

Werner Petermann

Fundsachen & Sechs Thesen

Dokument 1:

Zum Weltbild und Selbstverständnis von Fernsehjournalisten und Filmemachern
Dr. Renate von Gizycki, Universität Göttingen

Einleitende Thesen und Fragen zur Eröffnung des FSW II

1. Seit den Zeiten kolonialer Expansion hat die Berichterstattung über außereuropäische Länder keine dem technologischen Fortschritt entsprechenden Entwicklungen in der Theorie und Praxis journalistischer Beobachtung zu verzeichnen.
2. Von Glücksfällen abgesehen, begegnen wir noch immer den gleichen Verzerrungen und Vorurteilen und dem gleichen Sendungsbewußtsein; oft haben sich die Ideologien nur äußerlich verändert: So spricht man heute nicht mehr von der "Bürde des weißen Mannes", sondern von den "Aufgaben der freien Welt".
3. Die kolonialhistorische Dimension der gegenwärtigen Probleme wird in den meisten Berichten fast völlig ignoriert.
Entwicklungshilfe beginnt in vielen Selbst- und Projektdarstellungen historisch quasi am Nullpunkt.
4. Über das, was Entwicklungshilfe bedeutet (Hilfe zur Selbsthilfe, Partnerschaft, Modernisierung oder: Entwicklung der Unterentwicklung) gibt es keinen Konsensus.
5. Wenige, zum Teil namentlich bekannte Fernsehjournalisten prägen heute das Bild der Welt für Millionen. Wie steht es, umgekehrt, mit dem Weltbild dieser Berichterstatter? Welche Rolle spielen sie im Prozeß der Entstehung der Berichte? Was sind die politischen und gesellschaftlichen Bedingungen ihrer Arbeit? Welcher Art sind ihre Qualifikationen, Informanten, Adressaten? Wie wirken sich diese Umstände auf ihre Arbeit aus?
6. Koloniale Attitüden und Missionsdenken finden sich, häufig bis in die Terminologie hinein, in vielen Berichten aus der Dritten Welt. Die Bereitwilligkeit, koloniale Stereotype zu übernehmen, wächst mit der Entfernung von den Metropolen, selbst bei sonst für "progressiv" geltenden Journalisten. Sie nehmen gewissermaßen Zuflucht zum "tradierten Wissen", das als reflektierter kultureller Überbau noch immer die alten kolonialen Muster repräsentiert.
7. Der Ethnozentrismus, der auf einer Verabsolutierung der eigenen kulturellen Werte basiert, bestimmt auch heute noch den Standort vieler Beobachter. Das Überlegenheitsgefühl gegenüber den Völkern der Dritten Welt kommt heute weniger im Anspruch "deutscher Kulturarbeit" oder einer "Mission civilisatrice" zum Ausdruck, sondern zum Beispiel in Musterprojekten deutscher Entwicklungshilfe.

8. Ein besonderes Problem der Berichterstattung aus der Dritten Welt ist der Mangel an Reflexion auf das eigene Weltbild: - Verzerrungen und Vorurteile gegenüber fremden Völkern; Unverständnis für Befreiungsbewegungen und revolutionäre Entwicklungen; vereinfachendes Freund-Feind-Denken; Antikommunismus - sind dabei keineswegs auf konservative Beobachter beschränkt.
9. Mit welchen Kontaktpartnern hat es der Filmer in der Dritten Welt zu tun? Wer hat ihn eingeladen oder hingeschickt? Wer informiert, wer betreut, wer hilft ihm? Wer legt ihm Steine in den Weg? Wem gegenüber fühlt er sich zur Loyalität verpflichtet? Mit wessen Interessen identifiziert er sich? (Auftraggeber, Gastgeber, Informanten, den Menschen, die "Objekte" seiner Darstellung sind?)
10. Wo beginnt, wo endet die Selbstzensur?
11. Gibt es für den Filmemacher verbindliche Werte? Welches sind die Normen seiner Herkunfts- und Bezugsgruppe? Sind es Begriffe wie "Leistung", "Ordnung", "Sauberkeit", verbunden mit einer Hochschätzung für Technik und Fortschritt? (eine "weiße Mittelstandsmoral"?)
12. "Man sieht, was man weiß" - in einer fremden Kultur. Wie steht es um Reisevorbereitungen, Landeskenntnisse, Kritikfähigkeit des Berichterstatters? Wie erarbeitet er sein Konzept? (Hat er ein Konzept?!) Nach welchen Gesichtspunkten erfolgt die Auswahl der "Tatsachen" bei Dokumentar-Filmen? Geht es ihm um "Ausgewogenheit" und "Objektivität" und wie begründet er diese?
13. Wo ist "vor Ort" der Standort des Filmers: räumlich, zeitlich, sozial und ideologisch? Welche Einstellung (Optik, Perspektive der Betrachtung, auch technisch verstanden!) wählt er und warum?
14. Die Ästhetisierung politischer und sozialer Sachverhalte lenkt ab von den zu zeigenden Problemen, ja verschleiert die Zusammenhänge oft bis zur Unkenntlichkeit. (In Abwandlung eines Wortes von McLuhan: "Die Präsentation ist die Sache!") Der Stil wird zum Warenzeichen, Kommunikation durch Marktverhalten ersetzt.
Der Exotismus als eine Ästhetisierung des Fremden ist eine literarisierte Form fehlender Bereitschaft, Andersartiges seinem Wesen nach zu verstehen.
15. Solange nicht ein Zusammenhang hergestellt werden kann zwischen den Problemen unserer eigenen Gesellschaft und denen der Dritten Welt, wird es schwer sein, die vorhandenen Kommunikationssperren zu überwinden. An welche Bedürfnisse hierzulande kann man dabei anknüpfen?

In: *Arnoldshainer Protokolle 13,* 1974: Fernsehworkshop II "Für eine gerechte Welt", S. 27-29

Natürlich ist längst alles gesagt und geschrieben worden und das nicht nur einmal, sondern "alle Jahre wieder." Wer sich die Protokolle der Fernsehworkshops zur Entwicklungspolitik durchliest, erhält eine geballte Ladung an kritischem Bewußtsein der Jahre seit 1972 geliefert, die ihm eigentlich alle Klischees von der Dritten Welt austreiben müßte und sollte, möchte man meinen, und die zudem ein pädagogisches Utopia verkündet, das von den Film- und Fernsehmachern nur noch einzulösen wäre, möchte man meinen. Aber natürlich ist, wer solches meinte, schlicht und einfach naiv.

Die "Dritte Welt im Fernsehen" ist ein aus tausenderlei Zutaten gemischtes Simulakrum, das in seiner elektronischen Existenz so weit "fortgeschritten" ist, daß es für die nächste Zukunft durchaus in der Lage ist, alle tatsächlichen Veränderungen hier wie dort zu überdauern. Seine Stärke liegt darin, daß es sich zu keiner Zeit als ein geschlossenes Modell präsentiert - "so sieht das Fernsehen die Dritte Welt" -, sondern immer nur in seinen Teilen sichtbar wird, deren unerträgliche Summe nur als Schlußfolgerung die Synapsen des kritischen Betrachters beunruhigt.

Dokument 2 (Kriterienkatalog):

1. Gestaltung

- Film = *Bildausschnitt* = Selektion: Welche Ausschnitte der Wirklichkeit werden gezeigt, in welchem Zusammenhang stehen sie, wie werden sie durch die „Filmsprache" bewertet? Wäre die Bild„sprache" auch ohne Kommentar verständlich?
- *Kommentar* = Meinung = subjektive Wertung: Ist der Kommentar sachlich oder suggestiv? Wie ist die Aussageebene? (z. B. faktisch oder anklagend)
- *Ton-Bild-Zusammenhang:* Werden Thesen des Kommentars visuell umgesetzt bzw. ist der Kommentar (= Deutung, Beurteilung, Wertung) aus dem Bildmaterial heraus entwickelt? Wie groß ist die inhaltliche Entfernung zwischen Ton und Bild? Fesselt z. B. das Bild die ganze Aufmerksamkeit, so daß ein gleichzeitiges Zuhören, ein Verstehen unmöglich ist? Oder umgekehrt: Wird für das Verständnis des Kommentars die gesamte Aufmerksamkeit benötigt, so daß ein gleichzeitiges Sehen, ein bewußtes Beobachten unmöglich ist („Ton-Bild-Schere")?
- *Bild- und Tonqualität* sind oftmals Propaganda für die Glaubwürdigkeit. Wird durch ästhetische „Mätzchen" versucht, die Glaubwürdigkeit zu erhöhen? Wenn die Filmqualität zu wünschen übrig läßt, wird erklärt, woran das liegt (z. B. an erschwerten Drehbedingungen)?
- ... und schließlich: Wie ist die *Aussagelogik* des Films: Ist der filmische Zusammenhang stringent, gibt es didaktische Informationseinheiten, die aufeinander aufbauen oder ist der Aufbau zufällig, lose? Läßt der Film dem Zuschauer „Pausen" zur Verarbeitung?

2. Perspektive

2.1. Hintergrundinformationen

- Liefert der Film überhaupt Hintergrundinformationen?
- Analysiert der Film seinen Gegenstand auch historisch?
- Erscheinen soziale, kulturelle und politische Strukturen als Ausdruck ökonomischer Verhältnisse?
- Was erfahren wir über die wirtschaftlichen Besitz- und Machtverhältnisse?
- Beläßt der Film uns fremde religiöse Daseinsäußerungen im Exotischen (Indiens heilige Kühe), oder versucht er, sie zu verstehen?
- Werden Konflikte, die sich an der Oberfläche als religiöse darstellen (Nordirland, Libanon), nur als solche wiedergegeben, oder von ökonomischen Strukturen abgeleitet?
- Werden politische, d. h. von Menschen geschaffene Verhältnisse als quasi-natürliche, also von Menschen unabhängige und folglich auch nicht veränderbare „Tatsachen" hingestellt?
- Werden Probleme der Landwirtschaft, des Klimas etc. (Dürrezonen z. B.) nur als schicksalhafte Gegebenheiten geschildert, auch da, wo sie Ergebnis von Politik, von gesellschaftlichem Raubbau sind?
- Erscheint der Weiße stets als der Überlegene (Eurozentrismus)?
- Werden soziale Strukturen, Konflikte, Bürgerkriege etc. durch die bürgerlich-anthropologische, tribalistische oder gar rassistische Brille gesehen (Bürgerkrieg als Stammesfehde)?
- Ist der Film konsequent kritisch oder bleibt er auf halbem Weg der Analyse stehen?

2.2. Die Betroffenen

- Können die Bewohner des Landes im Film ihre Probleme und ihre Vorstellungen selbst äußern oder kommen nur Honoratioren, Funktionäre etc. zu Wort?
- Erscheinen alle Probleme durch die Interpretation des Autors?
- Dient die Darstellung eines Einzelschicksals dazu, Politisches ins rein Private zurückzunehmen („Menschenschicksale" im Industriefilm)?
- Oder sind die im Film dargestellten Einzelschicksale konkrete Erscheinungsbilder der allgemeinen gesellschaftlichen Verhältnisse?
- Wird das Volk als Substrat („Masse") für die Illustration von vorgefaßten Theorien hergenommen?

2.3. Entwicklungsmodelle

- Wird Fortschritt und Entwicklung eines „Entwicklungslandes" gemessen und dargestellt in Kategorien des europäischen Status quo (technokratisches, marktwirtschaftliches Entwicklungsmodell; Entwicklung von außen)?
- Oder wird die Zukunft des Landes in Kategorien der sozialrevolutionären Bewegungen der Dritten Welt reflektiert (eigenständige Entwicklung)?

2.4. Einstellung des Autors

- In welchem Auftrag steht der Autor?
- Und in welchem Auftrag versteht er sich?
- Erscheint der Autor unbeteiligt, neutral, überlegen, nicht betroffen oder engagiert?
- Wagt der Autor Floskeln zu problematisieren und den Äußerungen von Politikern und Honoratioren zu widersprechen?
- Verrät der Film eine tiefgreifende Kenntnis und Beschäftigung mit dem Land und seiner Kultur oder nur journalistische Betriebsamkeit?

3. Ziele

- Erzeugt der Film lediglich eine emotionale Betroffenheit, die diffus im Raum stehen bleibt?
- Oder vermittelt der Film ein Bewußtsein von kollektiver Betroffenheit und von kollektiven Handlungsmöglichkeiten?
- Knüpft der Film zu diesem Zweck an den Alltagserfahrungen des Zuschauers an?
- Hilft der Film den Betrachtern sich ihre eigene (z. T. verschüttete und verzerrte) gesellschaftliche Erfahrung wiederanzueignen, so daß sie in organisierter Form umgesetzt werden können?
- Vermittelt der Film ein Bewußtsein davon, daß die Produzenten der hiesigen Überentwicklung die Produzenten der „Unterentwicklung" sind?

4. Zielgruppe

Die Frage nach der Zielgruppe ist für entwicklungspolitische Basisgruppen, von denen viele regional, thematisch und weltanschaulich spezialisiert sind, für die Betrachtung eines Films besonders wichtig. Ob ein Film einer bestimmten Zielgruppe angemessen ist, läßt sich mit Hilfe der folgenden Kriterien entscheiden:

- Setzt der Film zu seinem Verständnis bestimmte Informationen oder einen bestimmten Bewußtseinsstand voraus?
- Zielt der Film auf eine Bestärkung vorgefaßter Meinungen oder setzt er kritisch an Vorurteilen an, um sie zu korrigieren?
- Steht der Film in einem Zusammenhang mit anderen Filmen oder Medien? Läßt sich der Zusammenhang erkennen, wird auf ihn verwiesen?
- Ist der Film durch seine Machart und seine Inhalte darauf angelegt, daß über ihn diskutiert wird oder erstickt er die Diskussionsbereitschaft bei den Zuschauern?

In: *IV. Fernsehworkshop Entwicklungspolitik: Berichte, Texte, Kritik.* Arnoldshain 1978, S. 52-53. Dieser Kriterienkatalog war der Filmbewertungsbogen für die Teilnehmer der Fernsehworkshops, dessen Auswertung zu einer Rangfolge der gesichteten Filme führte.

Und so werden Jahr für Jahr zahlreiche neue, in Struktur und Methode altbekannte, kurze, mittellange und vereinzelt längere Fernsehbeiträge produziert, die zwar nicht den "vernünftigen" entwicklungspolitischen Anforderungen genügen, die Medienfachleute und Entwicklungsexperten an sie stellen, wohl aber den Ansprüchen des Fernsehens. Und Jahr für Jahr wird Kritik an diesen "Filmen" produziert, von den gleichen Leuten, die auch schon den Kriterienkatalog erstellten. Und keiner scheint zu merken, daß sich beide Seiten komplementär ergänzen. Wozu sind die Kriterien gut? "(Sie) helfen, die vielen schlechten entwicklungspolitischen Filme von den guten zu trennen." (Georg Friedrich Pfäfflin, in *medium* 8, 1978). Aber was ein Film ist, scheint sie nicht zu interessieren.

Dokument 3 (Filmbeurteilung):

☐ bitte ankreuzen

Nr. des Films: ....

Titel: ....

1.	Hintergrundinformation	ausreichend	nicht ausreichend
1.1	Werden Hintergrundinformationen zum dargestellten Problem in ausreichendem Maß gegeben oder reichen sie nicht aus?	+3 +2 +1	-1 -2 -3
1.2	Werden wirtschaftliche Besitz- und Machtverhältnisse erklärt bzw. hinterfragt, z.B. als Folge von Kolonialismus oder Revolution oder werden sie als traditionelle "Gegebenheiten" dargestellt?	hinterfragt +3 +2 +1	nicht hinterfragt -1 -2 -3
1.3	Werden politische Verhältnisse als von Menschen geschaffene dargestellt oder als "natürliche", also von Menschen unabhängige und folglich auch unveränderbare Tatsachen hingestellt?	veränderbar +3 +2 +1	unveränderbar -1 -2 -3
1.4	Werden die religiöse Umwelt und Tradition der Betroffenen wahr- und ernstgenommen oder werden sie oberflächlich interpretiert?	wahr/ ernstgenommen +3 +2 +1	oberflächlich -1 -2
2.	Die Betroffenen		
2.1	Können die Bewohner des und Vorstellu oder ersch		

In: *medien praktisch*, 3/1977, S. 29 (nach: *MAUS (Hg.), Schwarzbuch des entwicklungspolitischen Films.* München 1973, S. 78-81)

Vergleicht man die beiden Kriterienkataloge miteinander, so fällt auf, daß bei dem zweiten, bereits 1973 entstandenen an erster Stelle der Punkt "Gestaltung" erscheint und ausgeführt wird, wohingegen dieser Punkt in dem fünf Jahre später aufgestellten Katalog fehlt und nur unter dem Punkt "Vermittlung" einige filmische Kategorien angesprochen sind. Die Kriterienliste von 1973 stammt von Filmemachern, die von 1978 offenkundig nicht. Die Interessen der Filmemacher waren bereits 1973 in einem entscheidenden Punkt andere als die der Bildungsmacher: sie wollen *Filme* machen, die anderen was *mit* Filmen *machen*. Was den entwicklungspolitischen Film angeht, ist sein Hauptwiderspruch im Vor- und Außerfilmischen, der Problematik eines Konzepts jeglicher Entwicklungspolitik, verankert.

Die "Bildungsarbeit" mit dem Medium Film versperrt sich dem eigenen Auftrag, wenn sich die Auswahl der Filme nach Kriterien richtet, die das Medium selbst negieren.* Wenn ohne Belang ist, was einen Film ausmacht, wozu dreht man dann überhaupt? Bei so einem Verständnis überrascht es auch nicht mehr, daß künstlerische Qualität als pädagogisches Hindernis auftreten kann! (vgl. die Beurteilung des Films ALAMANYA ALAMANYA - GERMANIA GERMANIA von Hans A.Guttner, in: *VI. Fernseh-Workshop Entwicklungspolitik*, Arnoldshain 1982, S.46; der Film erfüllt, wovon andere kaum jemals reden: die Umkehrung des Blicks wie des Wortes). Eine Pädagogik jedoch, die allen ästhetischen Widerständen aus dem Weg geht, ist keinen Pfifferling wert. Man könnte sagen: sollen die Pädagogen doch unter sich bleiben und mit ihresgleichen rechten, aber ich erinnere mich noch zu gut an jene unsäglichen kurzen Streifen belichteten Zelluloids, die mir während meiner Schulzeit vorgesetzt wurden. Einige, aufs Geratewohl ausgewählte Exemplare der Gattung habe ich mir kürzlich angesehen, nicht ahnend, daß sich in den letzten 25 Jahren so wenig geändert haben würde; die Filme waren jüngeren Datums, aber in Machart und Haltung schienen sie uralt zu sein. Da es auch Filme des FWU waren, werden sie wohl im Unterricht eingesetzt. Ich finde, es ist an der Zeit, nach der Prügelstrafe endlich auch diese visuelle Züchtigung abzuschaffen! Führt diese Streifen dem Recycling zu!

* Erst mit dem verstärkten Einsatz von Spielfilmen aus der Dritten Welt treten bei der Beurteilung zusehends auch filmspezifische Aspekte in den Vordergrund (vgl.die Beiträge von Benedikt Fischer in *VIII. Fernsehworkshop Entwicklungspolitik*, Arnoldshain 1986).

Sechs Thesen

Filme, die stilistische und thematische Gemeinsamkeiten aufweisen, konstituieren ein Genre, soweit sich diese Gemeinsamkeiten im Laufe der Zeit herausbilden und bestimmend bleiben. Es gibt *starre* und *flexible* Genres.

These 1
Der entwicklungspolitische (allgemeiner: entwicklungsbezogene) Film ist innerhalb des Dokumentarfilms ein starres Genre.

Bestimmt wird das Genre des entwicklungspolitischen Films durch:
- den *thematischen* Bezug zum Konzept und zur Praxis der Entwicklungspolitik;
- den *geographischen* Bezug zur Dritten Welt;
- die dominierende Stellung des *Kommentars* im formalen Bereich, bei gleichzeitiger Vernachlässigung anderer filmischer Ausdrucksmöglichkeiten (Bild, Montage, etc.).

Darüber steht als feste Klammer der Blick von hier nach dort, unser Blick auf die anderen, ein zweckorientierter Blick, der jenes Anders-Sein nach unseren eigenen Vorstellungen und Wünschen definiert; wenn man so will: ein *projizierender* Blick. Dieser Blick, der sich im entwicklungspolitischen Film re-präsentiert, ist in den vergangenen 20 Jahren cum grano salis gleichgeblieben, Veränderungen sind Einzelfälle, die meist ohne Folgen waren, Ausnahmen von der Regel, die diese bestätigen. Zwar hat der entwicklungspolitische Film auf Veränderungen des Bezugsrahmens - etwa in der Praxis der Entwicklungspolitik oder bei gesellschaftlicher Neuorientierung (Ökologie) - reagiert, aber schlechthin in der simpelsten Weise: dem neuen Thema begegnete man mit der gleichen alten Masche. Der Kommentar muß für alle Defizite herhalten, die der Film mit sich bringt. Der "Paradigmenwechsel" hin zur filmischen Beobachtung hat sich zwar behauptet, aber er betrifft im Grunde genommen nur einzelne Filme, vielleicht ein halbes Dutzend pro Jahr, keineswegs das Genre als solches.

These 2
Der entwicklungspolitische Film ist unfilmisch, weil dem Kommentar eine dominierende Stellung zukommt, ohne daß diese filmgerecht und filmspezifisch genutzt würde. So dokumentiert die Vorherrschaft des Kommentars nur die Haltung der Macher ihrem Thema, aber auch dem Zuschauer gegenüber. Was nützt die schärfste verbale Kritik, wenn der Gestus der Vermittlung kolonialistisch bleibt?

Das Gros des entwicklungspolitischen Films setzt auf den Kommentar als den wesentlichen Vermittler sowohl von Informationen als auch von Meinungen. Dieses genauer betrachtet völlig unbegründete Vertrauen in das gesprochene Wort entspringt zum einen praktischen Erwägungen - Schreibtischarbeit ist bequemer und vor allem billiger -, zum anderen einem unausgesprochenen Mißtrauen vor dem Bild. Das filmische Bild, die Bildsequenz, ist komplexer, daher auch schwieriger zu entschlüsseln als der übliche Kommentar, dem man nur zuzuhören braucht. Das Bild verlangt vom Betrachter eine intensivere Arbeit, bevor es seine Informationen preisgibt. (In der Praxis hieße das: die Einstellungen müßten lang genug sein, um dem Zuschauer die Möglichkeit zu geben, etwas zu *sehen*. Längere Einstellungen hätten aber in der Regel längere Filme zur Folge ...) Setzt sich der Kommentar über den visuellen Aspekt hinweg, reduziert er das Bild letztendlich bis zur völligen Beliebigkeit. Wird aber, was der Film zeigt, austauschbar, verliert der Kommentar seine notwendige Beziehung zum Bild und macht sich selbst überflüssig. Solche, quasi im luftleeren Raum gesprochenen Worte setzen an die Stelle eines möglichst offenen Diskurses gewöhnlich die Autorität der Besserwisserei (Der Zuschauer muß in dringlich gehaltenen Satzkonstruktionen ganze Seminare über sich ergehen lassen, zu denen die Kamera je nach Fündigkeit mehr oder weniger signifikante Bilder liefert. Die Fernsehdokumentationen von Gordian Troeller sind für diese Machart charakteristisch.). Zur Besserwisserei gesellt sich in einer seltsamen Allianz häufig die Überzeugung. Im Gegensatz zu ihrem Vermittlungsanspruch sind solche Filme allerdings keineswegs didaktisch: sie oktroyieren, statt zu informieren. Der Zuschauer befindet sich als Zuhörer dem Kommentar gegenüber in der Position eines Schülers, dem ein Lehrer Ergebnisse vorsetzt, die er als Fakten, d.h. Wahrheiten verkauft.

Was die Bevorzugung des Kommentars angeht, ist der Einfluß des Fernsehens gar nicht hoch genug anzusetzen. Das Fernsehen ist im Grunde genommen ein verbales Medium, wie jede Sportübertragung, aber auch jede Fernsehserie immer wieder aufs Neue beweist, dem das Bild nur zur Illustration dient.

These 3
Der entwicklungspolitische Film hat in den Jahren seit 1970 eine überwiegend kritische Struktur entwickelt, aber in seiner Kritik bleibt er eindimensional.

Kritisch ist der entwicklungspolitische Film, wie nach These 2 nicht anders zu erwarten, in erster Linie verbal. Und kritisch heißt dann auch zunächst einmal: Kritik an den Verhältnissen (Armut, Krankheit, Prostitution, Korruption, Hunger) und ihren Verursachern, und erst dann, daß man der Praxis der Entwicklungspolitik (des Welthandels, der Weltwirtschaftsordnung, des Welttourismus etc.) nicht vorbehaltlos gegenübersteht. Kritisch ist der entwicklungspolitische Film, weil seine Macher ein kritisches Bewußtsein in die Dritte Welt mitbringen, das sie sich zu Hause durch die Lektüre vieler Bücher und Broschüren und in Diskussionen mit vielen Gleichgesinnten angeeignet haben. So sagen sie zwar vieles Richtige, aber die Art und Weise, wie sie es sagen, und die Tatsache, daß sie es sagen, aber nichts zu sehen ist, woran die sinnliche Wahrnehmung sich halten könnte, verkehrt das Richtige ins Falsche. Nicht daß das Bild nicht belegen kann, was der Kommentar behauptet, macht die fundierteste Verbalkritik fragwürdig, sondern daß der Kommentar vom Bild verlangt, was es gar nicht imstande ist zu leisten: die Leerstellen aufzufüllen, die er hinterläßt.

Eindimensional ist die Kritik, weil sie über ein moralisierendes Schwarzweißdenken oder ähnliche simplifizierende Dualismen nur selten hinauskommt. Komplexere Zusammenhänge werden auf das Nötigste reduziert. Was das Nötigste sei, bleibt dem Urteil der Macher oder den Zwängen der Produktion, im Falle des Fernsehens: dem auf die Einschaltquoten starrenden Redakteur überlassen; wie man darauf kommt, ist allerdings keiner Rede mehr wert. Usw. usf. Die Katze beißt sich immer in den Schwanz.

These 4
Der entwicklungspolitische Film ist in seiner überwiegenden Mehrheit ein standardisiertes Produkt. Das macht ihn so fernsehgeeignet. Aber diese Standardisierung ist selbst schon ein Resultat des Einflusses des Fernsehens.

Anders als in den 70er Jahren, als es für einige Jahre schien, als hätte der entwicklungspolitische Film einen festen Platz in den Programm- und Kommunalkinos gefunden, hat in den 80er Jahren die große Ernüchterung Platz gegriffen: der entwicklungspolitische Film ist aus den Kinos weitgehend verschwunden. Heute werden entwicklungspolitische Filme fast nur noch vom und für das Fernsehen produziert (bzw. koproduziert), dessen Zwänge und Konventionen (Programmplatz, Sendezeit, Länge, Ausgewogenheit, Informationswert, Verständlichkeit, Unterhaltungswert) das Ihre zu einer Standardisierung der Ware beigetragen haben. Dazu gehören: das Übergewicht des Kommentars, die Kürze der Einstellungen, der Signalcharakter bestimmter Bilder/Szenen, die Bevorzugung bestimmter Inhalte, das Fehlen jeder komplexeren Montage, das Interview mit Statementcharakter, die Reduktion der Einheimischen zu Meinungslieferanten, die grundsätzliche Simplifizierung der Verhältnisse in Wort und Bild ...

These 5
Der pädagogische Wert des entwicklungspolitischen Films ist, unabhängig von seiner wie auch immer bewerteten Qualität, eine Schimäre.

Dies gilt, solange die Filme nicht unter der Prämisse eingesetzt und diskutiert werden, daß sie im allgemeinen wie im besonderen von uns handeln und nur am Rande und unter eher fragwürdigen Vorzeichen auch von den anderen. Wäre dies aber erst einmal erkannt und akzeptiert, stellte sich die Frage nach dem Sinn und Zweck des entwicklungspolitischen Films aufs neue. Ansonsten bleibt der entwicklungspolitische Film das Medium einer, an den internationalen Dimensionen des Ganzen gemessen schon monströs zu nennenden Selbstbestätigung von Machern, Lehrern und Belehrten. Der ungebrochene Blick, der auf den Bildschirm bzw. die Leinwand fällt, findet in dem Blick, den die Filme auf die Dritte Welt werfen, eine lineare Verlängerung. So bedienen die Filme - noch in der möglichen Ablehnung durch den Betracher - eine Erwartungshaltung, die nur zwischen einem "So ist es (nicht)" und einem "So sollte es (nicht) sein" hin- und herpendelt. Die Blickachse wird zur Einbahnstraße.

These 6

Das eigentliche Politikum des entwicklungspolitischen Films liegt nicht in seinen Absichten, Ansprüchen, Leistungen oder Defiziten, sondern in seiner bloßen Existenz: der entwicklungspolitische Film ist in seiner Gesamtheit ein ernstzunehmender ökonomischer Faktor, ein Geschäft, und als solches Teil des großen Geschäfts Entwicklungspolitik.

Sylvie Banuls

Die Hauptdarsteller

Anmerkungen hinter der reisenden Kamera
Eine Produktionslegende

4. Oktober 1989. Landung in Bamako, der Hauptstadt von Mali. Der Beginn unserer Dreharbeiten. Sechs Wochen liegen vor uns. Wir wollen zwei Dokumentarfilme über das Leben der Tuareg machen. Das Gepäck ist kaum überschaubar: Kameras, Tonausrüstungen, Licht, Zelte, Schlafsäcke, Vorräte - es ist nicht allein das erwartete Abenteuer, das uns Herzklopfen bereitet. Eine Expedition über mehrere tausend Kilometer an den Rändern der Sahara steht uns bevor.

Das Filmteam ist multinational: Yasmine, die Produktionsleiterin kommt aus Senegal, Maimoussa, der Freund und Kameraassistent ist aus dem Nachbarstaat Niger, Albert - eigentlich der "Aufpasser" aus dem Informationsministerium - ist auch Tontechniker, Otmar, der Kameramann, ist Schweizer, Bilo, der Koch, ist Gastarbeiter aus Guinea, Peter, der Regisseur, lebt in München, Adama, der Fahrer, ist Malier, und ich schließlich, Sylvie, komme aus Paris, bin die Regieassistentin, habe an den Vorbereitungen als Koautorin mitgearbeitet und soll außerdem Übersetzungen machen.

Die Zeit wird knapp sein. Bei der Lektüre des Drehplans packt mich ein leichtes Schwindelgefühl. Noch während der dreiwöchigen Recherchen im August hatte der Leiter des islamischen Zentrums in Timbuktu, der freundliche Dr. Zouber, kopfschüttelnd und mit leichter Ironie geraten: "Aber bitte, wenn ihr für die Dreharbeiten wiederkommt, versucht doch ein wenig mehr Zeit zu haben. Wißt ihr, wir in Afrika sind einen langsameren und ruhigeren Rhythmus gewöhnt!" Und zu Maimoussa gewandt, sagte er schmunzelnd: "Wenn du mit den Deutschen arbeitest, werden sie dich bis zur Erschöpfung fertigmachen!"

Es hat natürlich keinen allzu großen Zweck, dem weisen Ratgeber zu erklären, daß es unser größter Wunsch wäre, seinen Rat zu befolgen. Das Fernsehen sieht es anders: in sechs Wochen müssen zwei Filme gedreht werden, und dies bei riesigen Entfernungen zwischen den Drehorten auf schwerbefahrbaren Straßen und Pisten, unter harten Arbeits- und Alltagsbedingungen.

Wir spüren schon die Resignation aufkommen. Das Geld ist knapp, also wird die Zeit knapp werden. Wir werden uns vom Rhythmus der Fernsehindustrie nicht lösen können. Faire Produktionsbedingungen für die dokumentarische Filmarbeit sind heute zu einer unrealistischen Utopie verkommen. Also *Fast Food* in Afrika? Der Dokumentarfilm soll aus der Wirklichkeit erzählen, will sich auf Menschen und Situationen einlassen. Wie ist das zu schaffen, wenn man sich dem Zeitgefühl und Rhythmus der Menschen in den uns fremden Kulturen im Sahel nicht anzupassen vermag? Wir werden uns an die Fernsehplanung nicht halten, sind zu Kompromissen bereit: knapp vier Wochen sind finanziert, und fast sechs wollen wir bleiben. Der Regisseur und Produzent trägt das Risiko und will dennoch die Selbstausbeutung begrenzt wissen.

Mit den Bergen von Gepäck schleppt das Team Eile und Nervosität mit nach Afrika. Und schon geht es los! Die organisatorischen Vorbereitungen im August blieben fruchtlos, im Aktenordner der Briefe nach Mali fast keine Antworten, tausend Kleinigkeiten für die "Camel-Safari" sind noch zu tun: zwei billige Geländewagen und Solarpanele für Licht und Kamera-Akkus finden, Massen an Kleinkram und Essensvorräte einkaufen ... Alles in zwei Tagen, die vor dem eigentlichen Drehbeginn noch übrigbleiben. Und das im langsamen und umständlichen Afrika. Kollegen, in Mali dreherfahren, hatten Peter Heller, den Regisseur und Produzenten gewarnt: "Noch mal in Mali drehen? - Unter keinen Umständen. Nie wieder!" Und doch weiß dieser von anderen Dreharbeiten schon: in Afrika geht immer alles anders, als man denkt, aber am Ende regelt es sich doch noch, irgendwie. Ein Kontinent der "unbegrenzten Möglichkeiten"? Das gelassene *Inschallah* der Tuareg ist leider nicht ganz seine Art ...

Zurück in den November 1986. Der Filmautor kommt erstmals nach Mali. Er reist von einem Filmseminar in Kamerun an, kommt als Tourist nach Bamako. Am Swimmingpool von weißen Freunden trifft er einen Tuareg. Agha, der Mann hinterm Schleier, verkauft seine Lederarbeiten an Entwicklungsexperten und Diplomaten aus Europa. Peter Heller ist an dem Mann mit den lächelnden Augen interessiert. Der Flirt hat Folgen. Mehrmals besucht er zusammen mit Freunden - Maimoussa Djoumbaye, dem Cineasten aus Niger, der hier in Bamako lebt, und Wilfried Hoffer, dem Gebieter des örtlichen Deutschen Entwicklungsdienstes - Agha agh Hama, den "Gastarbeiter" vom fernen Wüstenrand, in seiner Stadtresidenz, einem ärmlichen Hof in der halbfertigen Baustelle am Rande der Hauptstadt. Agha und seine Leute haben dort ihre Werkstatt eingerichtet. Sie arbeiten umringt von Kindern und Besuchern. Von der Not gezwungen haben sich die Tuareg den neuen Zeiten angepaßt: aus den Abfällen der in Bamako verkauften westlichen Industriewaren fertigen sie Kassettentruhen, sogar CD-Plattenboxen und Managerkoffer. Kanalisationsrohre aus Plastik, zersägt und mit Leder überzogen, verwandeln sich in Schmuckdosen. Aus alten Sperrholzkisten wird schickes Mobiliar ...

Der Tourist aus Deutschland hat eine Amateurvideokamera mitgebracht und will auf dem Magnetband seine Urlaubserfahrungen illustrieren. Stundenlang be-

obachtet sein elektronisches Auge den Alltag der "Stadtnomaden"; endlos sind die Fragen und Bitten nach Erzählungen an die nur langsam "auftauenden" verschleierten Männer um Agha.

Natürlich kann der Filmemacher es nicht dabei belassen. Schon ist eine Filmidee geboren: er plant eine Gastarbeitergeschichte am fernen Beispiel, eine filmische Chronik und Reiseerzählung. Denn Agha, der Tuareg, der in der Stadt mit Lederhandwerk Geld verdient, hat eine Geschichte. - Während der großen Dürrekatastrophe 1984 hatte seine Familie ihre Herden verloren. Er ging ins Exil der fernen Hauptstadt Bamako, sollte so das Weiterleben von vierzig Leuten seiner Sippe sichern. Einmal im Jahr kehrt er, mit Geschenken beladen, heim in die nordwärts gelegenen Wüstenlandschaften von Gourma Rharous im oberen Nigerbogen. - Der Film soll ihn begleiten auf seiner Reise zwischen den beiden Welten der Nomaden und der Arbeitsemigranten; zwischen den Zelten der Kamelkarawanen und dem Swimmingpool und Konsumunrat der weißen Stadt.

Peter will versuchen einen "optimistischen Film" in Mali zu drehen, da er schockiert war über das Falschbild des Landes: eines Mali der Elendssymphonien, welches ihm die deutschen Medien - allen voran das Fernsehen - vermittelt hatten. Und für sich selbst möchte der Filmemacher eine ihm neue Filmform und Erzählweise erproben; er will neue Erfahrungen machen.

Zwischen 1987 und 1989, während der wie üblich langwierigen Suche nach der Finanzierung dieser Filmidee, wird der Tuareg-Freund mit Grüßen und kleinen Geschenken, Messern und Uhren von Freunden in Bamako "warmgehalten."

Die Finanzierung ist immer noch elend. Beim Fernsehen guckt man sich mit Vergnügen Hellers Videoexposé an. Alle finden die Idee zum Film spannend. Aber wenn es um seine Finanzierung geht, sind alle plötzlich arm. Die Redaktion ist zwar einverstanden, erpreßt aber den Produzenten: er muß für ein Budget, welches nicht einmal für *einen* Film in Afrika ausreichen würde, gleich zwei Filme abliefern. Das Thema des zweiten Films ist der Anstalt egal. Die Hauptsache ist, daß Sendezeit billig gefüllt wird. Peter sitzt in der Klemme. Er hatte sich auf die Zusage zur Finanzierung des Films über Agha verlassen, hängt an seinem Projekt und fürchtet den Gesichtsverlust vor dem Tuareg, wenn der Film 1989 nicht gemacht wird. Nach einem letzten Zögern entscheidet er sich - jetzt oder nie! Peter schlägt dem Sender ein Filmprojekt über "Frauen der Tuareg" vor. Er akzeptiert letztendlich und schweren Herzens die Konditionen, will sich trotz katastrophaler Produktionsbedingungen nicht die Lust am Film nehmen lassen.

Im August 1989 geht es auf Recherche. Das Fernsehen bezahlt nichts dafür. Es ist doch wohl klar, daß man sich aus der Fachliteratur informiert. Ein "Schreibtischtäter" braucht, wenn er schon unbedingt einen Dokumentarfilm machen will, Land und Leute doch nicht mit den eigenen Sinnen zu entdecken.

Peter Heller in München und ich, in Paris, sammeln eifrig Ethno-Informationen, plündern Bibliotheken. Schließlich fliegen wir sogar nach Mali und bereisen zusammen mit Maimoussa hastig und neugierig drei Wochen lang das halbe Riesenland.

In Banguel, einem nördlichen Flecken am Ufer des Niger, treffen wir Agha. Aber Agha ist anders. Seit der ersten Begegnung vor drei Jahren scheint mit dem Tuareg etwas passiert zu sein. Humor, Ironie und Lässigkeit sind aus seinem Wesen wie weggewischt. Aghas ganzes Interesse gilt nur noch dem Geld, das er sich von seinem frischen Ruhm als Filmstar erhofft. Auf Mißtrauen folgt bei dem forschenden Autor eine herbe Enttäuschung: von einem subjektiven Reisefilm "zweier Freunde" kann keine Rede mehr sein. Sprachprobleme, andere Denkweisen und Sitten komplizieren zudem alles. Für Arme ist Geld gleich Macht. Die Beziehung zu Geld zerstört auf beiden Seiten die mögliche Freundschaft. Denn weiße Menschen werden automatisch als reich angesehen. Hilfsaktionen und Entwicklungshilfe haben den Leuten beigebracht, daß Fremde nur dazu da sind, ihnen zu helfen. Man ist zu uns freundlich: jeden Morgen stehen die Tuareg bei Sonnenaufgang vor unserem Zelt mit einer Schüssel voll Reis, gebratenem Hammelfleisch und Tee. Doch sie erwarten als Gegenleistung Bares. Und davon nicht wenig. Aber die Ausbeutung lauert auf beiden Seiten: der Filmemacher braucht Agha für seinen Film - und zwar möchte er ihn so haben, wie er ihn in seiner Erinnerung, idealisiert und beschönigt, gehegt hatte.

Warum dann Freunde sein? Ist ein Filmvertrag eine menschliche Basis dafür? Gilt die Enttäuschung nicht eher der Entdeckung, daß Agha sich nicht als der einfach zu formende und fröhlich mitspielende Tuareg-Darsteller erweist?

Vielleicht waren die alten Klischees vom stolzen Tuareg, der Bettler mit Verachtung straft, doch viel tiefer verankert, als wir dachten. Wir waren gekommen, die Klischees zu bekämpfen. Und brachten - entgegen dem Szenario - doch unsere eigenen mit.

In der Stadt scheint Agha mit seiner Arbeit gut verdient zu haben - wir sind schockiert: "Wie denn, Aghas Familie hat ein Haus aus Lehm, und die Nomadenzelte stehen daneben im Hof?"

Damals hatte unser Freund Agha von seinen Heimatzelten erzählt. Der Filmgestalter hatte sich vorgestellt, auch jetzt noch eine richtige Nomadenfamilie vorzufinden, ein Zeltlager, eine provisorische Haltestelle für die vorbeiziehenden Kamelkarawanen. Er ist sauer und mag den Stolz der Tuareg auf die schützenden Mauern (jetzt in der kühlen und windigen Regenzeit) nicht verstehen. (Gottlob finden wir mit der Kamera drei Monate später die gleiche Familie an einem anderen Ort mitten im Sand in einem Zeltlager wieder!). Wo bleibt also die exotische Kulisse? Denn Kamele gibt es auch keine! Wen kümmert es schon, daß Aghas ältester Bruder aus Not das letzte Tier verkaufen mußte? Und überhaupt - nomadisiert wird nur noch von einem kleinen Teil der Familie, die während der Regenzeit mit den Ziegenherden etwas weiter unten im Süden die grünen Weiden besucht. Für einen Film, wie ihn der Regisseur im Kopf hat, ist diese Welt zu kompliziert. Das Elend der Dürre und ihre Folgen haben hier die Welt verändert: bei unserer Ankunft muß man den "Nomaden" Agha sogar von der Feldarbeit holen. Er baut auch noch Reis an, wie ein Ackerbauer, anstatt mit den Salzkarawanen stolz dem Zentrum der Sahara entgegenzureiten!

In den Büchern, die ich las, hatte es doch geheißen, daß alle Tuareg Gedichte und Sprichwörter kennen würden. Aber wir finden davon keinen einzigen hier in Banguel. Und was ist mit den Frauen der Tuareg, die für ihre Unabhängigkeit so berühmt sind? Abends sollen sie ständig auf der Imzad (Geige) spielen. Die hier haben eine eher scheue und zurückhaltende Art uns gegenüber und eine Imzad mögen sie bestenfalls vom batteriebetriebenen Radio her kennen ...

Peter, der entsetzte Dokumentarfilmer, motzt nur noch herum, weil alles nicht so ist, wie er sich das daheim in München für seinen Film vorgestellt hatte. Und dann sind ja Schmiede (eine besondere soziale Gruppe bei den Tuareg und auch sonst in Afrika) nicht so gut angesehen. - Peinlich, denn Agha ist nämlich Schmied. Verschiedene Afrikaner erachten es schon als merkwürdig, daß wir uns einen Schmied zum Hauptdarsteller erwählt haben. Wir werden mit den sozialen Unterschieden schnell konfrontiert. Wir erwarten Kunst, Kultur und dolle Erzählungen von Menschen, die nie damit zu tun hatten. Aber wer schon bitte wird denn bei uns daheim von einem Glasermeister oder Friseur erwarten, daß er Goethe oder Schiller zu rezitieren vermag?

Keinen von unseren malischen Beratern scheint es auch nur ein bißchen zu verwundern, daß wir Geldprobleme mit unserem Hauptdarsteller haben. Schmiede sind angeblich alle geldgierig. - Wir sträuben uns gegen solche Vorverurteilungen (und entdecken später, daß man wirklich nicht so zu verallgemeinern braucht). Dafür kommen bei uns selbst andere Vorurteile auf. Und die sind nicht viel besser.

Wir sind lahme Helden im Kampf gegen die Klischees anderer: seien es die der weißen Ethnologen mit ihrem Schreibwerk voller Idealisierungen und Beschönigungsversuche oder jene der einheimischen Nicht-Tuareg. Unsere eigenen Projektionen bei der Sehnsucht nach einem starken Film nicht zu vergessen.

Ich bin dafür, Agha auszutauschen, da er als Mensch für mich sowieso nicht der richtige "Hauptdarsteller" ist, sich für die Kamera eigentlich gar nicht eignet, als Erzähler, mit anderen Tuareg verglichen, nicht gerade begabt ist. Von den anderen Problemen mit ihm ganz abgesehen. Aber Peter weigert sich: es sei schon zu spät, die Zeit bis zum Dreh zu kurz, die Recherchenzeit fast schon vorbei. Außerdem käme dann diese Gegend nicht mehr in Frage, da eine Absage an Agha einem Rufmord an ihm gleich käme. Maimoussa, der als der sprachkundige "Vermittler" zwischen dem Tuareg und den Weißen fungiert, meint auch, daß Agha ungeeignet sei. Und Maimoussa ahnt schon, was ihm wohl später bevorstehen wird. Aber auch er kann keinen anderen Tuareg vorschlagen - zu spät eben. Er stellt sich hinter die Entscheidung des Regisseurs und schweigt geduldig.

Es kommt hinzu, daß wir uns anhand der Fachliteratur über das Leben und die Kultur der Tamashek (Tuareg) vieles erwartet haben, das sich dann als falsch herausgestellt hat. Wegen solcher Fehlinformationen gehen gleich anderthalb Wochen verloren: auf der Suche nach den "unabhängigen" Tuareg-Frauen fahren wir unter den katastrophalen Fahrbedingungen der Regenzeit einen Umweg von drei Tagen in eine ferne Region. Im Dorf der erwarteten unabhängigen Frauen steht das "Forschungsteam" vor der Sackgasse: das Interview mit dem Dorflehrer erweist, daß es uns noch nicht einmal erlaubt ist, mit einer der Frauen zu sprechen - vom Filmen ganz zu schweigen! Die traditionelle Tuaregkultur (wie sie uns in den ethnographischen Büchern begegnete) wird als primitiv dargestellt, als alte "heidnische" Vergangenheit abgetan. Der Islam hat hier seinen Stempel hinterlassen. Diese verdammten Ethnologen waren wohl Dichter? Enttäuscht ziehen wir wieder ab, ohne die Chance gehabt zu haben, auch nur eine einzige Frau gesprochen zu haben. Dies wird sich später, während der Dreharbeiten, ein wenig ändern, aber jetzt stehen wir stumm da, wissen nicht mehr, was wir eigentlich tun und denken sollen. Wir meckern im Jeep während einer abenteuerlichen Schlammfahrt zurück nach Bamako gegen die moslemische Religion und die Männer überhaupt: doch nicht zu stark, denn man ist ja tolerant. Liegt uns eigentlich die Situation der Frauen wirklich so am Herzen? Oder ist es eher die fixe Idee, die wir haben, die Unabhängigkeit der Tuareg-Frauen in einem Film unbedingt zeigen zu wollen? Hinzu kommt ja, daß es, je nach Kultur, sehr unterschiedliche Definitionen von Unabhängigkeit geben kann. Wir hatten wohl doch erwartet, im Sahel europäische Emanzipationsmodelle anzutreffen.

In der Hauptstadt, kurz vor unserer Abreise, werden uns verschiedene Leute von den Tuaregfrauen und ihrem Anderssein erzählen, uns von ihrer relativen Freiheit überzeugen wollen. Aber merkwürdigerweise sind es doch immer nur Männer, die davon sprechen, und irgendwie kommen wir nie direkt und allein mit einer Frau zusammen. Und wenn doch, dann bleibt sie schweigend im Hintergrund.

Auf dem Heimflug, über den Wolken, sind Regisseur und Koautorin durcheinander und verwirrt. Und glauben dennoch, in Mali mit den Tuareg einen "optimistischen" Film drehen zu können.

In Europa wird hektisch Material gesammelt und ausgewertet. Die Zeit ist kurz bis zum geplanten, von den Jahreszeiten abhängigen Drehbeginn. Aus Recherchen, Angelesenem und anderen Anleihen wird ein Treatment und Szenario zusammengezimmert. Wohl um dieses schale Gefühl des Mangels an verfilmbaren konkreten Plänen und Fakten loszuwerden. Mehr noch als an Wissen fehlt es jetzt am Kennenlernen. Kennenlernen der Kultur, der Sitten und Menschen. Auch dafür hätte es Zeit gebraucht. Der Produktionsleiter der Fernsehanstalt hatte sowas beim Finanzierungsgespräch als belanglos angesehen. Oberflächliches reicht doch massig aus. Ein paar beliebige Bilder zum Beleg für einen Kommentar, der von einem der Kultur fremden Menschen zusammengeschrieben wird, sind eben die Regel. Warum sollen die Menschen vor der Kamera auch noch mit den eigenen Ansichten zu Worte kommen? Reicht es nicht aus, wenn sie brav auf ein paar suggestive Fragen antworten?

Während der Recherche wurde mit Agha, dem "Hauptdarsteller", nach langem Verhandeln um seinen Lohn vereinbart, daß er zur Zeit der Dreharbeiten Anfang Oktober in Bamako sein soll. Agha hatte mit seiner Abwesenheit gedroht - er hätte eigentlich keine Lust, in die Stadt zu gehen. Der Tuareg ließ sich nur durch Maimoussas langes Zureden und saftige Geschenke aus Banguel weglocken. - Aber wird er auch wirklich da sein, wenn wir mit der Kamera kommen?

Klappliegen, Wassertanks, Treibstoffbehälter, Planen und zusätzliche Zelte, Filterpumpen und Espressomaschine, große Metallcontainer voll Essen - endlos ist die Liste der Ausrüstung für den Wüsten-Alltag gemäß den Bedürfnissen eines Europäers. Später werden wir beschämt neben den bescheidenen Nomadenzelten parken, die Kargheit und durchdachte Lebensführung der Tuaregfrauen bewundern. Jetzt, Anfang Oktober in Bamako, sind wir hektisch am Organisieren: Autos, Gerät und Vorräte. Weiße und schwarze Freunde helfen großzügig.

Agha ist wirklich da! Die Dreharbeiten können beginnen. Widerwillen, Hemmungen und sanfter Druck: es wird rasch zu einem leisen und versteckten Kampf zwischen ihm und dem Filmteam kommen, denn Agha entdeckt jetzt, daß er die Kamera nicht mag. Mohammed, der Prophet, hat gegen das Bild gesprochen, und diese Weißen sind ja "Kafir" (Ungläubige). Aber aufhören mag der Tuareg auch nicht. Vor zwei Jahren haben wir ihm als Lohn ein Kamel versprochen. Agha braucht uns.

Ein Teil des Teams, die Afrikaner Yasmine und Maimoussa, finden es sowieso verkehrt, daß wir ihm so ein teueres "Prestigesymbol" versprochen haben. Wie soll man denn einander kennenlernen, wenn man zuvor nicht miteinander verhandelt hat? sagen die Leute in Afrika. Ein Kamel scheint ihnen zuviel - wir würden mit diesem "Gehalt" für die anstrengende, ungewohnte und mehrwöchige Filmarbeit nur sein Verhältnis zu uns verderben. Er sähe uns nun als "Reiche" und seine Forderungen würden kein Ende mehr finden. Das tägliche Drehen wird mühsam und lustlos, der unterschwellige Machtkampf des Filmteams mit seinem Hauptdarsteller kostet eine Menge Geduld und Nerven - beiderseits.

Dauerndes Verhandeln und Überzeugen, damit Agha wie abgemacht zur Verfügung steht und mitspielt. Er scheint doch wirklich vor der Filmkamera Angst zu haben - dagegen hatte er unseren Fotoapparat noch vor zwei Monaten furchtlos gegen uns zu richten gewagt. Die schwarze Arriflex dagegen klebt jetzt bei jedem Schritt und Tritt an ihm, und der Tuareg betet hinter seinem Schleier gegen dieses teuflische Ding an.

Zu unserer Enttäuschung und Frustration gesellt sich wohl auch unser Unverständnis, unsere intolerante Haltung einem Menschen gegenüber, der nicht freudig an unserem Film mitmacht, unsere Filmlust nicht teilt. Wo wir doch gerade für die Tuareg etwas Gutes damit bezwecken. Mit einem "optimistischen Film" wollen wir das im Ausland verbreitete miserable oder auch heroisierende Image ein wenig korrigieren. Aber außer den intellektuellen Tuareg in Bamako schert sich keiner um das Bild, das sich die Weißen von den Tuareg machen - Agha am allerwenigsten.

Wir verlassen endlich die Hauptstadt mit Agha in Richtung Norden, den ewig langen Weg am großen Fluß Niger entlang zu seiner Heimat am Rande der Wüste. Unterwegs, in den Städten und Marktflecken, trifft der Tuareg seine "Brüder" - Männer, aus gleicher Gegend und gleichem Lager, die der Hunger der Dürrekatastrophe vor wenigen Jahren in das Exil der Städte getrieben hat. Wenn sie dabei sind, scheint Agha etwas gelassener, zeigt wegen seiner besonderen Stellung, des Interesses der fremden Filmergruppe an ihm, einen gewissen Stolz. Er will jetzt Mittelpunkt bleiben, hat sich an die Kamera gewöhnt. Aber er trotzt immer noch - der arme Maimoussa bekommt schon Magenschmerzen, wenn er mehrmals täglich im Auftrag des Regisseurs und seines Kameramannes dem Tuareg gut zureden muß.

Schon kurz nach Bamako läßt uns ein Wagen im Stich: wir müssen zurückfahren, brauchen Ersatz für den klapprigen Landrover, der bereits jetzt, auf der Asphaltstraße alle Anstrengungen macht, seinen Geist aufzugeben. Ein Teil des Teams fährt weiter zum nächsten Drehort. Man hat sich in zwei Tagen verabredet. Die einen jagen hektisch und verzweifelt Automechanikern und Leihwagenhändlern hinterher, die anderen rennen übermüdet und schweißtriefend in der sengenden Sonne auf einer schönen, ruhig im Flußdelta gelegenen kleinen Insel herum und versuchen in Windeseile Peul-Hirten und Bozo-Fischer kennenzulernen und abzufilmen. Man kann einfach nichts dagegen tun. Dieser ewig treibende Zeitdruck verleiht einem ein ziemlich starkes Gefühl von Intensität! Alles im Schnellgang: die Höflichkeit gegenüber den Gastgebern, den Menschen, von denen wir was wollen, wird auf das Minimum reduziert; das Teeritual der Tuareg - bei jedem Treffen in Ruhe drei Aufgüsse von Tee miteinander zu trinken - verbraucht für unser Gefühl allzu viel Zeit. Also heben wir das kleine Glas mit dem grünen Tee nur ein- bis zweimal und hoffen damit, den geduldigen Agha zufriedengestellt zu haben. Er aber denkt sich wohl seinen Teil über unsere Sitten. Den Einheimischen hier wird kaum Zeit gelassen, das Team, die Technik, den westlichen Reichtum zu verdauen, der sich in unserem Alltag manifestiert. Die seltsamen Fragen einer anderen Kultur wollen doch verstanden sein! Die Weißen sind da mit all ihren Klischees und produzieren bei den Leuten Erinnerungen an vergangene Kolonialzeiten.

Das Szenario aus München und Paris, unser Treatment für die Dreharbeiten, ist sein Papier nicht mehr wert. Natürlich wollten wir es niemals wirklich so verfilmen, aber als kreative Stütze und Leitfaden war es schon gedacht gewesen. Peter, der Regisseur, ist deprimiert. Nur zu wenigen von uns hat er so viel Vertrauen, um einzugestehen, daß sein eigentlicher Anspruch wohl kaum noch einzulösen sein wird. Jeder im Team hält sich mit der Kritik zurück, will die Lage nicht komplizieren; für Diskussionen bleibt sowieso kaum ein Abend frei, und die Verantwortung liegt am Ende doch beim Regisseur.

Die Zeit rennt, und ein paar Tage mehr als geplant sind schon verloren, bis sich das ganze Team von neun Leuten wiederfindet. Dauernder Ärger mit Autos und eine dicke Portion Pech bei der Organisation rauben einem den Spaß an der Filmerei. Trotz Afrikaerfahrungen, an Improvisation gewöhnt, jagt eine Panne die andere. Und ständig fehlt es vorn und hinten an Geld. Zum Glück sind die Beziehungen im Team sehr gut. Humor und Sympathie helfen einem über manches Generve hinweg. Vor allem Maimoussa opfert sich in jeder nur erdenklichen Weise - er fährt einen der beiden Wagen, er kauft ein, er verhandelt, er repariert, er übersetzt in verschiedene Sprachen. Und fast nebenher ist er auch noch Kameraassistent, reibt sich als Vermittler im ständigen Machtkampf mit unserem Hauptdarsteller auf. Dabei bleibt er immer ruhig und freundlich. Auch Yasmine ist voller Energie und rennt und macht und kämpft jedesmal, wenn der Wagen irgendwo anhält. Ihr Sinn für Humor bringt oft das ganze Team lachend über verzwickte Situationen hinweg. Bis spät in die Nacht schreibt sie, trotz aller Erschöpfung, minuziös das Skript und die Drehberichte.

Und Albert, der eigentlich als Agent der Regierung auf uns aufpassen soll, entpuppt sich als guter Freund, der alles möglich machen will und zudem ein perfekter Tontechniker ist; er steht voll hinter unserer Sache und ist Peter eine unschätzbare Hilfe geworden, da der knappe Finanzierungsrahmen vorgesehen hatte, daß der Regisseur den Ton zum Film nebenher selber machen sollte. Albert schuftet mit vollem Einsatz und will noch nicht einmal aufhören, wenn ihn wieder einmal schlimme Bauchkrämpfe plagen. Er wird uns Europäern viel beibringen und manches Problem lösen helfen. Otmar, der Kameramann, schafft es trotz unglaublicher Belastung mit Technik und Anstrengungen im täglichen Überlebenskampf, sich nicht demoralisieren zu lassen, wenn er wieder einmal einen mißmutig dreinschauenden Hauptdarsteller vor der Kamera hat, der immer ihrem Blick entwischen will und dem er manchmal regelrecht nachstellen muß. Er will nicht nur einfach Bilder abdrehen, er konzipiert selbst Szenen und strickt zusammen mit Peter an dem sich täglich verändernden Erzählfaden. Mitten in irgendeiner Wüste sitzt er bis spät in die Nacht umringt von Materialkisten und Moskitoschwärmen und putzt sorgfältig jedes Sandkorn aus dem Filmgerät: die Taschenlampe zwischen den Zähnen, im matten Strahl des Neonlichts, kämpft Otmar für saubere Bilder. Und Peter, der als Regisseur und Produzent eine doppelte Verantwortung trägt, vermag sogar noch - wenn alle anderen es wieder einmal vergessen haben - auch daran zu denken, daß im letzten Ort, der einen Markt hat, Brotfladen, Hammelfleisch, Zwiebeln und lebende Hühner eingekauft werden sollten.

In den schmalen Lehmgassen der alten Stadt Djenne ist der Teufel los. Eine kleine Schar von Koranschülern zappelt mit Schiefertafeln bewaffnet auf die Kamera zu. Sie wird zweimal zurückgeschickt. Eine Ziegenherde will den Kindern einfach nicht so begegnen, wie es die Anweisung der Regie verlangt hatte. Der Kameramann mosert deshalb herum. Der Regisseur versucht den Alltag nachzustellen, den seine Kamera eben aus dem Straßenleben vertrieben hat. Das Team wird von Neugierigen umringt. Für die Leute sind wir ein Stück Straßentheater, die Szene und das Filmteam eine Bühne, da wollen sie hingucken. Wir machen doch aber einen Dokumentarfilm? Wir möchten die ungebremste Wirklichkeit auf belichtetem Film heim ins Labor bringen. Dabei verändern wir durch unsere Anwesenheit gerade das Bild, das wir hier gesehen hatten. Und der Ton stimmt so natürlich auch nicht mehr. Kameramann und Regisseur sind am Ende ihrer Behutsamkeit angelangt. Die Leute müssen weg! Wir sperren die Gasse gegen die Neugierigen ab, und schon ist die Sensation verschärft, die Menge wächst. Von "Beobachtungen" und "Impressionen" kann keine Rede mehr sein. Ein Spielfilm mit Laiendarstellern und verarmtem Produktionsaufwand bahnt sich an ...

Wenn die Kamera dennoch versucht, dem bunten Treiben auf dem Markt vor der großen Moschee zuzuschauen, wird sie schnell entdeckt: die einen gehen in Pose, starren Kolonialpostkarten gleich, stellen sich "schön"; die anderen protestieren und verlangen Geld für die mißverstandene Rolle im Film. Es gibt eine "Fluchtdistanz" vor der bilderjagenden Kamera: bei zehn Metern nehmen sie Witterung auf, kommst du ihnen näher, dann drängen sich die einen aufgereiht ins Bild, während die anderen, aggressiv mit dem Finger drohend, auf dich zustürmen. Die Kamera ist wie eine Waffe, sie raubt den Bildern das Leben. Also verschanzt sich Otmar oben hinter den Lehmsäulen der Moschee, versucht mit verstecktem Auge seine Hatz auf die Menschen fortzusetzen. Doch bald sind wir entdeckt, und unser Teleobjektiv wird zur stumpfen Waffe. Ob es wohl daran liegt, daß der Kameraoperateur ein Weißer ist? Albert, der malische Tonmann lacht: "Nein, gar nicht! Wenn ich mit einem rein afrikanischen Team komme, ist das Theater eher noch schlimmer."

Es geht immer weiter nach Norden. Hunderte von Kilometern auf Pisten und Straßen liegen hinter uns, und die Kamera hat auch schon Kilometer belichteten Filmmaterials gefressen. In den fantastisch anmutenden Felslandschaften von Hombori, bei Sonnenaufgang am kleinen Feuer zwischen den Zelten, am Fuße eines bizarren Steinmassivs, das den Namen "Hand der Fatima" trägt, zeigt Agha zum erstenmal einen Hauch von Zufriedenheit. Ihm, dem strengen Moslem, gefällt es hier gut. Er fühlt sich irgendwie geborgen. In unserer schwarz-weißen Nomadengruppe wirkt er nicht mehr so verlassen und einsam, wie zuvor in den Städten, wo verschiedenene Unterkünfte die Gruppe zerteilten. Vielleicht lernen wir uns jetzt ein wenig besser kennen?

Abends, beim Lageraufbau: Agha braucht nur wenige Minuten, bis er seinen Schlafplatz gerichtet hat. Während er sorgfältig, mit ruhigen, gelassenen Gesten für uns den Tee zubereitet, findet er viel Zeit, um die langwierigen und komplizierten Lager-Rituale des Teams zu beobachten. Morgens betet er schon bei Sonnenaufgang, während die anderen noch schlafen oder sich gerade aus den Schlafsäcken rollen. Der Tuareg betrachtet die Welt und wartet auf den Tag. Agha macht sich seine Gedanken über uns.

Aber sträuben bei den Dreharbeiten muß er sich immer noch. Der Hauptdarsteller spielt einfach nicht richtig mit und tut nur das Nötigste - wenn möglich noch weniger als das, worum man ihn gerade gebeten hat. Wir begegnen manch anderem Tuareg, mit dem es eine Freude gewesen wäre, diesen Film zu drehen. Bei einem Interview mit seinen "Brüdern" sabotiert er regelrecht die Dreharbeit, die Autorität seines höheren Alters gegenüber den anderen Tuareg ausnutzend. Wir fluchen immer wieder über die Wahl des Regisseurs. Der aber will nichtsdestotrotz seinen "optimistischen Film" machen. Wir wollen uns dem Streß und Zufall stellen, suchen hektisch und improvisieren nervös. Das gelassene Inschallah der Moslem läßt sich leicht sagen, es hilft leider nur wenig, wenn man dauernd auf Hochtouren läuft.

Und dennoch ist es schön - die physische Belastbarkeit, die Geduld und der Humor eines jeden im Team sind bis zur Schmerzgrenze ausgereizt - aber alle halten irgendwie durch. Zeitraubende und komplizierte Nahrungssuche, so viele Dinge haben mit dem Film direkt nichts zu tun, Probleme aller Art werden mutig und meckernd angenommen und gelöst. Nachts werden die nervenden Moskitoschwärme mit allen möglichen Waffen bekämpft, Skorpione stechen mich, bis ich Weinkrämpfe kriege, andere wieder bekommen Brechdurchfall und Magenkrämpfe. Alle leiden irgendwie an irgendwas; der Filmemacher selbst ist gesund, aber psychisch lädiert und niedergeschlagen. Er treibt dennoch mit neurotischer Energie das Team in den Feldzug nach Bildern.

Wir hatten auch Glück: Begegnungen mit Menschen, die wie vom Himmel gezaubert in verdammt unangenehmen Situationen auftauchen und helfen. Autopannen und andere nicht vorgesehene Kosten reißen tiefe Löcher in Peters Brieftasche. Die Lage wird zunehmend ungemütlich. Ein weißes Filmteam hat hier reich zu sein: alles ist für uns teuerer, ein jeder will an uns verdienen. Einmal, als wir schließlich in ernsten Geldsorgen gerade Diesel zapfen, hält ein deutscher Entwicklungshelfer an. Am gleichen Abend drückt er uns Fremden DM 2.000,- in die offene Hand. Kaum zwei Wochen später in der Wüstenstadt Gao reicht es nicht einmal mehr für die Rückkehr des Filmteams zurück in die Hauptstadt. Doch ein schweizer Experte bietet sich an und holt einfach aus seinem Hotelzimmer ein dickes Bündel schmuddeliger Banknoten. Der Unbekannte drückt Peter ohne jede Garantie vertrauensvoll den Gegenwert von DM 1.700,- in die Hand und bringt das Team zum Strahlen. Die Afrikaner wundern sich - keiner von ihnen hatte jemals von solcher Hilfsbereitschaft unter den Europäern gehört, und sie können es einfach nicht fassen, daß dieser Mann kein alter Freund von uns ist. Wir verschweigen es ihnen nicht - am meisten überrascht sind wir selbst über diese Großtat. Aber vor allem haben uns die verdammten Geländeautos nie allzulange im Stich gelassen. Ein Wunder, wenn man den Zustand des einen Wagens zu Beginn der Reise bedenkt und dann die Pisten ...

In Gossi ist Kamelmarkt. Unser Agha lächelt endlich - auf einmal scheint es ihm zu gefallen, er zeigt uns Bildmotive, erzählt von seinen Eindrücken - er spielt mit. Je näher er seinen Heimatzelten kommt, desto lockerer wird er und akzeptiert nun sogar die Kamera. Zuhause in Banguel angekommen, macht unser Hauptdarsteller nochmals eine erstaunliche Verwandlung durch. Agha hat auf einmal seine Angst verloren und entwickelt sogar die von uns so lang ersehnte Eigeninitiative. Und schon benimmt er sich fast wie ein Regieassistent: Agha schlägt vor, macht möglich und organisiert andere zu unserer Verfügung vor der Kamera. Wir atmen auf, aber jetzt ist es schon fast zu spät. Wäre das nicht vor vier Wochen denkbar gewesen?

"Wenn ich wieder zu Hause bin, atme ich tief aus. Der Staub der Stadt ist weggewaschen und die Müdigkeit der Reise wird aus mir fließen!" - Wir begreifen langsam, daß er sich in der Fremde, umgeben von noch Fremderen und Ungläubigen dazu, einsam und sehr unsicher gefühlt hatte. Hinzu kam die Attacke unserer unverständlichen Technik. Hier in Banguel ist er daheim und seine Angst verflogen. Geblieben aber ist seine Gier nach Geschenken und Geld, seine Wunschlisten sind gnadenlos; Agha ist schon ein besonderer Fall. Ich verstehe jetzt, daß sein Verhalten nicht typisch für diese gastfreundliche Kultur ist. Die Leute in seinem Zeltlager sind bescheiden, einfach anders als unser Hauptdarsteller.

Der junge Chef dieser Tuareg-Gruppe sitzt würdig auf seinem Kamel und lächelt auf uns freundlich herab. Ata, der stolz dreinblickende Häuptling, könnte einem der lackierten Bildbände über die Wüstensöhne vom weihnachtlichen Büchermarkt entsprungen sein. Peter überreicht dem Reiter eine golden glitzernde Armbanduhr mit Mondphasen als Gastgeschenk. Er kennt den Hunger der eitlen Männer nach Schmuck. Und Ata freut sich sehr, lächelt hinter dem Schleier und zeigt stolz das Geschenk seinen Vasallen in der Runde. Aber dann verblüfft er uns mit der Frage nach der Garantieurkunde für die neue Uhr. Verlegen sucht der Regisseur nach Ausreden. Natürlich hatte er das Papier in München fortgeworfen. Wer erwartet schon einen japanischen Kundendienst hinter den Dünen der Sahara? Die Tuareg sind eben auch nur "normale Leute".

Agha, der "unsere", will nicht damit aufhören, immer mehr aus den Taschen der Weißen herauszuholen. Bei seiner Familie, umgeben von Brüdern, wird Agha diskreter. Von seinem neuen und bescheidenen Reichtum soll keiner etwas erfahren. Denn sein Mißtrauen der eigenen Großfamilie gegenüber - er müßte ansonsten mit ihnen teilen - schafft eine Art von merkwürdigem "Vertrauen" zwischen ihm und dem Team. Endlich begreifen wir auch, welch schwere Belastung es für ihn ist, für seine schier zahllose Verwandtschaft aufkommen zu müssen. Wer etwas besitzt, muß auch geben! Agha hat uns in den vergangen Wochen in Krisen und schwachen Momenten erlebt, er hat geduldig an den Pannen und Folgen mitgelitten. Unsere Sorgen, unsere Ratlosigkeit und Erschöpfung zerstörten den Mythos seiner Ohnmacht und unserer Allmacht. Etwas wie Solidarität kommt in ihm auf.

Die Zeit wird immer knapper, und wir müssen unser dichtes Arbeitsprogramm weiter durchboxen. An gemütliche Siestas unter den Nomadenzelten, an die wunderbare Stimmung von Stillstand und Teeritual im Schatten der ockerfarbenen Lederplanen, an ruhige Gespräche und schläfrige Erzählungen, wie sie hier zum Tageslauf gehören, ist nicht zu denken. An gemeinsame Mahlzeiten aus einer Schüssel auf dem großen Teppich im Sand auch nicht. Bei den Recherchen im August hatten wir das alles noch genossen, aber jetzt passen die Rhythmen der Leute vor und hinter der Kamera nicht mehr zusammen. Wir haben nicht die Zeit, uns anzupassen. Natürlich möchten wir uns gerne adaptieren, zusehen und zuhören, die Dinge auf uns zukommen lassen, doch beugen wir uns den Sachzwängen und zwingen den Gastgebern unseren Rhythmus auf. Wir können nicht abwarten, bis die Frauen Wasser aus dem Fluß holen und eine Szene sich spontan ergibt. Wir haben das Diktat des Drehplans, Mangel an Rohfilm, Geldsorgen dazu das Leistungsdenken in den Knochen! Frustration ist an der Tagesordnung. Im Sand, zwischen den Zelten des Teams und jenen der Tuareg, steht eine unsichtbare Mauer, aus Mißtrauen gebaut. Die Leute begreifen unser Tun nicht. Sie stehen staunend da und wundern sich über die Dummheit, mit der das Filmteam bei gleißender Sonne und flirrend heißer Luft vom frühen Morgen bis in die Abendstunden arbeitet, vierzehn Stunden am Tag. Wie könnte ich ihnen erklären, daß wir dennoch täglich nur drei Minuten fertig geschnittenen Films produzieren? Sie beobachten uns und haben gemerkt, wann die Kamera läuft. Sie agieren mit ihr und für uns.

Die Leute zeigen uns ihr Leben, einerseits aus Mitleid für uns Erschöpfte, andererseits um ihrem Bruder Agha zu helfen. Aber warum bloß sollen sie alltägliche Handgriffe für die Kamera zigmal wiederholen? Für das bloße Auge ist das Wasserschöpfen eine normale und organische Bewegung. Im Film wird sie für den Zuschauer in Bestandteile zerlegt: der Fluß, die Frau, die Hand, die Kalebasse und der Wasserstrahl. Die Kamera streckt und verdichtet Raum und Zeit, interpretiert aus neuen Blickwinkeln und verbindet Bewegungen zu einer Kette von Bildern auf das Nachvollziehbare und Verständliche hin. Was beim bloßen Hinsehen so simpel aussieht - in der filmischen Realisation ist die Bildsequenz ein komplizierter und aufwendiger Vorgang. Doch wie vermag ich der Wasserträgerin diese Montage zu erklären? Sie hat noch nie Film und Fernsehen erlebt, staunt fassungslos, wenn Otmar sie bittet, den gleichen Handgriff noch mal und noch mal zu tun, obwohl sie doch für ihren Bedarf schon genug Wasser geschöpft hat. Und jetzt verlangt der Regisseur, daß sie das Wasser nochmals ausgießt und von vorne beginnt! Soll ich der Tuaregfrau vielleicht sagen, daß uns sonst in München am Schneidetisch ein "Anschlußfehler" plagen wird? Die Frau denkt für sich praktisch - die bei der Filmherstellung notwendige Abstraktion wird ihr fremd bleiben. Sie wird geduldig bleiben, kopfschüttelnd mitmachen. Aus den Bildern aber wird man später ihre Lustlosigkeit herauslesen können. Das Problem wird nur vertagt. Am Schneidetisch werden wir versuchen, solche Ungereimtheiten und Mißstimmungen zu glätten. Oder sollten wir das Filmkonzept einer Reiseerzählung doch verlassen, lieber im Film von den Schwierigkeiten, einen Film zu machen, erzählen?

Die scheinbare Besserung unserer Beziehung zu Agha erleidet schließlich einen radikalen Tiefschlag: als Abschiedsgeste, nach schönen Reden über ein baldiges Wiedersehen, verschwindet er mit unserem kleinen Holzkohlegrill. Das Team, allen voran die Afrikaner, ist sauer. Wie sollen wir denn jetzt unser Essen kochen, wie den Tee zubereiten? Agha besaß doch selbst ein Stövchen von der gleichen Art!

Bisher hatten wir uns auf den sogenannten "Agha-Film" konzentriert: der zweite, der "Frauen-Film", mit dem schönen Arbeitstitel *Die Herrin der Zelte* versehen, mußt jetzt angegangen werden. Uns fehlen aber noch Einstellungen zum ersten Film, das Filmmaterial und die Zeit fließen viel zu schnell dahin, sind jetzt schon viel zu knapp, und unabhängige Tuareg-Frauen haben wir noch keine getroffen. Hier in Banguel haben wir Frauen und Mütter gefilmt. Aber wir sind nicht zufrieden. Sie sind uns zu islamisiert. Wir suchen immer noch jene sagenumwobenen Tuareg-Frauen, die letzten der Unabhängigen, die Frauen, die ihren Wüstenritter locker aus dem Zelt werfen können.

Die Reise geht weiter. Ein gutes Drittel der Zeit verbringen wir im Auto. Voller Enttäuschung wird aus Zeitmangel nach langen Diskussionen Timbuktu als attraktiver Drehort aufgegeben, und dabei hatten wir gerade dort während der Recherchen nette, hilfsbereite und interessante Menschen kennengelernt. Wir hatten versprochen, mit der Kamera zurückzukehren. Gestrichen. Wir sind bereits einige

Tage zu spät dran. Eine Verabredung in der Stadt Kidal ist gefährdet. Telefon gibt es dort nicht und wir schaffen es nicht, unseren wartenden Tuaregberater und -helfer Ahmed irgendwie zu benachrichtigen. Wir würden unseren Mali-Aufenthalt gerne verlängern, können aber die Fluggesellschaft in Bamako nicht verständigen, und außerdem haben einige aus dem Team schon anderweitige Arbeitstermine und Verpflichtungen. Die Haare sträuben sich mir manchmal bei dem Gedanken daran, daß es bis zur Rückfahrt in den Süden nur wenige Tage sind und daß in dieser unmöglichen kurzen Zeit noch ein ganzer Film gedreht werden muß. Unsere Jeeps rasen rüttelnd durch die Wüstenlandschaft, die Sandwirbel hinterher. Wir wollen noch die letzte Flußfähre erwischen, damit keine Nacht verloren geht. Tempo, Effizienz des Teams - nicht nur der Weißen, auch der Stadtafrikaner - gegen die Kultur der Menschen vor der Kamera. Wir zerstören gerade das Besondere, das, was wir eigentlich zeigen wollen und spüren lassen möchten. Die rasende Filmindustrie im Nomadenterrain.

"Nervös werden, genervt sein? Das wird bei uns nicht gut angesehen, ist ein Zeichen der schlechten Erziehung und gilt als unhöflich", meint Yasmine. Die afrikanischen Mitarbeiter des Filmteams haben eine schwierige Position und sitzen oft ganz schön zwischen den Stühlen. Wie oft haben sie sich wohl geschämt für unsere durch Streß oder Unwissen provozierte Unhöflichkeit und wären am liebsten im Boden versunken?

Ganze sechs Tage bleiben bis zum Abflug nach Europa. Ich könnte jetzt den Fernsehredakteur, der uns den zweiten Film eingebrockt hat, vor Wut in die Wüste schicken!

Bei Sonnenuntergang kommen wir endlich in Kidal an. Wir finden auch schnell einen Verwandten unseres Helfers Ahmed und hören mit schlechtem Gewissen, daß der Tuareg uns am verabredeten Ort vier Tage lang erwartet hatte, dann aber zu Fuß zum Lager seiner Familie irgendwo im Busch und etwa 50 Kilometer entfernt von hier losmarschiert war. Also scheint unsere Stütze aus Bamako in der Bergwüste verloren gegangen zu sein. Der ganze "Frauen-Film" war auf seine Hilfe angewiesen, da wir selber während der Recherchen gescheitert waren. Wir wissen, daß Ahmed hier nur einen kurzen Heimaturlaub mit Frau und Kindern verbringt, eigentlich gar keine Zeit für uns hat. Seit Jahren hatte er aus Geldnot seine Heimatzelte nicht mehr besuchen können. Dennoch hatte er geduldig auf uns gewartet. Ahmed hat viel von seiner kostbaren Zeit verloren.

Wir wollen sofort weiter, wollen nach Ahmeds und Anas Lager im Busch suchen. Die Hetze verwirrt den Kopf, und wir überlegen nicht, daß es doch wohl keine so gute Idee sein kann, in der Nacht nach einem Nomadenlager in der Wüste zu suchen, da niemand weiß, wo genau sich Ahmeds Leute im Moment eigentlich befinden. Mao, sein Cousin, muß sich wohl einiges gedacht haben, als er zwei vollgepackte Geländewagen ankommen sah und eine aufgeregte Truppe von Weißen und Schwarzen sich auf ihn stürzte. Wir fragen Mao nach Ahmeds Aufenthaltsort. Natürlich überreden wir ihn unter Druck und mit Geld, uns als Führer zu begleiten. Nach einer kurzen Diskussion kapituliert der Tuareg vor dem massiven Ansturm,und wir verabreden uns für die frühen Morgenstunden des kommenden Tages. Seine Argumente, daß er doch hier zu tun hätte, müssen uns in dieser Situation gleichgültig sein. Wir sind hier am Ende der Welt in einer Bergwüste, und ein jeder von uns denkt nur noch an die sechs verbleibenden Tage bis zum Abflug nach Europa. - Am nächsten Morgen ist Mao auch pünktlich da und hat gute Gelegenheit, sich die verspätete, endlos lange und aufwendige Packprozedur des Teams anzusehen. Immer wieder diese Diskrepanz zwischen den schnell zum Aufbruch bereiten Menschen und der schwerfälligen und umständlichen Art des Teams, das außer dem notwendigen Filmgerät und Material auch alle möglichen Gadgets und Komfort benötigt. Auch im Team selbst sind es die Weißen (zuzüglich Yasmine), die alles nur Erdenkliche brauchen. - Und dabei hatten wir uns doch so bescheiden und alternativ ausgestattet gewähnt, waren jeder der hochgerüsteten Sahara-Expeditionskolonnen auf den Pisten mit skeptischem Grinsen begegnet. Die Afrikaner aber sind immer startklar, und Maimoussa hat sogar noch Zeit übrig, um mit netter Ironie den Weißen beim Packen auszuhelfen.

Auf der Fahrt wird gemeckert und geschimpft, da wieder einmal während der Zeit, die vom Licht her für die Bilder am besten geeignet wäre, gefahren werden muß. Momente starker Frustration kommen immer wieder auf, wenn ich mit Begeisterung eine schöne Szene entlang der Piste entdecke, die anderen mir aber schonend beibringen, daß einmal mehr die Zeit zum Halten fehle. Wir müssen weiter, sich Zeit zu nehmen ist ein Kulturproblem, meint Maimoussa gutmütig und tolerant. Er, der in Europa gelebt hat, kann es gut beurteilen, ist er doch wie manch anderer Afrikaner vom Streßvirus schon tüchtig angesteckt. Der Rest des Teams scheint mit diesen armen Europäern Mitleid zu empfinden, oder sie denken sich im Stillen, wir seien verrückt.

An einem Brunnen treffen wir zufällig den gesuchten Ahmed. Er wollte gerade seine Rückreise antreten, als wir mit wehenden Staubfahnen an die Kameltränke herandonnern. Ahmed und seine Frau Ana kehren mit uns zu ihrem Lager zurück. Die beiden freuen sich sogar auf die Gelegenheit, noch etwas länger bei ihrer Familie bleiben zu können. Sie werden mit uns nach Bamako zurückfahren. Vier Tage verbleiben uns jetzt für die Dreharbeiten im Lager dieser noch sehr traditionell lebenden Nomaden, und wir haben noch keinen Meter Film gedreht.

Wie ein Schwarm Heuschrecken fällt das Team in das Lager ein. In der Hektik vergessen wir sogar die Höflichkeitsbesuche in den Zelten. Die Sonne senkt sich gerade gegen den Horizont, also muß sofort gedreht werden: Frauen bauen ein Zelt auf im besten Licht - wir wollen es nicht noch einmal verpassen. Ahmed, der als Mittelsmann und Übersetzer für uns tätig ist, zwingt seine Frau, die sich sanft sträubt, zur Eile. Ana soll bei den Nachbarn Zeltstangen holen, aber sie kann nicht verstehen, denn so etwas kann doch nicht schnell gemacht werden. Die Menschen brauchen ja für eine Gefälligkeit Zeit zur Einstimmung. Ahmed wird nervös. Das Team ist ungeduldig. Alles dauert uns viel zu lange.

Ich fühle mich unwohl - so mit den Leuten umzugehen. Als schließlich beim letzten Restlicht am Abendhimmel die Frauen unser Gästezelt aufgebaut haben, ist die Szene im Kasten.

Zufrieden stellen wir jetzt unsere metallenen Filmkoffer unter das geräumige Dach aus Ziegenleder und mißbrauchen es als Gerätelager. Diese Nomadengruppe hat vor uns nur ein einziges Mal und nur für wenige Stunden Berührung mit Weißen gehabt. Vor einigen Jahren, zur Zeit der elenden Dürre, waren hier zwei Leute vom Roten Kreuz auf Durchfahrt gewesen.

In den kommenden Tagen wird es kaum besser werden, auch wenn wir verzweifelt versuchen, mit ein wenig Menschlichkeit und Freundlichkeit die Situation zu retten. Wir sind von unserem Verhalten bedrückt und geschockt. Aber Peter, der Regisseur, und Otmar, der Kameramann, agieren so unter Druck, daß sie unsere Vorwürfe einfach überhören müssen. Die beiden scheinen jeglichen Abstand dem eigenen Verhalten gegenüber verloren zu haben: es muß gedreht werden, ohne jede Rücksicht auf Verluste. Ohne jegliche Einstimmung und Vorbereitung müssen nun diese Menschen vor der Kamera sprechen und agieren. Als unser Mikrophon ungewollt Anas Mutter, einer Nomadin, die noch niemals ihren Fuß in eine Stadt mit Mauern gesetzt hatte, gegen den Kopf stößt, erklärt ihr die Tochter, daß dieses Mikro nichts Schlechtes tun kann. Sie scheint es gefaßt und mit Humor

zu nehmen. Alle lachen. Doch später, mitten in einem Interview, sagt eine Frau: gebt alle acht darauf, was ihr sagt, sonst wird euch der Schlauch (das Mikro) noch verschlucken!

Die Sonne kriecht aus den Steinmassiven und gießt schräge, rötliche Strahlen in die kalte Sandebene über die Nomadenzelte. Wach blicken uns Kamelstuten mit ihren Fohlen entgegen. Das Team will das morgendliche Melken der Kamele drehen. Kamelmilch ist den Familien hier das wichtigste Grundnahrungsmittel, und diese Milch ist rar. Ahmed hat uns gewarnt: die weiblichen Kamele reagieren nervös und empfindlich auf Fremdes. Wir sollten unbedingt darauf achten, den Tieren mit unserer Filmkamera nicht zu nahe zu kommen. Die Tuareg beginnen also mit dem Melken, aber der Kameramann will gute Bilder und rückt den Stuten immer näher auf den Leib. Schon sind sie scheu geworden, verweigern die Milch, ihre Fohlen fliehen. Die Leute ärgern sich über uns: kaum ein halber Liter Milch ist gemolken. Voll schlechten Gewissens versucht Peter die verbitterten Gastgeber mit Geld zu entschädigen, doch das Frühstück will uns an diesem Morgen nicht so recht schmecken. Aber später, am Schneidetisch in München wird sich herausstellen, daß die schönen Bilder trotz allem noch nicht klar genug sind, man hätte eigentlich noch näher herangehen müssen.

Als wir Anas Mutter kennenlernen, waren wir von dieser älteren selbstbewußten Frau sofort fasziniert: das ist sie, diese Frau erfüllt unsere Erwartungen für den Film! Aber schon nach zwei Tagen weigert sich diese "Herrin der Zelte", trotz gutem Zureden ihrer Tochter, weiter mitzumachen. Wir sind enttäuscht. Wir hatten gehofft, den Film auf sie einzurichten - endlich ein brauchbares Konzept, und jetzt sehen wir wieder arm aus. Zwei Tage bleiben uns noch bis zur Abfahrt.

Yasmine, die Produktionsleiterin, verdächtigt forsch die alte Nomadin, Geschenke aus uns herauspressen zu wollen. Maimoussa dagegen denkt, daß der Grund für die Verweigerung ganz einfach in unseren Forderungen, sich andauernd der Kamera zu stellen, zu suchen sei. Ich erfahre schließlich, daß Anas Mutter einfach von unserer rüden Art, dem Mangel an Respekt und Höflichkeit schockiert ist. Die alte Nomadin fragt mich, wieso ich heute Morgen nicht an ihr Zelt kam, um sie zu begrüßen? Schließlich wäre sie alt und wir Jungen hätten zu kommen.

Die Frauen im Lager mögen mein offenes, schulterlanges Haar. Seit Tagen will mir eine von ihnen Zöpfe flechten, so wie es sich hier gehört. Aber ich finde keine Zeit dafür. Erschöpft und übermüdet schlage ich immer wieder die Einladungen von Frauen zu ihren nächtlichen Festen aus. Dabei bin ich gespannt und neugierig darauf und möchte doch nicht die Arbeit des Teams verlassen. Ich schaffe es schließlich nur einmal, für kurze Zeit mitzugehen und halbherzig mitzusingen. Diese andauernden Kompromisse machen mich traurig.

Für mich sind diese Konflikte noch schlimmer, als es das Generve mit unserem Hauptdarsteller Agha war. Ich mag diese Leute hier einfach. Unsere Freunde aus Bamako, Ana und Ahmed, tun mir richtig leid. Als Vermittler zwischen dem Filmteam und der eigenen Familie sind sie hin- und hergerissen. Ich bin gereizt, kann gut mitfühlen, da auch ich, der Sprache wegen, zwischen Ahmed und Ana einerseits und Peter wie Otmar auf der anderen Seite vermitteln muß. Ich erkläre Ahmed eine Szene, die wir gerne drehen möchten, und muß den gutmütigen und verständnisvollen Tuareg gleich auch wieder zur Eile zwingen. Ahmed geht, will die Leute holen und sie sofort zum Mitmachen überreden. Wenn es nicht gleich losgeht, wird das Filmteam schon ungeduldig. Sind aber schließlich die Leute zum Drehen bereit, braucht wiederum unsere Technik zu lange; jetzt aber sind die Menschen verärgert, daß sie aus ihrem Arbeitsalltag gerissen wurden und auf uns warten müssen. Ich bin innerlich zerrissen: zwischen meinen Gefühlen für diese Menschen und dem Einsatz für unseren Film; zwischen unserem unwürdigen Verhalten und der Sympathie, die ich für die Leute hier empfinde; zwischen dem Zeitdruck und der Lust, mit ihnen einen guten Film zu machen. - Einen schönen Film für uns, aber auch für sie. Das ist unser eigentliches Problem: wir erkennen alle Konflikte, können sie mit Sachzwängen erklären und schaffen es nicht, sie zu vermeiden. Alles scheint irgendwie verständlich und doch moralisch unverzeihlich.

Alle im Team machen aufopfernd mit und spüren dennoch diese Gewissensbisse. Keiner aus unserer Gruppe kann sich lösen, keiner will die Arbeit verraten. Besonders Maimoussa und Albert sind unter Druck. Stillschweigend lassen sie vieles durchgehen, helfen selbstlos mit. Trotz spürbarem Widerwillen setzen sie

sich durch und schlichten. Als ich sie, die doch in Afrika bleiben werden, für die schon in wenigen Tagen unser Film zur Vergangenheit gehören wird, nach ihren tieferen Motiven für diesen erschöpfenden Einsatz frage, reagieren die beiden etwas verblüfft: natürlich aus Freundschaft zu Peter, dem Regisseur ...

Ahmeds Onkel kommt nach langen Fußmärschen zu Besuch. Aber wir brauchen doch gerade jetzt Ahmed zum Weitermachen. Als Ahmed seinen Gast empfangen will, meint Peter unverfroren: "Wieso empfängt er ihn denn überhaupt? Normalerweise wäre Ahmed doch gar nicht hier, wäre längst in Bamako!" - "Aber Ahmed ist eben hier!" antwortet Maimoussa geduldig und verschweigt einfach dem Tuareg Peters unbedachtes Argument. Ahmed kann bei seinem Onkel bleiben.

Otmar ist immer mehr von den Kindern genervt. Überall und unaufgefordert sammeln sie sich vor der Kamera, starren hinein und stören damit die Arbeit des Kameramannes. Es ist schwer, den Menschen verständlich zu machen, daß ihre Neugier unsere Bilder versaut, wenn ihre Bengel dabei sind und dauernd weggescheucht werden müssen. Otmar ist wütend, und Yasmine hat eine Idee: "Mama Chewing Gum", nennt sie sich jetzt und lockt die Kleinen mit mitgebrachten Süßigkeiten in eine andere Lagerecke, wenn die Kamera nach Bildern sucht.

Auch Albert schüttelt schon wieder verzweifelt den Kopf mit den dicken Kopfhörern dran. Wir wollen intime Interviews hinter dem Zeltverschlag machen, doch überall hört man das fröhliche Lachen und Plaudern der Leute im Lager. "Du wirst am Schneidetisch weinen", meint er zu Peter besorgt und resignierend. Aber wie kann man ein ganzes Nomadenlager, das vom Kino nie gehört hat und von den Problemen der Filmarbeit erst recht nichts weiß, zum Schweigen bringen? Von den herumlaufenden und meckernden Ziegen gar nicht zu reden.

Die nötige Zurückhaltung und der Respekt, die wir eigentlich wahren möchten, sind unvereinbar mit der Attacke, die wir führen. Wir wollen die Menschen nicht bedrängen. Doch die Bedingungen sind nicht danach. In solchen Augenblicken beweist sich, daß der Zweck letztlich doch die Mittel heiligt, wenn es "unser Auftrag" verlangt.

Dokumentarische Filmarbeit ist weitgehend Improvisation. Vor allem hier in der Fremde, unserem Alltag so fern, begegnet uns ständig Unerwartetes und Unvorhersehbares. Das mag irritieren und kann fruchtbar sein. Jean Renoir, der große französische Regisseur, meinte einmal, daß es im Dokumentarfilm mehr Fantasie braucht als im Spielfilm. Aber Renoir hatte die miserablen Produktionsbedingungen vergessen, selbst niemals erfahren müssen. Wir sind auf die Filmarbeit und ihre logistischen, wie technischen Probleme so konzentriert, daß wir die Menschen, deretwegen wir gekommen sind, zeitweise ganz vergessen. Aber dieser Umgang schlägt auf den Film zurück ...

Aus der Ferne muß es ein verrückter Anblick sein: im grellen Sonnenlicht der Steinwüste verstreute Lederzelte und Kamelherden; mittendrin aber Zelte aus Plastik im Weltraumdesign und zwei vollgepackte Expeditionswagen. Das Lager des Teams mit seinem ganzen Konsumgepäck wirkt anachronistisch neben dem geduckten, kargen Nomadenlager. Unter anderem hatten wir ja vor, in unserem Film den zerstörerischen Einfluß unserer Zivilisation auf das Leben und die Identität der Tuaregnomaden zu zeigen. Mitgebracht haben wir aber Fetische unseres Lebensstils, gleich massenweise. Auch Plastikflaschen gehören dazu, weil wir, vor allem wir drei Europäer im Team, Brunnenwasser nicht vertragen. Die leeren Wasserbehälter werden dem Kamerablick natürlich sorgfältig entzogen und schnell den Kindern aus der Hand gerissen, wenn diese den versteckten Müll irgendwie doch hervorgeholt haben.

Mein letztes Bild vom Abschied aber bleibt wie festgefroren: wir entfernen uns langsam schaukelnd und rüttelnd vom Lager, eine Gruppe unserer Gastgeber grüßt im Rückspiegel noch hinterher, während sich andere schon wie von Sinnen auf unsere zurückgelassenen, sorgfältig verschnürten Müllsäcke stürzen. Aus zerrissenem PVC werden Schätze gehoben: Konservendosen, Plastiktüten und Kunststoffabfälle. Der Wind wirbelt unseren Konsumunrat gegen den steinigen Wüstenhorizont.

Peter von Gunten

Neue Fragen zu alten Antworten

Die Filme der unabhängigen Filmemacher haben in den frühen siebziger Jahren stark dazu beigetragen, Fernsehberichte und Auftragsfilme der Hilfswerke über die Dritte Welt kritisch zu hinterfragen und auf ihren Stil hin zu beurteilen.

Erkannt wurde damals auch, daß Fernsehdokumentation und Reportage, Auftragsfilm und der didaktische entwicklungspolitische Film wenig oder nichts mit einem *gestalteten Dokumentarfilm* gemeinsam hatten. Hilfswerke und Fernsehen wehrten sich gegen den gestalteten Film. Die Hilfswerke, weil diese Filme oft eine kritische Haltung gegenüber der damaligen Entwicklungshilfe präsentierten, die Fernsehanstalten, weil diese Filme mit einer persönlichen Haltung und einer gesellschaftlichen Aussage gegen den Pseudoanspruch auf sogenannte Objektivität - die meiner Ansicht nach beim Film ohnehin nie existiert - verstießen, und damit nicht fernsehkonform waren.

Bis zu einem gewissen Punkt beeinflußten unsere Filme und die Diskussion darüber spätere Sendungen, veränderten sich Inhalte, die Gestaltung und die Kameraführung.

Beim Publikum und bei aufgeschlossenen Redakteur(inn)en konnte ein Problembewußtsein geschaffen werden. Die Folge war ein zunehmendes Engagement für Filme, Projekte und Aktivitäten um den Problemkreis Dritte Welt.

Die Filmautor(inn)en versuchten gemeinsam ihre Filmsprache zu reflektieren und setzten sich für Filmvorführungen und Förderung für Autor(inn)en aus der Dritten Welt ein. Kritisch beurteilten wir die Art und Weise, wie wir Menschen aus der Dritten Welt benutzten, um über sie hinweg über ihre Probleme zu sprechen. Weil wir sie oft nur zur Illustration unserer "Erkenntnisse" brauchten, wurden wir indirekt zu Ausbeutern derjenigen, die wir vor Ausbeutung schützen wollten.

Fast ausnahmslos wurden Filme oder Gespräche in kolonialen Sprachen hergestellt und in unserer Muttersprache kommentiert. Dies führte zwangsläufig zu der Annahme, daß diese Menschen nicht in der Lage waren, ihre Probleme zu formulieren und keine Antworten auf unsere Fragen wußten. In jedem Fall waren wir die Wissenden und diejenigen, die über den Dingen stehen.

Der Zwang zum Kommentar kam vor allem von Fernsehredaktionen, die in ihrem didaktischen und intellektuell geprägten, letztlich aber ethnozentrisch begründeten Sendungsbewußtsein nicht in der Lage waren und oft bis heute nicht sind, dem Bild, dem unkommentierten Zeugnis und der Emotion eine Spur von Vertrauen entgegenzubringen, obschon sie eigentlich von Spiel- und Dokumentarfilmen Entsprechendes hätten lernen müssen. Heute sind wir bereits so weit, daß Chaplin-Stummfilme kommentiert werden, d.h. dem als Idiot eingestuften Zuschauer wird kommentierend erklärt, was er soeben auf dem Bildschirm sieht.

Filme in Originalsprachen waren meine filmische Antwort auf solche Mißstände in den Jahren 1976-1986. Durch die damit zwangsläufig erfolgte Auseinandersetzung mit der einheimischen Kultur wurde ich gezwungen, mein eigenes Kulturverständnis zu überdenken.

Die von uns in diesen vergangenen zehn, fünfzehn Jahren praktizierte Informationsarbeit über die Dritte Welt stieß auch auf Grenzen. Der Leser, Hörer, und in unserem Fall der Zuschauer, der erreichbare Zuschauer, war und ist durch die Fülle der Informationen und Probleme schnell überfordert, er spürt seine Ohnmacht. Er konnte/kann nicht auf die Probleme reagieren oder etwas zu ihrer Behebung unternehmen. Daraus resultiert oft Resignation, auch Abwehr, Verdrängung.

Deshalb suchte ich nach neuen Formen, die dieser Tendenz entgegenwirken konnten. Formen, die auch über die sinnliche Wahrnehmung wirken sollen, die ganzheitlich vermitteln und nicht vorwiegend über den Intellekt. Das setzt auch einen anderen Filmstil voraus, der stark von Bildern und der Darstellung von Lebenssituationen geprägt ist.

Erste Erfahrungen konnte ich bei den Dreharbeiten zu XUNAN - THE LADY sammeln. Die Art und Weise, wie unsere "Lady", eine Schweizerin in Mexiko, der Kultur der Lakandonen gegenübertrat, ihre Kultur gleichzeitig zu verstehen suchte und trotzdem auch einen Teil ihrer Zerstörung mitverursachte, stellte mich vor die Frage, wie ich mich selbst in einer "fremden" Kultur fühle und verhalte.

Ich sah die Antwort in einer möglichst totalen Öffnung, in einem Sich-Selbst-Aussetzen, im Sich-in-Frage-Stellen, im Überschreiten unserer Grenzen und Normen. Diese Erlebnisse lassen sich schwer weitervermitteln, sie können nur ansatzweise erklärt werden. Da durch diesen Prozeß meine eigene "Fremdheit" abgebaut wurde und "das Fremde" nicht oder kaum mehr existiert, wird man hier für nicht wenige Leute zu einer Art Bedrohung, zum Fremden für diejenigen, die nicht bereit sind, sich auf einen solchen Prozeß einzulassen.

VOZES DA ALMA war meine filmische Antwort auf diese Erfahrungen. Der Erfolg war relativ bescheiden. Nicht daß die Zuschauer, die bereit waren, den Film sich anzusehen, keine Bereitschaft zeigten, sich in den Film hineinzuleben - den Frauen gelang das besser als den Männern, diesen mußte man im allgemeinen wieder erklären, was sie gesehen hatten - die Zuschauer interessierten sich eben nicht sonderlich für eine direkte Kulturvermittlung, die eigentlich immer auch zu einem Kulturschock bei uns selbst führen muß. Allerdings war ein beachtlicher

Erfolg bei der Fernsehausstrahlung in der Schweiz zu vermerken, nachdem engagierte Redakteure/Redakteurinnen mit einem Einstiegsgespräch einige Hürden abbauen und damit Interesse wecken konnten.

Durch unsere Filmarbeiten selbst gefördert und gefordert, wurde von unserer Seite in den achtziger Jahren ein Postulat immer lauter gestellt: Dritt-Welt-Filme müssen von Dritt-Welt-Autor(inn)en hergestellt werden und im Fernsehen und im Kino müssen endlich mehr (Spiel-)Filme aus der Dritten Welt gezeigt werden. Ich selbst brauchte erst mal eine Denkpause. Schließlich konnte diese Forderung ja nicht ohne Reflektion auf die eigene Arbeit in den Raum gestellt werden.

Es gab schon einen brasilianischen, kubanischen, mexikanischen Film, und den Film vieler anderer Dritt-Welt-Länder auch, lange bevor hier solche Filme öffentlich zu sehen waren. Haben nicht gerade diese hervorragenden Werke, die wir auf den Filmfestivals bewunderten, uns europäische Filmemacher(innen) beeinflußt und bei uns ein Bewußtsein geschaffen, das die Voraussetzung zur Wirkung unserer Filme hervorbrachte?

Diese selbstreflektierende Haltung war/ist zwar lobenswert, sie führt aber sicher nicht einfach so von selbst zu einem anderen Programmverhalten der Fernsehanstalten und Kinos. Heute mehr denn je prägen Einschaltquoten und Besucherzahlen das Angebot.

Positiv umgesetzt wurde diese Forderung eigentlich nur durch entwicklungspolitische Kreise. Diese unterstützten diese Entwicklung, förderten und fördern Dritt-Welt-Autor(inn)en vermehrt, versuchten die Kulturbeziehungen und den Kulturaustausch zu intensivieren.

Aber bei diesen Aktivitäten wurden kaum zusätzliche Mittel eingesetzt, man versucht(e) vielmehr, diese mit den bescheidenen vorhandenen Geldern zu finanzieren. Es wird nicht wesentlich mehr getan, es findet einfach eine Verlagerung statt.

Heute nun muß ich sagen, daß dieses Anliegen teilweise übertrieben wurde.

Man/frau geht dabei von geschlossenen Kulturräumen aus. Ein solches Denken beinhaltet in dieser engen Auslegung eine puristische Fehleinschätzung auf verschiedenen Ebenen.

Die Medien werden zunehmend von einer bestimmten Art von Filmen geprägt. Die Unterhaltung nimmt ein immer breiteres Spektrum ein. Die kurzlebige aktuelle Berichterstattung, die nicht filmisch gestaltet ist und gestaltet werden kann, wird praktisch nur durch die Ereignisse von außen beeinflußt. Sie läßt einerseits das Gefühl zu, überall dabei gewesen zu sein, und zementiert gleichzeitig die eigene Distanz und das Gefühl von Ohnmacht.

Die Konzentration bei den Rechteinhabern von Filmen trägt dazu bei, daß Filme aus der Dritten Welt genauso wenig oder nur am Rand eingesetzt werden, wie Filme aus anderen kulturellen Randgebieten.

Die Großproduzenten kümmern sich wenig um das Bild, das in ihren Filmen über die Dritte Welt verbreitet wird. Vor allem in den amerikanischen Produktionen erscheint der "Eingeborene" nach wie vor als rückständig, unbelehrbar, brutal und tierisch (z.B.: GORILLAS IN THE MIST). Höchstens ein abhängiger Alibischwarzer wird zugelassen, den Weißen treu ergeben und unterworfen. Die Filmpresse feiert diese Filme unkritisch, wenn sie die "Regeln" der US-Filmkunst beherrschen, und das Publikum bestätigt sie mit ihrem Besuch.

Aufschlußreich sind auch die Darstellungen fremder Kulte. Das Fremde tritt praktisch immer als Bedrohung, Irrglaube, brutal, in Form von Verführung durch schlechte, herrschsüchtige Menschen auf. Es gibt unzählige alte und neue Beispiele, an denen sich "unser" direkter oder indirekter Machtanspruch über die Menschen aus anderen Kulturen nachweisen läßt. Der Film ist hier ein oft massives, manchmal subtiles Mittel der Bestätigung vorhandener Vorurteile.

Während hier bei uns unverdrossene Dritt-Welt-Gruppen den Schriftsteller X und den Filmemacher Y für dreißig Zuschauer einladen und mit missionarischem Eifer versuchen, Dritt-Welt-Kultur zu vermitteln, wird gleichzeitig das Exotische von vielerlei kommerziellen Veranstaltern hemmungslos vermarktet.

Kulturell kolonialisiert sind eben nicht nur die Menschen in der Dritten Welt, sondern eben oft auch wir.

Und nicht zuletzt finden die Hollywood-Produkte auch in der Dritten Welt einfacher Verbreitung als diejenigen Filme, die wir favorisieren. Nicht nur in den Kinosälen der Großstädte, sondern auch auf dem Lande für Abschreckungskampagnen von Regierungen und Militärs, wie ein Einsatz von KILLING FIELDS auf den Philippinen zeigt.

Die puritanische und überschwengliche Dritt-Welt-Euphorie kann einen Kulturchauvinismus mit gegenteiligen Vorzeichen provozieren. Gleichzeitig wird dabei auch der Blick getrübt für eine realistische Einschätzung der eigenen Stellung und Bedeutung, respektive Wirkung.

Bei uns in der Schweiz sind heute die zu kritischer Auseinandersetzung fähigen Filmautor(inn)en bereits ins Abseits gedrängt worden. Aus vielerlei Gründen. Die Zuschauer haben genug von diesen ewigen Problemen, unsere früheren "Anhänger" brauchen alle ihre Kräfte für ihre bescheidene Kulturarbeit. Unser Fernsehen hat einen sogenannten "Exotikartikel" für schweizer Dokumentarfilme, sie zeigen natürlich weiterhin den Karneval von Rio, aber bezeichnen unsere Dokumentarfilme als Exotik und wollen diese nicht mehr mitproduzieren. Für die kommerziellen Vermarkter sind wir ohnehin nicht interessant. Alles in allem eine ungewollte Allianz aller mit allen, auch zwischen den in unserem Sinne kritisch Denkenden und Handelnden und den Reaktionären.

Und damit fehlen auch die Filme, die unsere materielle und kulturelle Beteiligung an den Problemen der Dritten Welt aufzeigen, die unbequem von uns Antworten fordern. Die Auseinandersetzungen bleiben verbal und theoretisch, ohne praktische Konsequenz auf unsere Unternehmer und Landsleute, die in der Dritten Welt aktiv sind.

Es ist auch einfacher, sich anhand afrikanischer Filme über die kulturelle

Identität zu unterhalten, als über unsere eigene kulturelle Identität zu sprechen.

Kultur hat meiner Ansicht nach aber eben nicht nur eine vertikale Verankerung, Kultur braucht auch eine horizontale Verankerung.

Dazu ein Beispiel:

Als TERRA ROUBADA 1981 am Filmfestival von Mannheim gezeigt wurde, fand der Film zunächst bei der Presse und den Zuschauern wenig Beachtung. Ein Schweizer hatte einen Film *über* Brasilianer gedreht, und das war beim elitären Festivalpublikum nicht mehr erwünscht. Einige Tage später wurden bei einer Pressekonferenz mit Brasilianern deren eigenen Filme diskutiert. Die brasilianischen Autoren entdeckten mich unter den Zuschauern, und ihre Reaktion bleibt mir unvergessen. Sie unterbrachen die Pressekonferenz und verlangten, daß ich mich neben sie auf die Bühne setze, weil ich doch einen brasilianischen Film gedreht hätte und ich folglich zu ihnen gehören würde! Nach dieser von Brasilianern erteilten Absolution war dann der Film bei Presse, Jury und Veranstaltern diskussionswürdig.

Ein Lehrstück auch dafür, daß Rassismus nicht eine Frage der Hautfarbe oder der Staatszugehörigkeit ist, sondern eine Frage der Ideologie und des Machtanspruchs. Auch wer denkt, daß es nur "gute" Afrikaner gibt, ist ein Rassist.

Dem Wesen nach ist eine Abgrenzung konservativ und hindert uns daran, zukünftige Entwicklungen vorauszusehen und rechtzeitig mit Lösungsvorschlägen zu reagieren. Das sehen wir heute in der Asylfrage und in unserem Verhalten den sich abzeichnenden neuen Bevölkerungswanderungen gegenüber. Gleich welcher Argumente sich Abgrenzung bedient, hat sie Verhärtung und nicht Öffnung zur Folge.

Für mich steht heute fest: die kulturelle Identität wird mit oder ohne unser Zutun mehr und mehr durch eine kulturelle Durchmischung geprägt und die entscheidende Frage für mich ist, ob diese Durchmischung nur durch materielle und kommerzielle Interessen geprägt werden wird. Wir kämpfen gemeinsam mit schwachen Mitteln gegen eine mächtige (Medien-)Lobby.

Ein Ethnologe, der im Amazonasgebiet arbeitete, sieht die Dinge so:

> "Die Menschen in der Dritten Welt werden auf die Dauer gesehen besser mit einer Kulturdurchmischung umgehen können als wir, weil sie früh gelernt haben, sich mit dem eindringenden Fremden zu befassen. Wir jedoch versuchen immer noch den Status der unberührten, aber in Wirklichkeit nicht mehr vorhandenen kulturellen Identität zu konservieren. Vielleicht in sentimentaler Erinnerung an unsere schon längst verlorenen eigenen Wurzeln."

Werner Kobe

Kinomachers Abkehr

Der Auszug des entwicklungspolitischen Films aus den Programmkinos oder Die Machbarkeit des Möglichen

Erfahrungen eines "Kinomachers" mit dem "Dritte-Welt-Film"

Vor zehn Jahren etwa hatten wir - ein kleines Grüppchen von Filminteressierten innerhalb des *Informationszentrum Dritte Welt* in Freiburg - die Idee, Filme über und aus Afrika, Asien und Lateinamerika nicht nur als Begleiterscheinung einer politischen Veranstaltung zu begreifen. Filme - zumeist dokumentarische - wurden dabei als Mittel eingesetzt, "richtige" Inhalte zu vermitteln. Die Anfang der 70er Jahre überall aktiver werdenden Solidaritätsgruppen setzten sich in politischen Veranstaltungen für die "Verdammten" (Frantz Fanon) dieser Erde ein: die unterdrückten Völker Afrikas, Lateinamerikas und Asiens wurden zum Hoffnungsträger der bundesrepublikanischen Linken. Die Unterstützung der antikolonialen und antiimperialistischen Kämpfe der Völker der drei Kontinente wurde zur Hauptaufgabe der entwicklungspolitischen Gruppen in der BRD. Die dabei abgehaltenen Veranstaltungen waren in erster Linie (Gegen-) Öffentlichkeitsarbeit. Gerne wurde dabei auf den Einsatz von Filmen zurückgegriffen, die den vermittelten Inhalten unterstützende Bilder an die Seite stellten. Der Film war dabei eher Vehikel als eigenständiges künstlerisches Ausdrucksmittel.

Erst später entdeckten wir - heute ist das nur noch ein ganz kleiner Kreis von Dabei-Gebliebenen - Bilder aus jenen Welten, die wir uns intellektuell durch Bücher, später dann auch durch einige Reisen, quasi "vor Ort" nur schwer anzueignen verstanden (soweit dies überhaupt Angehörigen westlicher Zivilisation und Kultur möglich ist). Wir sprechen von den Ländern der drei Kontinente, die immer noch als die "Dritte" der Welten bezeichnet wird. Daß in diesen Ländern Kinematographien entstanden sind, die nicht selten ebenso alt sind wie die Erfindung des Kinos der Brüder Lumière selbst, mag auf den ersten Blick erstaunen. Aber die ersten Reisen der Lumièreschen Kameramänner führten schon sehr bald aus Europa hinaus in eine Welt voller Exotik und Abenteuer[1]. Sie bereisten Nordafrika ebenso wie den nahen und fernen Osten. Sie durchquerten die Kontinente mit ihren Kamera-Ungetümen wie heute der Jet-Set-Tourist mit seinem Fotoapparat. Was bleibt, sind die historischen Dokumente vergangener Welten und Kulturen, aber auch die (okzidentalen) Ideen von exotischen Verhältnissen.

Die Anfänge der Kinematographien als Mittler von Bildern aus diesen Kontinenten waren also dokumentarischer Natur. Nahtlos reihen sie sich ein in eine Tradition des Kulturfilms, den es seit den 20er Jahren unseres Jahrhunderts gibt. Kurze Streifen über das Leben der "wilden" Völker gehörten mit den Wochenschauen zum festen Bestandteil der Kinohäuser.

Es waren unter anderem die Wochenschauen, die in kurzen Filmen auch von fernen "Sitten und Gebräuchen" zu berichten wußten. Daß die Nazis derartige Filme dazu benutzten, die Kultur einer höheren "Herrenrasse" zu rechtfertigen, ist eher eine Frage des interpretierenden Kommentars als der Bilder von den fremden Völkern selbst.

Findige Produzenten erkannten aber auch schon bald die Vermarktungsmöglichkeit von exotischen Themen. Dem Kino der 20er Jahre genügten schon sehr bald die "eigenen" Themen nicht mehr, Filmemacher wie F.W. Murnau, Jean Renoir, Rex Ingram oder W. Van Dyke - um nur einige bekanntere Namen zu nennen - verfilmten ihre Geschichten in den "echten" Dekors der Südsee, der Wüste, der Arktis oder wo auch immer.

Vom Kulturfilm zum entwicklungspolitischen Film

Von großer Bedeutung ist die Entwicklung der europäischen Sichtweisen auf die fremden Kulturen Afrikas, Asiens und Lateinamerikas. War der Kulturfilm, der übrigens bis heute noch nicht ausgedient hat und bis in die 60er Jahre das Bild völlig bestimmte, in seiner ungebrochenen und unreflektierten Naivität ein Produkt okzidentaler Kultur, suchten Filmemacher seit Mitte/Ende der 60er Jahre, der Idee eines neuen Internationalismus folgend, Bilder zu finden, die den Realitäten dieser Länder eher gerecht werden sollten.

Der kritische entwicklungspolitische Film hat hier seine Geburtsstunde. Die Themen waren entsprechend politischer Natur: die wirtschaftliche und politische Abhängigkeit der "Dritten" von der "Ersten" Welt, die Auswirkungen dieses ausbeuterischen Verhältnisses auf die Menschen Afrikas, Asiens und Lateinamerikas. Damit grenzte sich diese Art von Filmen gegen die gleichzeitig existierenden Projekt- und Spendenfilme ab, die vornehmlich von den Kirchen, der Industrie, aber auch von den Landesbildstellen und dem *Bundesministerium für wirtschaftliche Zusammenarbeit* (BMZ) produziert beziehungsweise gefördert wurden.

Die drei Peters (gemeint sind Peter von Gunten, Peter Heller und Peter Krieg) beherrschten die Szenerie und gaben auch die Standards vor: kurze bis mittellange dokumentarische Filme überwiegen, ein Kommentar erklärt, aber auch die von diesen Verhältnissen betroffenen[2] Menschen kommen vor der Kamera zu

Wort. Filme für den Einsatz in entwicklungspolitischen Gruppen, die sich mit ihrer Öffentlichkeitsarbeit für die Belange der "Dritten-Welt" einsetzten und im Rahmen ihrer Arbeit die "authentischen" Bilder dankbar aufnahmen und sie verbreiteten. Filme auch - wenn auch nicht selten erst nach einigen Jahren - fürs Fernsehen, das damals das 45-Minuten-Dokumentarfeature als feste Programmsparte einzurichten begann.

Der entwicklungspolitische Film im Kino?

Den Weg ins Kino fanden die wenigsten Filme. Nicht nur ihrer Länge wegen, auch ihre filmische Aufmachung war nicht dazu angetan, ein großes Publikum anzusprechen. Filme also für eine kleine Gruppe von Interessierten? Selbst die anfangs der 70er Jahre sich durchsetzenden Kommunalen Kinos in größeren Städten entdeckten den entwicklungspolitischen Film nur zögernd. Blieben also die zu dieser Zeit recht aktiven entwicklungspolitischen Gruppen.

Womit wir wieder am Anfang sind. Das *Informationszentrum Dritte Welt* Freiburg hatte sich neben der Tätigkeit als Herausgeber einer Zeitschrift auch zum Ziel gesetzt, regelmäßig in Veranstaltungen in der Stadt (an den verschiedensten Orten, Universität, Räume der Kirchen usw.) auf die Probleme der Länder der "Dritten Welt" aufmerksam zu machen. Die wenigen im Verleih befindlichen entwicklungspolitischen Filme (in der Regel aus den evangelischen und - allerdings weniger - den katholischen Medienzentralen der Bundesländer und dem Angebot des damals Eppler unterstehenden BMZ, sowie einigen wenigen kleinen privaten Verleihern) wurden dankbar angenommen und in den Veranstaltungen, quasi als "Aufmacher" eingesetzt - zumal die Filme fast ausnahmslos für diese Art von Arbeit unentgeltlich zur Verfügung gestellt wurden[3].

Wir begannen, in Zusammenarbeit mit dem *Kommunalen Kino Freiburg*, Filme aus dem Ghetto der politischen Veranstaltung herauszulösen und sie als eigenständige Veranstaltung anzubieten. Was nicht heißen sollte: keine politischen Filme mehr zu zeigen. Wir wollten diese Filme mit dem Publikum diskutieren und Filmemacher ebenso wie sonstige Sachverständige regelmäßig zu den Abenden einladen, um einen (filmischen) Zugang zu den Themen finden. Unsere anfängliche Idee stand ganz im Zeichen der entwicklungspolitischen Bildungs- und Öffentlichkeitsarbeit: vermittels Filmen Informationen an eine Öffentlichkeit zu bringen, die sonst nirgendwo zu sehen waren. "Bilder als Waffe" - so könnte unser damaliges Schlagwort geheißen haben. (Es so zu nennen, haben wir uns nicht getraut, oder wir sind damals nicht auf einen so militanten Titel gekommen.) Wir fanden den unverfänglichen Namen *Mittwochskino*, ganz einfach deshalb, weil der Mittwoch als Spieltermin des Kommunalen Kinos zur Disposition stand. So wurde der Mittwoch institutionalisiert als der Tag, an dem ein Film über die "Dritte Welt" und aus der "Dritten Welt" zu sehen war. Das war im Jahre 1982.

Der Film trat in den Mittelpunkt der Veranstaltung, war nicht mehr nur

"Aufmacher". Das Angebot von damals gängigen Polit-, Kampagnen- und Solidaritätsfilmen war ausreichend, um die Mittwoche zu füllen. Ein Grundkonflikt deutete sich schon sehr bald an: die filmisch-ästhetische Konzention der Filme wiederholte sich. Es waren in erster Linie die Inhalte, die die Filme zusammenhielten.

Die Entdeckung der Kinematographien der "Dritten Welt"

Daß zu diesem Zeitpunkt die meisten der inzwischen unabhängigen Länder der drei Kontinente (gerade zum Beispiel in Afrika) dabei waren, ihre eigenen Kinematographien aufzubauen, und zwar mit Filmen, die so gar nicht den entwicklungspolitischen Erwartungen entsprachen, entdeckten wir durch Reisen zu den verschiedensten internationalen Filmfestivals. Wir entdeckten das kubanische Kino, das sich als Ausdruck eines revolutionären Willens begriff; wir sahen die Filme Glauber Rochas, jenes Visionärs eines neuen lateinamerikanischen Kinos, das nicht nur für die Entwicklung der Kinematographien der "Dritten Welt" von großer Bedeutung war; man bemerkte die unterschiedlichsten filmischen Sprachen etwa bei einem Film Sembène Ousmanes (aus dem Senegal) oder den kurzen dokumentarisch-militanten Filmen eines Santiago Alvarez. Indien erschloß sich uns durch die Filme Satyajit Rays oder Mrinal Sens.

Die Kinematographien Afrikas, Asiens und Lateinamerikas brachten Spielfilme hervor, die ihren Platz auf den Leinwänden der Kinos eroberten. Immer in ihren Kulturen verhaftet und auf die Probleme ihrer Gesellschaften (seien es aktuelle oder eher historische) eingehend, boten sich diese Filme geradezu an, im Kommunalen Kino eingesetzt zu werden.

So wurden die Reisen zu den Filmfestivals zu Entdeckungsreisen von Welten, die uns bisher verschlossen geblieben waren. Die Filme nährten unser Unbehagen am entwicklungspolitischen Film, der allzu ausschnitthaft das zu berichten wußte, was die europäischen Filmemacher und Filmemacherinnen für wichtig erachteten. Die Schwerpunkte unseres Mittwochsprogramms verschoben sich folgerichtig in Richtung "Filme *aus* der Dritten Welt"[4].

Die Kinematographien der Länder Afrikas, Asiens und Lateinamerikas wurden immer mehr zum festen Bestandteil des Programms des Kommunalen Kinos. So fanden umfassende Länderretrospektiven zu Indien, Afrika, aber auch zu weniger bekannten Ländern (zum Beispiel Indonesien) statt. Dieses Angebot, die Filme (Spielfilme zumeist) in Zusammenhängen (filmhistorischen, geographischen oder thematischen) zu zeigen, wird vom Publikum bis heute dankbar aufgenommen[5]. Was aber nicht bedeutet, daß neueren entwicklungspolitischen Filmen kein Platz mehr eingeräumt wird. Nach wie vor laden wir Filmemacher und Filmemacherinnen aus der BRD ein, ihre Filme mit dem Publikum zu diskutieren.

Diese Situation bleibt jedoch - auch im Rahmen der Kommunalen Kinos in der BRD - ein Sonderfall. In den Programmkinos - selbst in größeren Städten - tauchen diese Filme kaum in den Programmen auf. Abgesehen von ein paar wenigen Beispielen (Mira Nairs SALAAM BOMBAY, Fernando Solanas' SUR oder Souleymane Cissés YEELEN) lief kaum ein Film aus Afrika, Asien und Lateinamerika über die Leinwände. Auch die jüngsten Zahlen der Filme, die im Fernsehen zu sehen waren, bieten keinen Anlaß zur Freude: im vergangenen Jahr wurden in ARD und ZDF 16 Filme aus den drei Kontinenten gezeigt. Addiert man die Filme aus Afrika, Asien und Lateinamerika hinzu, die - vor allem in den privaten Sendern wie Eins Plus, Tele 5 und SAT 1 sowie den regionalen Sendern WDR und S3 - gezeigt wurden, kommt man nicht über 2,5 % der insgesamt gezeigten Filme im Fernsehen hinaus[6].

Das "arme" Kino der "Drei Kontinente"?

Dem Kino der "Dritten Welt" haftet etwas der Ruf des unvollkommenen, des handwerklichen oder des "billigen", kurz des "armen" Kinos an. Das mag erklären, warum kein kommerzieller Verleiher das Risiko zu tragen bereit ist, diese Filme in sein Programm aufzunehmen. Schuld daran tragen die Fernsehanstalten und die mangelnde Risikobereitschaft seitens der Filmfestivals (Ausnahmen bestätigen auch hier die Regel: seit Jahren schon gehört das Forum des Internationalen Jungen Films während der Berliner Filmfestspiele zum besten, was in diesem Bereich zu finden ist), auf dem sich das Fachpublikum sachkundig macht. Es hielten sich Stereotypen, die den Umgang mit diesen Kinematographien - soweit sie überhaupt wahrgenommen wurden - prägten: die Kung-Fus aus Hongkong, aus Indien die unendlich langen Melodramen mit Tanz und Gesang ...

Daß parallel zu den Entwicklungen europäischer und amerikanischer Kinematographien in den unterschiedlichsten Ländern Asiens (zum Beispiel China, ganz zu schweigen von Indien) oder Lateinamerikas (Kuba, Argentinien, Brasilien) innovative - im ästhetischen und inhaltlichen Sinne - filmische Formen gefunden wurden, ist und bleibt nur einem allzu kleinen cinephilen Publikum vorbehalten.

Ein Grund mehr also, diese Filme aufzuspüren und zu zeigen. Wobei die Grenzen des Machbaren schnell erreicht sind. Finanzielle Nöte lassen Filmreihen mit aufwendiger Vorarbeit und Organisation für kleinere Kinos unerschwinglich werden. Durch Kooperationen mit anderen Kinos und durch die Suche nach öffentlichen Geldern versucht man, dieses Problem zu lösen. In einzelnen Fällen kommen so Filmreihen zustande, die mit öffentlichen Zuschüssen ein Publikum finden. Ein paar Tausend Zuschauer als Ergebnis mag auf den ersten Blick nicht gerade umwerfend wirken, relativiert sich jedoch, wenn man die Zuschauerzahlen manch eines deutschen Films (der mit wesentlich mehr öffentlichen Geldern unterstützt wird) betrachtet - sofern er überhaupt ins Kino kam.

Ich habe versucht, nach Gründen zu suchen, warum das Kino aus Afrika, Asien und Lateinamerika so wenig Zugang in die bundesdeutschen Kinos findet. Das nur schwer zu entwirrende Problemgeflecht aus Produktion, Vertrieb und Verleih dieser Filme macht auch für die Zukunft nur wenig Hoffnung. Zu groß ist die Macht der amerikanischen Filmindustrie, die einer Polarisierung des Marktes Vorschub leistet. Aber auch die Hemmnisse in den Ländern selbst - mangelnde filmische Infrastrukturen, korrupte politische Macht und deren Umgang mit kritischen Intellektuellen etc. - lassen nicht gerade optimistische Prognosen stellen.

Solange Produzenten und Verleiher nicht den Mut finden, mehr Filme aus Afrika, Asien und Lateinamerika zu unterstützen, werden auch die kommerziellen Kinos (Programmkinos in der Regel) ein Angebot an derartigen Filmen nicht wahrnehmen. Die Impulse und Chancen, die ein genaues Sehen dieser Filme bieten könnte, sollte der europäische Filmmarkt nutzen. Den Weg ins Kino werden auch die nach wie vor produzierten entwicklungspolitischen Filme nur noch schwer finden. Der meist dokumentarische entwicklungspolitische Film ist heute schon ohne Produktionsbeteiligung des Fernsehens kaum noch existent. Das wird sich in Zukunft wohl noch verschärfen.

Es sind eher die Nischen der Kommunalen Kinos und sonstiger Initiativen Filminteressierter, die den Filmen aus Afrika, Asien und Lateinamerika eine Heimstatt bieten. Allerdings: die Entdeckungsreise der Kontinente durch das Kino gehört für mich zu den interessantesten Reisen.

Anmerkungen

1 Es mag nicht verwundern, daß eine beliebte 45-minütige Fernsehsendung im Südwestfunk auch heute noch den Titel *Menschen, Länder, Abenteuer* trägt, eine Serie, die vom hausbackenen Fernsehfeature - und das in der Mehrzahl - bis hin zum anspruchsvollen ethnographischen Film reicht.

2 Jene filmische Methode eines Pennebaker, Leacock oder Jean Rouch, die in den 50er Jahren dank der Entwicklung handlicher Kameras mit Direktton möglich wurde und die heute als das "A und O" auch eines Fernsehjournalismus anerkannt ist.

3 Noch heute geistert diese Idee in den Köpfen des Publikums herum, wenn es meint, daß *diese* Art von Filmen umsonst zu haben sei.

4 Um hier einige statistische Zahlen zu nennen: im Jahr 1988 wurden allein 52 Filme im Rahmen des *Mittwochskinos* gezeigt, ein Jahr darauf waren es deren 54 (jeweils ohne Sonderprogramme wie *Filmforum: Ethnologie + Dritte Welt* sowie dem *Freiburger Videoforum*). Das Verhältnis der Filme *aus* Afrika, Asien und Lateinamerika zu den Filmen *über* diese Kontinente verschob sich in den beiden letzten Jahren radikal zugunsten der Dritte-Welt-Filme, nämlich von 65 % auf ca. 90 %. Dieser Trend hatte sich in den vergangenen Jahren schon angedeutet.

5 Auch hier ein paar Zahlen: die durchschnittliche Besucherzahl für die Filme des *Mittwochskinos* beläuft sich seit den letzten drei Jahren auf runde 62 Zuschauer pro Vorstellung, was bei einem Sitzplatzangebot von 90 Plätzen kein schlechtes Ergebnis ist. Für das gesamte Jahr ergeben sich somit ungefähr 4000 Zuschauer, die einen Film aus/über die Dritte Welt gesehen haben. Anders ausgedrückt: 10 % der Zuschauer des Kommunalen Kinos sehen sich einen Film aus den drei Kontinenten an.

6 Johannes Klingsporn, Das Spielfilmangebot im Fernsehen 1988, in: *Media Perspektiven* 11, 1989, Frankfurt.

Bildungsprozesse auslösen ...

Ein Gespräch mit Bernd Wolpert

Stuttgart, die Hauptstadt des "Wilden Südens" (Süddeutscher Rundfunk) beherbergt eine interessante Institution: das Evangelische Zentrum für entwicklungsbezogene Filmarbeit *(*EZEF*) und, ihm angeschlossen, aber eigenständig, den Verleih Matthias-Film. 1982 mit dem konkreten Ziel gegründet, die entwicklungsbezogene Bildungsarbeit in der Bundesrepublik zu fördern, ist* EZEF *primär für die evangelischen Bildstellen zuständig, beliefert aber auch andere nichtkommerzielle Spielstätten mit Filmen, wohingegen Matthias-Film den kommerziellen Sektor abdeckt. (Im Gegensatz zu Verleihen wie* Cine Terz *und* CON *steht der "Filmverleih der evangelischen Kirche" nicht unter dem Druck unbedingter Wirtschaftlichkeit.)* EZEF *arbeitet eng mit dem* ABP *(*Ausschuß für entwicklungsbezogene Bildung und Publizistik*) zusammen, der u.a. auch Filmprojekte unterstützt. Derzeitiger Leiter von* EZEF *ist Bernd Wolpert. Ralph Thoms und Werner Petermann sprachen mit ihm im Januar in Stuttgart.*
EZEF*: Gänsheidestraße 67, 7000 Stuttgart 1, Tel.: 0711/24 05 61*

TRICKSTER (TR): Wie sind die Kriterien für die Auswahl von Filmen, die bei euch in den Verleih aufgenommen werden?

BERND WOLPERT (BW): Wir haben als sogenannte Fachstelle des *Ausschusses für entwicklungsbezogene Bildung und Publizistik* (ABP) einen ganz klaren Bildungsauftrag. Ziel ist es, der aus der Ökumene an uns gestellten Forderung zu entsprechen, Entwicklung nicht als Einbahnstraße zu verstehen, und deshalb dazu beizutragen, daß in den Industrieländern das Bewußtsein wächst, inwiefern sie selbst zum Fortbestehen der Unterentwicklung beitragen, ja diese teilweise verursacht haben.

Übergeordnetes Kriterium für die Auswahl eines bestimmten Films ist also, inwiefern er zu einem besseren Verständnis der Verhältnisse, zu einem angemessenen Problembewußtsein oder, ganz allgemein gesprochen, zu einem besseren Verstehen des kulturellen Hintergrundes in den Ländern des Südens beitragen kann. Ausgangspunkt ist die Frage, welche Chance der Film hat, eine bestimmte Botschaft an die Leute zu bringen, neue Fragen zu stellen - aber so zu stellen, daß sie auch angenommen werden, daß sie also beispielsweise nicht elitär erscheinen. Was nützt der unter cineastischen Gesichtspunkten beste Film, wenn die Multiplikatoren, die Bildner, die ihn ausleihen sollen, den Eindruck gewinnen, der Film sei zu schwierig für ihre jeweilige Gruppierung und ihn deshalb im Archiv schlummern lassen. Dieses Nadelöhr ist deshalb entscheidend, und für einen Verleih ist es unabdingbar, ein Mischprogramm anzubieten, so wie dies auch die meisten Verlage tun. D.h., die populärsten und die gängigsten Titel sind nicht unbedingt die Lieblingskinder des Verleihs, was die qualitativen Ansprüche angeht. Und an diesem Punkt denke ich, daß wir eine Mittellinie fahren, die sich bisher bewährt hat. Es gibt einzelne Filme, die ausgesprochen schwierig sind, die auch eine sehr geringe Verleihakzeptanz haben. Es gibt Filme, die im Jahr fünf- bis sechsmal ausgeliehen werden, und das sind bestimmt nicht die schlechtesten. Und es gibt - von den filmischen Ansprüchen her - eher bescheiden gemachte Filme, auch Interviewfilme, die vielgeschmähten *talking heads*, die im Verleih sehr gut gehen. Aber wenn diese Filme eine wichtige Botschaft haben, dann halten wir es auch für richtig, dies in Ausnahmefällen als entscheidend anzusehen. Ich möchte als Beispiel den Film über Winnie Mandela nennen, das ist praktisch ein reiner Interviewfilm. Der Film geht gut im Verleih und wir halten ihn auch für enorm wichtig, weil er sich dem Thema Apartheid über eine private Ebene nähert. Daß eine Frau über ihre Ehe und ihre privaten Erfahrungen berichtet, darüber, wie sie politisiert wurde, das kann in einem Frauenkreis, der vielleicht eher Mühe hat, sich mit politischen Themen auseinanderzusetzen, Möglichkeiten zum Gespräch eröffnen, die sich mit anderen Filmen nicht so leicht ergeben.

TR: Inwieweit ist die kirchliche Entwicklungspolitik prägend für den Ankauf von Filmen? Oder ist dies eher nebensächlich?

BW: Nebensächlich ist es sicherlich nicht. Aber es gibt keinen irgendwie gearteten hierarchischen Zugriff, daß es jetzt die und die entwicklungspolitische Linie der Kirche gäbe, die dann überall durchgezogen würde. Und vor allen Dingen ist die entwicklungsbezogene Bildungsarbeit der Kirche nicht Öffentlichkeitsarbeit für den Kirchlichen Entwicklungsdienst oder gar für die Missionswerke. Der Einfluß ist informeller Art und korrespondiert dem Diskussionsstand in der Gesellschaft, als deren Teil sich Kirche ja versteht. D.h., als die Grundbedürfnisstrategie diskutiert wurde, waren die entsprechenden Filme gefragt, und als dann die Frauenthemen "entdeckt" wurden, hatte dies natürlich auch Auswirkungen im kirchlichen Medienbereich. Aber ich sage es noch einmal, es gibt keinen enggefaßten und auf den Punkt gebrachten kirchlichen Auftrag, was für die entwicklungspolitische Diskussion genehm ist und was nicht. In unserem Programmbeirat, der zunächst über Medienankäufe berät, sind kirchliche Vertreter, aber, und darauf legen wir großen Wert, auch Vertreter des öffentlich-rechtlichen Rundfunks oder ein freier Publizist. Ähnliches gilt für die Zusammensetzung des ABP, der über die Vergabe von Fördermitteln für Filmproduktionen entscheidet.

TR: Also, das Reagieren überwiegt gegenüber dem Agieren?

BW: Wir nehmen Strömungen auf, die in der entwicklungspolitischen Diskussion vorhanden sind, eventuell auch bestimmend sind. Ich möchte aber für uns schon in Anspruch nehmen, daß wir auch agieren, daß wir beispielsweise sagen, es gibt wenig Medien, die für Kinder geeignet sind, dann schauen wir ganz gezielt nach Filmen, die für diese spezielle Zielgruppe brauchbar sind. Also nicht nur Reaktion, aber auch nicht Aktion per Order von oben. Um noch ein Beispiel fürs Agieren zu nennen: 1986 haben wir gemeinsam mit dem Kinder- und Jugendfilmzentrum in der Bundesrepublik Deutschland und dem Deutschen Komitee für UNICEF ein Seminar veranstaltet, zu dem Filmemacher aus Ländern der Dritten Welt, Regisseure, Filmproduzenten und Fernsehredakteure aus der BRD eingeladen worden waren. Ziel war es, eine Bestandsaufnahme zu versuchen, wie das Thema Dritte Welt in für Kinder gemachten Medien vorkommt und wie es idealerweise vorkommen könnte. Die deutschen Fernsehleute befürchteten natürlich, man wolle ihnen das Geld aus der Tasche ziehen, aber es gab trotzdem interessante Gespräche. Eine Redakteurin des ZDF hat dies dann aber doch aufgegriffen, und es ist eine in mehrfacher Hinsicht bemerkenswerte Koproduktion zwischen dem ZDF und der peruanischen Filmgruppe *Chaski* entstanden. Vom ABP wurde das Projekt durch einen Vorablizenzankauf gefördert. Der Film hat international mehrere Preise erhalten, wurde 1989 zweimal im Fernsehen gezeigt, vom EZEF auf einer Filmtournee vorgestellt und ist jetzt im Verleih. Ohne die Initialzündung durch dieses Seminar wäre der Film wohl kaum so entstanden. Im ZDF wird dieses Projekt "Interkulturelles Lernen: Eine Welt" fortgeführt.

TR: Welchen Hauptkundenkreis habt ihr mit eurem Verleih im Blickpunkt? Und was hat es mit der von Dir erwähnten Tournee auf sich. Tournee, das klingt so großartig. Seid ihr tatsächlich im Kino vertreten mit euren Filmen?

BW: Unser Verleih beschränkt sich nahezu ausschließlich auf den nichtgewerblichen Bereich. Die wichtigsten Entleiher sind Dritte-Welt-Gruppen, Schulen, Jugendgruppen, Kirchengemeinden, Einrichtungen der Erwachsenenbildung. Der Verleih erfolgt ja nicht nur zentral über EZEF/Matthias-Film, fast wichtiger ist der regionale Verleih über die Evangelischen Medienzentralen der einzelnen Landeskirchen. Und was die Tourneen angeht, so gehören zu den Spielstellen auch einige wenige Kinos. Überwiegend sind es aber Dritte-Welt-Häuser oder -Initiativen, Schulen, Evangelische Studentengemeinden, Filmclubs oder auch eine Institution wie die DSE (Deutsche Stiftung für internationale Entwicklung) in Bad Honnef.

Wichtig ist uns bei diesen Tourneen, daß der jeweilige Filmemacher bzw. die Filmemacherin mit einem möglichst unterschiedlich zusammengesetzten Publikum in Berührung kommt und mit ihm den Film diskutieren kann. Es sollen Schulen und Kinos dabei sein. Einige Kommunale Kinos sind regelmäßig dabei. Aber wer die Kinosituation kennt, weiß, daß es mit Programmkinos schon anfängt, schwierig zu werden.

TR: Aus meiner eigenen Erfahrung würde ich sagen, es gibt Zielgruppenfilme, wo Publikum und Film komplementär zueinander passen. Wo eigentlich der Film nur noch die Antworten gibt, die das Publikum eh schon weiß. Gerade wenn es um vordergründig politische Sachen geht, wie meinetwegen Nicaragua, Südafrika oder früher Chile. Und daß diese Filme dann auch wesentlich stärker ankommen als meinetwegen so ein Film wie Guntens STIMMEN DER SEELE über die synkretistischen Religionen in Brasilien.

BW: Das kann ich nur bestätigen und unterschreiben. Aber man muß eben genau an diesem Punkt einen Mittelweg versuchen. Einerseits darauf eingehen, das mitmachen, weil wir als Verleih natürlich auch unter einem gewissen Erfolgsdruck stehen, der sich in Ausleihzahlen ausdrückt. Nicht zu vergessen aber auch die enormen Kosten, um einen Film herauszugeben, für Lizenz, für Kopien usw. Auf der anderen Seite ist es natürlich unser Anspruch, Neues zu stimulieren, und da bin ich nicht so pessimistisch, daß das überhaupt nicht möglich sei. Um bei von Guntens Film zu bleiben: das Publikum tut sich zwar schwer damit, aber es setzt sich auch damit auseinander. Nach der Tournee schrieben uns die Mitveranstalter vom Dritte-Welt-Haus in Frankfurt, daß sich in der Diskussion dieses Films die Front zwischen Politdenkern und Spiritualisten aufgeweicht habe. Das zielt genau auf den Kern des Problems, denn wenn ich nicht einen Anlaß schaffe, daß Politdenker und Spiritualisten überhaupt in die Diskussion eintreten, scheitert solch ein Film. Und das ist eine ganz reale Schwierigkeit, daß alle davor zurückschrecken, einen Film von drei Stunden Spielzeit auszuleihen. Der Entleiher glaubt schon zu wissen, daß der Film zu lang sei, das Thema zu schwierig und ich weiß nicht, was noch alles.

TR: Also läßt sich als grundlegende Tendenz festhalten, daß die Ausleihinteressen und die Filme, die dann diesen Interessen entgegenkommen sollen, sehr wohl eine Art Bedienungscharakter haben, daß ein Anliegen eher verstärkt werden soll.

BW: Sicherlich, aber das trifft oft auf den ganzen Medienbereich, auf das ganze Kinogeschäft zu. Der Dokumentarfilm hat es im Kino ungeheuer schwer heute. Das hat meines Erachtens mit einer allgemeinen Entpolitisierung zu tun. Auf der anderen Seite war selbst der Verleih überrascht, wie gut der argentinische Film SUR im Kino gelaufen ist. Das zeigt, daß die Dinge in Bewegung sind. Denn dieser Film ist sicher nicht nur eine Bedienung von gängigen Seherwartungen. Deshalb möchte ich hier keine Publikumsbeschimpfung machen, sondern nur sagen, daß thematisch oder ästhetisch Neues schwierig zu vermitteln ist, aber es geht auch.

TR: Es ist ja nicht nur eine Publikumsbeschimpfung. Es könnte ja auch eine Verleiherbeschimpfung sein. Nicht nur das Publikum reagiert, verhält sich in gewissen Bahnen - dieses "Bedienungs"-Denken ist doch bereits im Verleih angelegt.

BW: Was heißt hier schon Verleih? Ich will noch ein anderes Beispiel anführen. Ich glaube, dann wird es deutlicher. Mit dem semi-dokumentarischen Spielfilm GHAME AFGHAN - DIE TRAUER DES AFGHANEN haben wir ebenfalls eine Tournee veranstaltet. Der Zeitraum war insofern optimal, als der sowjetische Truppenabzug unmittelbar bevorstand, der Film eine gute Presse hatte und es auch im Fernsehen Hinweise auf die Tournee gab. Der afghanische Koregisseur war mit dem Film unterwegs, und es gab überall Diskussionen, wo es hoch herging, weil in den meisten Tourneeorten auch fundamentalistische Exilafghanen anwesend waren.

Der Film fiel nach der Tournee in ein großes Loch und wird nur noch ab und zu mal ausgeliehen. Um es böse auszudrücken, paßt er nicht ins Klischee der Arbeit der Soli-Gruppen. Afghanistan war ein eher ungeliebtes Kind der Dritte-Welt-Bewegung. Viele Leute haben sich damit sehr schwer getan. Ich glaube, da zeigt sich das tatsächliche Dilemma: daß dieses Spiel von Angebot und Nachfrage funktionieren muß. Bestimmte Themen oder eine schwierige Machart, die dem Zuschauer mehr abverlangen, diese Filme kann ich nicht mit Werbung oder anderem Aufwand einfach durchpuschen. Das funktioniert nicht. Und um nochmal zurückzukommen auf STIMMEN DER SEELE: ich würde durchaus selbstkritisch einräumen, daß es uns einfach nicht gelungen ist, die Spiritualisten-Szene mit diesem Film zu erreichen. Da sind wir von der Verleiharbeit her bisher nicht herangekommen. Für diesen Film sind die Möglichkeiten, die er bietet, sicher noch nicht ausgeschöpft.

TR: Ich denke, daß die Institution EZEF in ihrer Art der Einbettung auch in kirchliche Zusammenhänge eine relativ statische Institution darstellt. Daß es also schwierig ist, innerhalb dieser Organisation tatsächlich innovativ für sich selber zu agieren. D.h., daß der Spielraum hier relativ eng begrenzt ist, daß letztendlich doch an Filmen das aufgenommen wird, was als gängige Themenbereiche akzeptiert wird innerhalb der Kirche. Natürlich, wenn man die Kirche als ein Konglomerat von verschiedenen Meinungen ansieht, gibt es sehr wohl welche, die dafür und die dagegen sind, aber so im Prinzip würde ich sagen, daß die Themen doch reinpassen müssen in die Akzeptanz.

BW: Die Akzeptanz der Kirchen? Da kann ich eigentlich nur sagen, daß die Kirche hier ein sehr weites Herz hat. Viele vermuten zunächst eine Eingrenzung auf eine missionarische oder zumindest christliche Botschaft, die unabdingbar für die bei uns verfügbaren Filme sei. Das ist aber ein Irrtum. Für uns ist vielmehr die Frage, was ist entwicklungspolitisch interessant und was schafft mehr Verständnis für Kulturen der Dritten Welt, im ganz allgemeinen Sinne. Das gilt selbstverständlich auch für andere Religionen, um bei dem mehrfach erwähnten Beispiel STIMMEN DER SEELE zu bleiben. Und es gilt selbstverständlich für Themenkomplexe, wo die Kirche eine progressive Rolle im Befreiungsprozeß spielt. Stichwort "Theologie der Befreiung" in Lateinamerika oder Kirchen im Kampf gegen die Apartheid. Also an dieser Stelle fühle ich mich überhaupt nicht eingeschränkt. Eingeschränkt sind wir durch das, was man als Zeitgeist beschreiben könnte. Und da kann man als Verleih zwar ein Stückchen vorpreschen, man kann vielleicht auch einen neuen Trend mitbeeinflussen, aber man kann nicht einfach dagegenhalten oder was völlig Neues aus dem Hut zaubern.

Und was nochmals die Frage angeht, wie weit man solche innerkirchlichen Meinungsprozesse steuern kann oder mitbeeinflussen: das kann man, indem man bei jeder sich bietenden Gelegenheit für die schwierigen Stoffe plädiert und die damit befaßten Gremien damit konfrontiert. Und dem hat sich der ABP auch nicht verschlossen. Beispielsweise ist DAS WAHRHAFTIGE WORT DES KLUGEN BAUERN alles andere als ein einfacher Film. Er nimmt den Zuschauer mit auf eine Reise durch viertausend Jahre Geschichte, eine Reise den Nil hinunter. Die Rechtfertigungsrede des toten Bauern zitiert zunächst altägyptische Totenbücher, greift Texte von Frantz Fanon auf und gipfelt schließlich in einer Anklage gegen den Assuan-Damm, der den Fluß der Geschichte unterbrochen hat und deshalb nur Unheil bringen kann. Wenn dieser Film jährlich zwischen zwölf- und zwanzigmal gespielt wird, dann läppert sich dies auf die Jahre hin auch zusammen. Und wo er einmal eingesetzt wird, ist es tendenziell so, daß er auch wieder ausgeliehen wird. Hier muß man einfach die Geduld haben, dicke Bretter zu bohren. Aber man kann nicht versuchen, lauter schwierige Filme auf einmal zu puschen. Das funktioniert nicht.

TR: Wenn ich euren Ansatz der Notwendigkeit von Bildungsarbeit vor Augen habe und von Dir lese, daß Du den Spielfilm gegenüber dem Dokumentarfilm insofern herausstellst, daß er Identifikation leichter mache, daß die nicht-kognitive Ebene eine große Rolle spiele und Informationen nicht im Vordergrund ständen etc., dann frage ich mich, welches Verständnis von Dokumentarfilmen dem zugrunde liegt. Ich denke, daß ein guter Dokumentarfilm all die Sachen, die Du als positiv für den Spielfilm hinstellst, auch hat, auch haben muß. Möglicherweise trägt dieser Bildungsauftrag dazu bei, daß sehr stark nach den didaktischen Absichten, dem thematischen Ziel geschaut wird, und weniger mit dem Medium selber umgegangen wird.

BW: Letzteres ist eine Tatsache, daß in der Bildungsarbeit eher selten mit speziell medienspezifischen Fragestellungen an einen Film herangegangen wird. Filme werden häufig sehr verzweckt eingesetzt. Deshalb würde ich das alles unterschreiben, was Du gesagt hast. Was den Spielfilm aber dennoch vom Dokumentarfilm unterscheidet - dies in aller Ungenauigkeit -, ist die qualitativ stärkere Art und Weise, in der das funktioniert: Identifikationsmöglichkeiten, Überschuß an Bildern, Gefühlsebene etc. Während der Dokumentarfilm häufig eher auf der Informationsschiene ansetzt und eingesetzt wird. Aber um eine Analogie zur Literatur zu bemühen, eröffnet fiktionale Literatur auch einen anderen Zugang zur Welt als dies beispielsweise eine Reportage tut. Deshalb kommt es aber nicht darauf an, das eine gegen das andere auszuspielen, sondern vielmehr darauf, die Möglichkeiten, die die spezifische Gattung bietet, optimal zu nutzen.

Zugespitzt formuliert und nicht ohne mir damit selbst zu widersprechen, möchte ich mal behaupten, daß ein Spielfilm mehr Freiheit für den Zuschauer schafft. Er kann nicht so verzweckt eingesetzt werden. Wenn Kinder einen Spielfilm sehen, entdecken sie all die vielen scheinbaren Nebensächlichkeiten, den Überschuß an Bildern, den der jeweilige Bildner vielleicht gar nicht im Sinn hat. Diesen Freiraum eröffnet eher ein Spielfilm.

TR: Vielleicht gibt es einfach zu viele schlechte Dokumentarfilme. Also Dokumentarfilme, die einfach ihre Erkenntnisse als Wahrheiten vermitteln, ohne Diskussion derselben. Und die alles bevorzugt verbal machen, weil das offensichtlich leichter rüberkommt, als wenn weniger gesagt wird. Ich schließe da sämtliche Filme ein, auch die von FWU, Landesbildstellen, Bundespresseamt usw.. Davon ist die große Masse, finde ich, schlecht. Ich denke, das hängt auch damit zusammen, daß diese innere Einstellung oder Vorgabe, bildungspolitisch aufklärerisch arbeiten zu müssen, so eng an den Dokumentarfilm rangepreßt wird, daß von der filmischen Möglichkeit her nichts mehr übrigbleibt.

BW: Dazu möchte ich ganz selbstbewußt sagen: wir haben bessere Filme. Ansonsten kann ich das nur bestätigen. Schon der Begriff "Dokumentarfilm" weckt bei bestimmten Leuten eine gewisse Abwehrhaltung.

TR: Aber selbst bei euch im Verleih sind einige Dokumentarfilme, die diese Enge des Geistes widerspiegeln.

BW: Würde ich teilweise bestätigen, und ich habe es vorhin ja auch selbst angeführt. Es gibt bei uns durchaus Filme, die von der Machart her gesehen eher konventionellen Zuschnitts sind, wo der Informationsauftrag ganz klar im Vordergrund steht. Aber auch diese Filme haben ihren Stellenwert. Solche Filme werden eben auch verlangt, und natürlich bedient man damit bestimmte Sehgewohnheiten. Aber man kann sich dem nicht ganz verschließen als Verleih. Das ist auch eine Existenzfrage. Und selbstverständlich gibt es den Dokumentarfilm, wo die langweilige oder schlechte Machart die an sich richtige Botschaft unterläuft, der Film kontraproduktiv wird. Es gibt viele Filme dieser Art. Wir übernehmen sie nicht.

TR: Du hast ja mal erwähnt, daß bei euch zunehmend Spielfilme akzeptiert werden, von euch selbst wie auch von seiten der Kunden. Fällt für Dich diese Tendenz mit der erwähnten "Freiheit" des Spielfilms zusammen?

BW: Nein, ich habe damit ja eher ein subversives Prinzip zu formulieren versucht: solche Filme ermöglichen diese Reaktion beim Zuschauer zwar, aber die Schaltstelle ist hier der Entleiher, also der Erwachsenenbildner oder der Lehrer oder wer immer. Nein, da gibt es ein Bündel von Gründen dafür. Es war ja auch beim Fernsehworkshop so, daß irgendwann der Spielfilm entdeckt wurde. Am Anfang sind nur Dokumentarfilme gelaufen, bis man gemerkt hat, man kann auch mit Spielfilmen in der Bildungsarbeit gut arbeiten. Ein anderer Grund, und das würde ich ganz klar mit negativen Vorzeichen versehen wollen, ist eine Entpolitisierung, der der Spielfilm sehr viel mehr entgegenkommt als der Dokumentarfilm, weil er es eben in höherem Maße ermöglicht, sich von ihm "nur unterhalten" zu lassen. Aber umgekehrt kann man selbst Unterhaltung produktiv nutzen, um Leute für etwas zu sensibilisieren. Die Ratlosigkeit mit dem Thesenfilm, der genau zeigte, wo es langgeht, ist mittlerweile ja schon fast Allgemeingut. Ein Spielfilm mit seinen vielfältigen Angeboten an die Zuschauer macht es oft leichter, einen Einstieg in die Thematik zu finden. Niemand weiß heute mehr so genau, wohin es denn geht mit der Dritten Welt. Dieser vielschichtige und in Brüchen und Rückschritten verlaufende Prozeß von Entwicklung wurde, es ist eine Weile her, in Entwicklungsdekaden eingeteilt, und man ging auch mit einer gewissen Naivität davon aus, daß im Jahr 2000 die Welt "entwickelt" sei. Mittlerweile merken halt die Leute, daß es vielleicht sogar gut ist, daß sie eben nicht "entwickelt" ist im Jahre 2000.

TR: Ist damit für euch der entwicklungspolitische Ansatz oder der Begriff "Entwicklung" obsolet geworden?

BW: Für uns noch am wenigsten. Obsolet geworden ist aber nicht nur ein unkritisch gebrauchter Begriff von "Entwicklung". Auch der Terminus "Dritte Welt" wird ja immer mehr in Frage gestellt, ohne daß er durch einen überzeugenderen Begriff abgelöst würde. Ursprünglich war "Dritte Welt" als politischer Kampfbegriff gebraucht worden und zielte auf einen "Dritten Weg" zwischen Kapitalismus und real existierendem Sozialismus. Aber dieser Begriffsgehalt hat sich weitgehend abgeschliffen, und "Dritte Welt" ist zu einem Synonym für Misere, für Armut, auch kulturelle Verarmung geworden. Es gibt dann zwar neue Begriffe, die Konjunktur haben, wie "Interkultureller Dialog", das ist aber derart verwaschen und nichtssagend, daß ich mich damit sehr, sehr schwer tue. Wo eine andere Begrifflichkeit positiv zu erkennen ist, wie z.B. bei dem "Festival der Drei Kontinente" in Nantes, da wird diese Ambivalenz der Begrifflichkeit reflektiert. Man verzichtet dort auf den Begriff "Dritte Welt". Aber natürlich, die "Drei Kontinente", die werden hervorgehoben gegenüber dem "Ersten Kontinent". Auch darin ist diese politische Spannung vom reichen Norden und armen Süden. Darauf kommt es an. Deshalb werden wir aber nicht ganz auf den unterhaltsamen Spielfilm umsteigen, weil man auch mal schöne Bilder aus der Dritten Welt sehen will. Das Skandalon, daß noch immer so viele Menschen verhungern, daß sich die krasse Ungerechtigkeit eher verschärft hat und die Leute irgendwo verrecken aufgrund der bestehenden Machtverhältnisse, das muß uns ein wichtiges Anliegen bleiben. Hierauf das Augenmerk zu richten, heißt aber nicht, Hungerbäuche im Film zu zeigen und an das Mitleid zu appellieren. Aber es kann auch nicht heißen, diesen Bereich aus dem Auge zu verlieren. Gerade für kirchliche Medienarbeit muß dies heißen, dem allgemeinen Trend hier etwas entgegenzusetzen.

TR: Aber würdest Du diese Filme, die aus Dritte-Welt-Ländern kommen und bei euch landen, dann auch als entwicklungspolitische Filme bezeichnen?

BW: Ja und nein. Der Terminus "entwicklungspolitischer Film" ist ein Konstrukt, das überhaupt nur als Arbeitsbegriff tauglich ist. Die Verwendung des Begriffs kann aber auch bedeuten, daß man seine Bemühungen geradezu unterläuft. Weil die Bezeichnung "entwicklungspolitischer Film" oder "Dritte-Welt-Film" bestimmte Erwartungshaltungen auslöst. Deshalb kann es viel nützlicher sein, daß ich all dies weglasse und einen Film einfach als argentinischen oder koreanischen Film an das Publikum herantrage. Nur um durch diese negativ besetzten Assoziationen nicht schon im Vorfeld Sperren aufzubauen. Manche Leute sagen, laßt mich in Ruhe damit. Aber unser Anliegen muß es sein, gerade auch diese Leute erreichen zu wollen. Für die entwicklungspolitische Bildungsarbeit kann es deshalb unter Umständen sehr viel nützlicher sein, eine eher cineastisch ausgerichtete Länderreihe zusammenzustellen, um dadurch ins Gespräch mit Zuschauern zu kommen, die in keinen "Dritte-Welt-Film" zu bringen sind.

TR: Wie weit glaubst Du eigentlich, daß das Fernsehen, gerade was seine Normen und auch seine Ästhetik betrifft, den Dokumentarfilm beeinflußt hat?

BW: In kaum zu überschätzendem Maße. Soweit ich die letzten Jahre der Filmförderung beim ABP überblicke, hat es nahezu keinen Dokumentarfilm gegeben, der nicht vom Fernsehen koproduziert oder kofinanziert worden wäre oder aber im Hinblick auf einen späteren Fernsehverkauf realisiert wurde. Einzige Ausnahme ist ein kurzer Dokumentarfilm aus Ecuador, der, weil er nicht besonders teuer war, voll vom ABP finanziert wurde. Und damit komme ich auf eine andere Schwierigkeit zu sprechen. Bestimmte Längen, die für die Bildungsarbeit gut sind, z.B. für den Schulunterricht, werden kaum noch produziert, weil es dafür keine Sendeplätze im Fernsehen gibt. Das ist auch so ein Problem. Was jetzt eine spezielle Ästhetik des Dokumentarfilms angeht, die vom Fernsehen beeinflußt ist, so ist dieser Einfluß zweifellos da, aber es wäre jetzt ein sehr weites Feld, um das zu untersuchen.

TR: Hier haben wir zudem das produktive Paradox, das Janusgesicht des Fernsehens, daß es also einerseits auch die herausragenden Exemplare ermöglicht, weil die ohne das Geld vom Fernsehen gar nicht mehr zustande kämen, aber andererseits den Dokumentarfilm als Massenware hervorbringt.

BW: Das Thema Dritte Welt, Entwicklungspolitik, kommt im Fernsehen ständig vor. Wir machen ja auch eine regelmäßige Programmbeobachtung. Das Problem ist eher die Frage der Qualität und der Sendezeit. Wenn ich nur das Spielfilmangebot im Fernsehen anschaue, da ist alles geboten, nur es sieht halt kaum jemand, weil es so spät ausgestrahlt wird.

TR: Wenn ich mir diesen fast ausufernden filmischen Output zum Thema Dritte Welt ansehe und die einzelnen Beiträge miteinander vergleiche, so wird die Qualität der jeweiligen Filmbeiträge eher schlechter als besser, und gleichzeitig sollen die Produktionen immer billiger werden.

BW: Ja, von der Tendenz her stimmt das. Und immer billiger werden die Produktionen, weil es immer schwieriger wird, Filme zu finanzieren, insbesondere Dokumentarfilme. Das Fernsehen hat angeblich kein Geld mehr für Dokumentarfilme. Und hier steht im Hintergrund natürlich die Konkurrenz der Privatgesellschaften, die ganz auf Unterhaltung setzen. Da muß es der Dokumentarfilm immer schwerer haben. Und wir sind davon mittelbar natürlich auch betroffen.

TR: Eben. Nur ist das Fernsehen mittlerweile Hauptproduzent, wobei die Kirche ja immer wieder mit Geldern, Du hast es erwähnt, unterstützend tätig ist. Ich denke daran, daß die *Freunde der deutschen Kinemathek* in Berlin eine ganze Reihe von hervorragenden Dokumentarfilmen haben, die für den entwicklungspolitischen Bildungsbereich sehr gut einsetzbar wären. Deren Kriterium ist aber nicht die entwicklungspolitische Bildungsarbeit, sondern es sind, verallgemeinert gesagt, ganz generell filmische. Wäre es nicht eine subversive Bildungsarbeit, auch EZEF würde sich verstärkt filmästhetischen Qualitäten zuneigen?

BW: Das tun wir durchaus schon. Aber wir zielen auch auf ein anderes Publikum, und deshalb ist es gut, daß es sowohl uns wie die *Freunde der deutschen Kinemathek* gibt. Um dies zu begründen: zum einen haben wir auch schon Filme der *Freunde* übernommen. Auf der anderen Seite - und davon bin ich persönlich sehr betroffen - ist beispielsweise ein Spielfilm aus Malaysia, BEJALAI, mit Mitteln der EKD gefördert worden, wir haben ihn gesehen, ihn aber nicht in den Verleih übernommen. Der Programmbeirat war mehrheitlich der Ansicht, der Film sei zu schwierig. Ich freue mich umso mehr, daß der Film bei den *Freunden der deutschen Kinemathek* geblieben ist und so wenigstens in einer Kopie hier in Deutschland verfügbar ist. Ähnliches gilt für einen Dokumentarfilm aus Indien, WAS GESCHAH MIT DIESER STADT? Auch dieser Film wurde von der EKD gefördert, lief 1989 bei der Berlinale, und ist leider auch nicht bei uns, sondern nur bei den *Freunden der deutschen Kinemathek*. Ich habe mich für diese Filme eingesetzt und bedaure es sehr, daß sie nicht auch bei uns sind. Aber ich tröste mich damit, daß sie in Berlin auszuleihen sind. Bei den diesjährigen Berliner Filmfestspielen wird der neue

Spielfilm von Jorge Sanjines gezeigt werden können. Ohne ABP-Förderung wäre dieser Film wohl kaum zustande gekommen. Auch der Regisseur ist für Berlin eingeladen. Der Film hat in San Sebastian den ersten Preis gewonnen, und es ist sicherlich kein einfacher Film.

TR: Du erwähnst öfters, die Filme seien zu schwer oder zu schwierig. Was heißt das genau?

BW: Zu schwierig heißt ganz konkret, der Film ist zu lang; der Film ist schwer zugänglich, d.h. z.B., ich brauche sehr lange, um mich auf den Film einzulassen als Zuschauer. Dazu gilt natürlich, daß dies für manche Filme geradezu ein Qualitätsmerkmal ist. Aber leider ist es oft auch so, daß gerade solche Filme kaum eingesetzt werden. Dies ist eine reale Verleiherfahrung, und deshalb heißt es beim nächsten Film: einen Film, der in der ersten halben Stunde nicht packend ist, können wir nicht schon wieder bringen, können wir uns nur einmal im Jahr leisten. Oder aber ein Film setzt so viel an Vorinformation voraus, daß das bei einem normalen Einsatz nicht wirklich geleistet werden kann. Und geschieht dies nicht, kann der Einsatz durchaus kontraproduktiv sein, weil der Film nicht produktiv zu beunruhigen vermag, sondern nur auf Ablehnung stößt.

TR: Wenn Du sagst, ihr könnt euch solche schwierigen Filme nur sehr spärlich, vielleicht einmal im Jahr leisten, dann verstehe ich den Hintergrund dieser Argumentation nicht ganz, da ich das marktwirtschaftliche Argument bei euch nur zum geringsten Teil sehe. Ihr müßt euch doch nicht aufgrund eurer finanziellen Absicherung durch das Einspielen, also durch den Umsatz der Filme finanzieren.

BW: Es ist richtig, daß wir ohne Subventionen diese Arbeit nicht machen könnten. Aber dennoch ist die Verleihstatistik eine gewichtige Größe für das, was man als Verleihpolitik umschreiben kann. Wir verstehen uns nicht als Kinemathek, die auch schwierigste Filmkost vorrätig hält, sondern wir möchten Bildungsprozesse auslösen und verstärken. Wenn die Verleih-Aufnahmekosten schon DM 10.000 bis 60.000 betragen, dann genügt es eben nicht, wenn ein Film zehnmal pro Jahr gespielt wird. Gewissen ökonomischen Sachzwängen können wir uns auch als Kirche nicht ganz verschließen. Und es ist einfach eine empirische Tatsache, daß ästhetisch schwierigere Filme, über die wir jetzt reden, daß die sehr schwer gehen im Verleih.

TR: Das ist klar. Aber es wäre ja auch eine Aufgabe, die ihr euch aufbürden könntet, das zu fördern. Außerdem könnte eine Diskussion bei so einem Film auch ergiebiger sein als bei anderen, leichter zugänglichen Filmen.

BW: Wenn wir medienpädagogische Veranstaltungen durchführen, dann sind immer auch solche Filme dabei, um zu beunruhigen, um genau diese Diskussion voranzutreiben. Aber medienpädagogisch ausgerichtete Veranstaltungen sind nur ein kleiner Teil meiner Aufgaben. D.h., das ist ein Betätigungsfeld, und wir sind da dran, aber die Hauptlinie muß da laufen, wo auch gängige Strukturen geölt werden müssen. Nur dann kann das andere mitgeleistet werden. Medienpädagogisch sind die schwierigen Filme die eigentliche Herausforderung. Dies gilt auch für den Verleih, und wir versuchen, uns dem zu stellen. Vielleicht tun wir es nicht in dem Maße, wie es wünschenswert wäre, aber es ist bei uns sicherlich nicht vergessen. Nur, es ist ein hartes Geschäft.

TR: Abschließend zum Fernsehworkshop. Ihr seid ja Mitträger bzw. sogar im geschäftsführenden Ausschuß. Wie siehst Du selbst für Dich die Möglichkeiten dieses Fernsehworkshops? Was kommt für Dich dabei raus?

BW: Ich habe bisher drei Fernsehworkshops besucht, und die haben sich inhaltlich durch eine relativ große Unverbindlichkeit ausgezeichnet, um das mal etwas unfreundlich zu qualifizieren. Was der Fernsehworkshop in meinen Augen leisten müßte, und in Zukunft hoffentlich auch tut, ist, daß er wirklich ein Forum bietet, wo Macher mit dem Publikum ins Gespräch kommen. Daß die Fernsehleute, die ja durchaus anwesend sind beim Fernsehworkshop, daß die auch befragt werden. Daß man ihnen aber auch umgekehrt zuhört und nicht nur alles besser weiß und überhaupt kein Verständnis für die Sachzwänge aufbringt, in denen sie zweifellos stecken. Für einen wirklichen Dialog hat es beim letzten und vorletzten Workshop einige Hoffnungsschimmer gegeben, und ich denke, daß dies jetzt mit der neuen Struktur des Fernsehworkshops weiter vorangetrieben werden kann. Fernsehbeiträge wurden diesmal von einer Kommission gezielt vorausgewählt, und die Vorauswahl wurde nicht nur auf der Basis dessen getroffen, was mehr oder weniger zufällig angemeldet wurde.

Wo sonst, wenn nicht beim Fernsehworkshop Entwicklungspolitik, können für dieses Thema medienkritische und mediendidaktische Diskussionen geführt werden. Es kann nicht die einzige relevante Frage sein, ob und wo ich den gesehenen Film übermorgen in meinem Schulunterricht oder in der Volkshochschule oder wo immer einsetzen kann.

TR: Was ich nicht ganz verstehe beim Fernsehworkshop: jedes x-beliebige Filmfestival, das ein bißchen Anspruch hat, sucht seine Filme sehr gezielt aus. Und es scheint so, als würde für den entwicklungspolitischen Filmbereich, der vorgestellt wird, alles genommen, was angeboten wird.

BW: Das stimmt nicht ganz, für die Vergangenheit aber leider in zu hohem Maße. Es wurde nur aufgrund dessen ausgewählt, was aus den Redaktionen angemeldet wurde. Und dies hatte den Charakter großer Zufälligkeit. Man schaute bisher nicht, was sich in den letzten zwei Jahren im Fernsehen getan hat, sondern was irgendwer in irgendeiner Redaktion anmeldete, war Grundlage für die Auswahlsichtung. Man hat nicht gesucht, wo sind neue Trends, wo sind interessante Leute, wo ergeben sich neue Fragestellungen. Dies war für mich das Hauptärgernis. Ich hoffe, daß wir damit jetzt einen Schritt weiter gekommen sind. Der ganz große Wurf ist die neue Konzeption wohl noch nicht. Der Fernsehworkshop ist aber auch eher mit einem schwergängigen Tanker zu vergleichen, weil da 30 Organisationen repräsentiert sind. Und da ist eben die Tendenz zum *mainstream* doch sehr ausgeprägt.

Weg vom entwicklungspolitischen Film?

Ein Gespräch mit Ralph Sikau

Der Verleih Cine Terz *(Arbeitsgemeinschaft zur Förderung von Dritte-Welt-Filmen e.V.) wurde 1977 gegründet, u.a. von Ralph Sikau, der ihn heute noch führt.* Cine Terz *verstand sich von Anfang an als Verleih von Filmen aus der Dritten Welt. Neben dem kommerziellen spielt in der "offensiven Verleihpolitik" (Sikau) der nichtkommerzielle Sektor eine wichtige Rolle. Ein Projekt für die Zukunft, das aber bereits läuft, ist das Dokumentationszentrum für Filme und Fernsehbeiträge, die sich mit der Dritten Welt beschäftigen. Es soll auf europäischer Ebene aufgebaut werden. Ralph Thoms und Werner Petermann besuchten Ralph Sikau im Januar dieses Jahres in Bonn und führten das folgende Gespräch.*
Cine Terz*: Buschstraße 18, 5300 Bonn 1, Tel.: 0228/21 32 83*

TRICKSTER (TR): Wir bieten Dir jetzt die Möglichkeit, einen Film anzukaufen, einen entwicklungspolitischen Dokumentarfilm. Wie müßte er aussehen, damit Du ihn nimmst?

RALPH SIKAU (RS): Er dürfte keinen entwicklungspolitischen Blickwinkel haben, wie er normalerweise bei uns als entwicklungspolitisch verstanden wird, sondern müßte ansetzen bei der betroffenen Gruppe, den betroffenen Menschen. Er müßte erkennbar machen, daß der Filmemacher in einer Beziehung zu dieser Gruppe steht und das auch verstanden hat, was diese Menschen bewegt.

Also eher eine Zustandsbeschreibung einer nicht abgeschlossenen Entwicklung, die nach verschiedenen Seiten offen ist, als (und das war ja früher der klassische entwicklungspolitische Film) eine Vorgabe von Entwicklungszielen aus unserer Sicht. Und damit die Vorführung von Menschen, die diese Entwicklung angeblich so dringend brauchen und denen wir dann begegnen als die guten Helfer. Also eher das in sich ruhende Bild der Situation ohne die in beratendem oder wohlmeinendem Sinne Einmischung der Weißen. Und dann sollte einer anschließenden Diskussion überlassen, aber nicht mehr Gegenstand des Films sein, was jetzt Möglichkeiten der Kooperation oder sonst etwas sind. Wo immer ein weißer Kooperationspartner oder Ausbilder oder Entwicklungshelfer auftritt, sind mir Filme von vornherein suspekt. Es sei denn, der Entwicklungshelfer in seiner Situation ist problematisiert. Die Filme fehlen viel zu sehr, die zeigen, in welchem Verhältnis eigentlich Helfer und Hilfeempfänger zueinander stehen. Und was es da noch alles an beiderseitiger Entwicklung aufzuarbeiten gäbe.

TR: Könnte man diese Art von Film, die Dir da vorschwebt, auf einen Begriff bringen, der auch beim ethnographischen Film gängig ist: teilnehmende Beobachtung? Wobei eher das geduldige Zuschauen oder Beschreiben mit der Kamera eine Rolle spielt als der schon feststehende Kommentar.

RS: Ja. Ein Beispiel dafür ist dieser Film von O'Rourke, den wir gerade im vergangenen Herbst herausgebracht haben, CANNIBAL TOURS. Wo wieder das Tourismusthema aufgegriffen wird, aber eben ganz anders. Das ist nur noch teilnehmende Beobachtung, und es sträuben sich einem die Haare zu Berge, wenn man sieht, was da mittlerweile abläuft in der Begegnung von Touristen mit Einheimischen. Wobei die Touristen dann auch vorgeben, von denen etwas lernen zu wollen, und das alles als Bildungsreise auffassen. Und ich denke, das trifft das ganz gut. Am Ende in einer Situation stehen, wo man als Zuschauer nur noch meint, es ist ja alles ganz fürchterlich. Da ist es so konsequent zu Ende getrieben, da weiß man am Ende auch nicht mehr, was kann man da noch entwickeln, da ist eigentlich schon alles gelaufen, die Dinge sind festgefügt und festgefahren. Und so ist es eben, ich sage das mal, als Zustand der Welt.

Ein Weiteres wäre: kein Off-Kommentar; das ist ein wichtiger Aspekt. Danach kann man unsere Filme genau durchgehen. Die schlechtesten sind immer die, wo am meisten im Kommentar geredet wird. Und die besten, die funktionieren auch beim Zuschauer in der Regel am besten, sind die, wo der Off-Kommentar gar nicht existiert oder zurückgenommen ist auf das Minimum dessen, was man noch eingeben muß, damit der Rahmen verstanden wird, aber alles andere sich aus Selbstaussagen und aus den Bildern ergibt.

TR: Daß die Dokumentarfilme dieses Belehrende verlieren im Kommentar; daß der vorgefaßte Charakter des europäischen Blicks, der da mit dem Kommentar übersetzt wird, daß der mehr oder weniger obsolet wird ...

RS: Ja, weil es im Produkt ein völliger Unterschied ist, ob ein Filmemacher hingeht mit einer bestimmten Meinung im Kopf, die er bebildern will. Selbst wenn er die Einheimischen reden läßt - es gibt köstliche Beispiele, da kommen sie nicht mal mehr zu Wort, sondern es wird für sie gesprochen. Aber selbst wenn der Filmemacher, um eine bestimmte Botschaft rüberzubringen, denen noch so oft das Mikrophon hinhält, ist es etwas völlig anderes, als wenn er sich von vornherein in eine Situation hineinstellt und unter die Leute begibt, wo er versuchen kann, aus ihrem Reden untereinander und miteinander Dinge zu erschließen. Also selbst Interview und Interview sind noch lange nicht dasselbe. Und man merkt sehr schnell, ob der Filmemacher einen Film der teilnehmenden Beobachtung machen will oder ob er die Leute vorführt zugunsten seines eigenen Blickwinkels.

TR: Da hat sich ja in Deinem Selbstverständnis einiges geändert ...

RS: Ja, ich persönlich habe nicht mehr diese entwicklungspolitische Orientierung in dem unmittelbaren Sinne wie Nichtregierungsorganisationen damit umgehen, sondern eher eine, ich will nicht sagen cineastische, aber eine filmbezogene, eine filmische. Und die Leute, die heute mit unseren Filmen arbeiten, sind in der Regel eben eher Filmclubs oder, wenn sie aus der Dritte-Welt-Bewegung kommen, dann Gruppen, Dritte-Welt-Häuser, die sich eine Filmgruppe als Untergruppe zugelegt haben, mit einem regelmäßigen Programm. Und die versuchen eben auch mehr über den filmischen Einsatz an ihr Publikum heranzutreten und mit ihm umzugehen und nicht mehr über die Message, diese Antiimperialismus-Ansprüche und all das, was man früher einmal hatte. Das ist irgendwann ausgestorben. Die inhaltlichen Anforderungen, die Dimensionen sind ganz andere. Es geht um viel komplexere Dinge, es geht mittlerweile um ein Dritte-Welt-Bild, das so hoffnungslos ist, daß man nur jeden Film zum Teufel wünschen kann, der so tut, als wenn er noch eine Patentlösung parat hätte.

TR: Waren denn die damaligen Filme schlechter, oder sagen wir, simpler gestrickt? Zielgruppenfilme, die eigentlich immer nur für ein bestimmtes Publikum gut waren?

RS: Wenn ich an die Filme der späten 60iger Jahre zurückdenke, das waren eigentlich sehr einfache Filme. Es gibt ein paar Ausnahmen, die haben dann aber schon sehr davon gelebt, daß der Filmemacher mit einer bestimmten Zielgruppe, mit einer bestimmten Personengruppe ein besonderes Verhältnis hatte. Aber alles, was da als Reportagefilme gemacht wurde, waren Messagefilme, die sich kaum unterschieden haben von dem, was heute das Fernsehen als Standardware produziert. Und dann gab es mal so eine kurze Phase, Anfang der 80iger Jahre, da flackerte das noch einmal auf, daß entwicklungspolitische Filme gemacht wurden, die sehr gut waren. Aber da war es ja eigentlich schon zu spät. Das haben wir erlebt mit diesem Zimbabwe-Film MOVING ON, der sehr professionell und sehr perfekt mit dem Thema umgeht. Von allen Seiten und auch sehr visuell zeigt er, wie schwierig die Veränderungsmöglichkeiten in Zimbabwe sind, nach der Revolution und nach dem Übergang zu einer schwarzen Regierung. Aber der Film versucht immer noch, klare Rezepte anzubieten. Und das sieht hinterher dann so aus, das hat mal einer gesagt bei einem Fernsehworkshop, wie "Ritter Sport": quadratisch, praktisch, gut. So ungefähr funktionierten diese Filme ja auch. Ab einem bestimmten Zeitpunkt war das einfach unglaubwürdig. Das absolute Gegenbeispiel - das war noch einmal so ein Aha-Effekt - war dann der afrikanische Stummspielfilm DER MUT DER ANDEREN, der eine totale Provokation darstellte, weil er 92 Minuten lang mit afrikanischer Atmosphäre pur daherkam. Nur Gesten, nur Blicke, nur extrem verstärkte und im Tonstudio nachbehandelte Atmo, aber keine gesprochenen Dialoge. Und das Ganze spielt dazu noch in einem Afrika vor 150 Jahren, also nicht der Jetztzeit. Dieser Film ist am besten gelaufen, als die Hungerbilder von

Afrika über den Bildschirm gingen und die Fernsehwochen mit Sammelaktionen für Afrika stattfanden, als nur noch ausgemergelte und verhungernde Schwarze die Medien beherrschten. Dabei nahm der Film zu dem Thema überhaupt nicht Stellung, sondern zeigte nur kontrapunktisch: es gibt ein anderes Afrikabild.

TR: Vorhin hast Du die Veränderung bei eurem Kundenkreis angesprochen. Wie sah bzw. sieht denn eure Kundenstruktur aus?

RS: Wir hatten bis Mitte der 80er Jahre vorherrschend Hochschulgruppen und Dritte-Welt-Gruppen, die im Hochschulbereich angesiedelt waren. Ganz wenig Kommunale Kinos und Programmkinos. Und auch ein paar Institute, die im Hochschulbereich mit Film gearbeitet haben. Diese ganze universitäre Ecke hat absolut dominiert. Heutzutage bedienen sich jene, die immer noch die Message hochhalten, also BUKO beispielsweise, Dritte-Welt-Aktionsgruppen, viel lieber des letzten Magazinbeitrags aus dem "Weltspiegel". Der wird mitgeschnitten und die abgekupferte Kassette dann beim nächsten Meeting eingesetzt, zu Eritrea oder sonst etwas. Weil die Korrespondenten sowieso schneller sind in ihrer Berichterstattung. Wo es um aktualitäts- und faktenbezogene Informationsvermittlung geht, kann ein Film und erst recht ein Film, wie wir ihn verstehen und wie er nach unserer Auffassung gemacht sein sollte, nicht mehr mithalten. Deshalb hat sich unsere Verleiharbeit viel stärker auf den kinomäßig arbeitenden Bereich hin verlagert, also Kommunale Kinos, so ein bißchen Programmkinos und dann Institutionen, die Filme mit Hintergrundcharakter, mit Hintergrundinformationen brauchen, für Seminare etwa. Politische Stiftungen, die Entwicklungsdienste, wie die DSE in Bad Honnef u.a. setzen im Rahmen ihrer Auslandsmitarbeiter-Fortbildung regelmäßig Filme von uns ein. Also dieser öffentliche institutionelle Seminarbereich plus Kino; aber kaum noch Aktionsgruppen.

TR: Implizit sagst Du ja damit, der Dokumentarfilm hält, verglichen mit Spielfilmen, den von euch gestellten Anforderungen nicht stand. Was sich konsequenterweise im Angebot des Verleihs widerspiegelt.

RS: Ich glaube, diese Diametralität von Spielfilm und Dokumentarfilm, die greift so nicht. Man muß da noch ein bißchen tiefer gehen. Das erzwingt ja schon der Markt. Das geht dann rein bis in die Produktion und bis zu den Filmemachern. Es gibt eine ganz klare Aufteilung der Sendeplätze bei den Fernsehanstalten. Und in letzter Konsequenz definiert das heute weltweit das Selbstverständnis der Filmemacher. Einmal abgesehen von ein paar eigenwilligen Experimenten afrikanischer Filmemacher, die es wirklich fertigbringen, auf 20 Minuten einen visuellen Kurzspielfilm abzuliefern, gibt es im internationalen Mediengeschäft im Grunde genommen nur noch diese 30-Minuten-Dinger. Die sind überwiegend informativ. Und da geht auch der Filmemacher hin oder wird hingeschickt, ausgestattet mit wenig Geld, einen Schnellschuß abzuliefern, so eine Schlaglichtvorführung zu irgendeinem Thema. Und es gibt die 45-Minuten-Sendeplätze. Ich glaube, speziell hier bei uns, international sind das eher 50 und 55 Minuten. Es ist so eine Zwitterform. Das merkt man dann auch, wenn man die Filme sieht. Die einen gehen wie an einen 30-Minuten-Film ran und spreizen ihn auf, andere möchten mehr und werden dann runtergekürzt. Und jenseits dieser 55-Minuten-Schallgrenze fängt dann der Spielfilmbereich an. Da ist beispielsweise der Dennis O'Rourke so ein Fall. Der hat angefangen mit 55-Minuten-Filmen, von denen wir ja auch eine ganze Palette haben. Hat dann den HALF LIFE gemacht, in voller Spielfilmlänge, und sich reingearbeitet in das Thema. Zwar mit dokumentarischen Mitteln, aber so wie man normalerweise bei einer Spielfilmgestaltung mit einem Thema umgehen würde. Hat CANNIBAL TOURS gemacht. Und nach CANNIBAL TOURS erklärt, das wäre sein letzter Dokumentarfilm. Darüber könne er nicht mehr hinausgehen. In Zukunft mache er nur noch Spielfilme. Daß also irgendwann die Art des Umgangs, des Herangehens an Themen und die Art des Umgangs mit Menschen in den Filmen offenbar nahelegt, lieber gleich konsequent mit Spielfilm weiterzumachen. Wo er beispielsweise selber sagt: es gibt bestimmte Dinge, die kann ich dokumentarisch nicht darstellen, weil sie Intimbereiche der Menschen antasten, die sie mir dokumentarisch nie liefern. Die ich aber als Dokudrama oder gleich als Spielfilm sehr wohl aufarbeiten kann, weil dann die Beteiligten wissen, das ist jetzt Fiktion, was wir spielen. Aber dennoch jeder einzelne dem Thema und dem Gegenstand noch so weit verpflichtet ist, daß der dokumentarische Charakter des Ganzen erhalten bleibt. Also von daher denke ich, gibt es keinen Widerspruch zwischen Spiel- und Dokumentarfilm, sondern die Diskrepanz beginnt, wo ich auf der einen Seite diese 30-Minuten-Filme und auf der anderen Seite Spielfilme habe, die mit einer ganz anderen Länge arbeiten und eben auch einen anderen Filmemacher voraussetzen.

TR: Ich kann mich des Eindrucks nicht erwehren, daß die Hinwendung zum Spielfilm auch sehr persönliche Gründe hat. Daß das veränderte Selbstverständnis über filmische Arbeit auch zur Frustation gegenüber dem Bisherigen geführt hat, ihr des Hantierens mit Dokumentarfilmen vorwiegend schlechter Qualität überdrüssig seid ...

RS: Ja, natürlich. Ich sehe auch klare Gründe dafür, warum die Dokumentarfilme immer schlechter werden, weil im Rahmen dieser 45-Minuten-Features das ganze zu einer Fließbandarbeit wird. Ein Filmemacher muß einfach ein paar davon machen, zwei oder drei pro Jahr, um davon leben zu können. Für die meisten Dokumentarfilmer heute ist alles, was sich außerhalb des Fernsehens abspielt, eher Nebengeschäft. Jemand, der Spielfilmarbeit macht oder mit Blick auf Spielfilmarbeit Dokumentarfilme produziert, der denkt bei einem langen Dokumentarfilm immer gleich mit: wie komme ich damit jetzt noch im Kino an die Leute ran - und kalkuliert auch Kinorückflüsse weltweit in seiner Budgetplanung ein. D.h., er setzt sich sehr viel mehr dem Risiko eines funktionierenden oder scheiternden Dialogs mit dem Zuschauer aus, als das jemand macht, der im üblichen Verfahren Dokumentarfilme fürs Fernsehen produziert. Ich glaube, das sind ganz wesentliche Mechanismen, die dazu beitragen, daß die Dokumentarfilme sich immer ähnlicher werden. Und eigentlich alle eher schlecht sind. Und warum Spielfilme oder lange Dokumentarfilme, die diesem Genre marktmäßig ja zugerechnet werden, besser sind als das, was im kurzen Dokumentarfilmbereich zu finden ist. Wobei ich nicht unbedingt sage, es muß jetzt lieber ein Spielfilm sein als ein Dokumentarfilm. HALF LIFE ist für mich ein absolut wichtiger Film, den ich auch hervorragend gemacht finde, und wo das damals ein sehr ambivalentes Gefühl war, zu sehen, wie das hier gelaufen ist, als der Film im Kino war. Auf der einen Seite gab es eine tolle Presse, und die Kinobesitzer haben mitgemacht wie noch selten bei einem Dokumentarfilm. Der ist in 45 Städten in Hunderten von Vorführungen gelaufen. Die Zuschauer blieben trotzdem aus, weil es eben kein unterhaltsamer Stoff war. Und Kino ist immer noch unterhaltungsbesetzt. Das sind dann offenbar die Grenzen des Dokumentarischen im Kino. Das muß man zur Kenntnis nehmen, aber der Anspruch ist zunächst einmal, auch im Kino Leute zu erreichen und nicht nur Zufallspublikum im Fernsehen.

TR: Spielt da eine Rolle, daß immer weniger Kinos bereit sind, das Risiko auf sich zu nehmen, so einen Film überhaupt zu spielen?

RS: Ich habe damals bei HALF LIFE gelernt, daß es keinen Sinn hat, mit einem Dokumentarfilm auch abrechnungstechnisch spielfilmmäßig umzugehen. Also auf Biegen und Brechen zu sagen, der muß mindestens drei Wochen laufen. Und dann macht man hinterher eine Prozentabrechnung und bekommt Zahlen geliefert, die sind teilweise so lächerlich, daß man sie kaum glauben kann. Wir hatten komischerweise immer da höhere Zuschauerzahlen, wo wir von vornherein mit subventionierten Partnern zu tun hatten, sprich Kommunalen Kinos. Die hatten manchmal in drei Tagen mehr Zuschauer als andere in drei Wochen. Und das macht einen dann stutzig. Das hat mit mehreren Dingen zu tun. Das hat damit zu tun, daß ein kommerzieller Kinobetreiber mit Filmen einfach anders umgeht als jemand, der Kommunales Kino macht und auch den Filmen und den Inhalten ganz anders verpflichtet ist. Und einfach viel liebevoller, viel engagierter mit dem Material arbeitet. Aber das hat eben auch damit etwas zu tun, daß die ihre Budgets haben, mit denen sie pro Jahr Spielfilmarbeit machen können. Wir versuchen jetzt tourneemäßig zu festen Preisen, mit 3- bis 4-Tage-Buchungen einen Film herumzuschicken. Dann war der in jeder Stadt einmal im Kino und hat damit ganz wesentliche Presseeffekte und Werbeeffekte, die man anschließend wieder für die nachgelagerte 16mm-Arbeit braucht, gehabt. Unter Umständen genauso effektiv oder noch effektiver, als wenn man das kommerziell in obigem Sinne macht. Und die Aufnahmefähigkeit der Kommunalen Kinos ist wesentlich größer. Da spielt es keine so große Rolle, ob die alle zwei oder alle drei Wochen mal einen langen Dokumentarfilm im Programm haben. Das geht da alles noch. Ein Programmkinobetreiber, der heute vollgestopft wird mit Filmen aus Hollywood oder Frankreich oder Italien, der hat seine liebe Not, noch irgendwo ein Eckchen freizukriegen, um mal einen etwas engagierteren Dokumentarfilm unterzubringen.

TR: Wenn man sich all die Filme anschaut, die in den letzten zehn oder fünfzehn Jahren auf den Fernsehworkshops gelaufen sind, dann läßt sich anhand dieser Filme eigentlich überhaupt keine Entwicklung feststellen. Das sind z.T. 1988 Filme vom gleichen Typus, wie sie schon 1972 gelaufen sind.

RS: Ich glaube, wieder.

TR: Wieso wieder? Ist es Dein Eindruck, daß dieser entwicklungspolitische Filmbereich schon einmal interessantere, inhaltlich bessere Filme gemacht hat und jetzt wieder in einen Zustand zurückfällt wie vor zehn Jahren?

RS: Ja, es sieht zumindest so aus, als wenn er wieder dahin zurückfällt. Aber das hängt mit mehreren Faktoren zusammen. Ich weiß noch ganz gut, wie bei den ersten Workshops wirklich brutal abgerechnet wurde mit ganzen Gattungen von Filmen. Das eine Jahr war es der Missionsfilm und dann kam der Spendenfilm und so weiter. Es hatte jeder Jahrgang seinen Buhmann. Und der vom letzten Jahr hat sich dann im nächsten nicht mehr blicken lassen. Es wurden wirklich ganze Gattungen von Dritte-Welt-Dokumentarfilmen so in Grund und Boden gestampft, daß sie erstmal eine Zeitlang nicht wieder auferstanden sind. Das ging sehr konflikthaft her, und die einen denken wehmütig und die anderen ganz erfreut darüber, daß es mittlerweile so ruhig ist bei den Workshops. Es tut sich halt nichts mehr. Es ist alles ziemlich eingeschlafen. Und in dem Maße, wie dann bestimmte Sorten von Film nicht mehr vorkamen, sind gleichzeitig aber Alternativanbieter wie CON oder wir auf den Plan getreten mit Dokumentarfilmen, die eine ganze Ecke besser waren. Das hat natürlich das Gesamtbild dessen, was da beim Fernsehworkshop lief, stark verändert. Es gab dann eine Mittelphase, wo man den Eindruck hatte, ach jetzt kann man eigentlich schon drei Viertel der Filme akzeptieren, die da laufen. Die Ausrutscher, die eigentlich gar nicht existieren sollten, die sind weg, die haben wir erledigt. Und inzwischen ist es so, daß sich Verleiher wie wir eher wieder zurückziehen aus dem Dokumentarfilmgeschäft und da gar nicht mehr so viel beizusteuern und einzuschicken haben beim Workshop. Während andere, besonders Produzenten wie die *Gesellschaft für technische Zusammenarbeit* (GTZ) oder die Kirchen, ihre etwas modernisierten Missionsfilme wieder auflegen. Ich hatte beim letzten Workshop den Eindruck, es gibt sie jetzt plötzlich wieder. Es gibt diese guten oder schlechten Entwicklungshilfefilme wieder mit dem Mann, der als weißer Entwicklungshelfer auf den Plan tritt, und die Sonne geht auf und solche

Geschichten, die sind plötzlich wieder da. Das Vakuum, das entsteht, weil Leute wie wir uns mit der Materie nicht mehr befassen wollen, wird offenbar von denen, die immer noch ihre Zielgruppen fest im Griff haben, wie die Kirchen, ausgenutzt. Dadurch sieht es dann so aus, als wenn wir heute immer noch das gleiche hätten wie in der Anfangsphase des Fernsehworkshops. Aber ich würde wirklich eher "wieder" sagen als "immer noch dasselbe".

TR: Was erwartest Du denn vom Fernsehworkshop?

RS: Ein altes Problem des Fernsehworkshops ist diese entwicklungspolitische Orientierung ohnehin. Da ist ja auch immer wieder daran gedreht worden, über die Jahre. Für die einen ist es längst ein Filmworkshop geworden und für die anderen ist es immer noch Entwicklungspolitik. Meine Wunschperspektive wäre, sich eher mal in der ganzen Breite auf die veränderten Märkte zu beziehen. Und da anzusetzen, wo sich unterschiedliche Zielgruppen heute überhaupt noch mit dem Thema Dritte Welt via Film oder Video befassen, dabei aber diese entwicklungspolitische Themenorientierung in den Hintergrund zu stellen. Was früher nie ein Thema war beim Fernsehworkshop, ist die Kommunale Filmarbeit. Was treiben die Kommunalen Kinos, was machen Freiburg und andere? Mit wem arbeiten sie, also mit welchen Zuschauern? Und mit welchem Material? Stärker zielgruppenorientiert zu sortieren und zu sagen, der Film mag ja ganz schön und gut sein für die Gruppe, aber auch nur für die. In diesem Sinne zielgruppenspezifisch dann mit den Filmen umzugehen. Dann könnte der Workshop auch wieder eine Adresse werden, die für jeden attraktiv ist, weil jeder sich da unangefeindet in seinen Wunschzusammenhängen wiederfinden kann.

TR: So wie ich Dich verstehe, sollte der Fernsehworkshop eher in die Richtung einer Filmbörse gehen. Eine Filmbörse kann man ja unter verschiedenen Gesichtspunkten gestalten. Daß man einfach anbietet, also zeigt, was einem selber angeboten wird als Macher dieser Filmbörse. Man kann aber auch versuchen, die Filmbörse mit ganz gezielten, selbst ausgesuchten Filmen zu bestücken.

RS: Ich wüßte nicht, wer da aussuchen soll und wer für wen stellvertretend die Auswahl treffen sollte. Wenn auf der einen Seite jetzt einfach herausgegriffen wird, was das Fernsehen macht, dann ist das für mich die Gelegenheit, darüber zu diskutieren, was das Fernsehen leistet, was es leisten kann und was es beim Zuschauer bewirkt. Was bleibt an Dritte-Welt-Bildern beim Fernsehzuschauer haften? Wenn auf der anderen Seite die einzelnen Verleihe und unabhängigen Produzenten ihre Produktionen selber anmelden, kann man mit Teilnehmern diskutieren, was wir unabhängig vom Fernsehen mit diesen Filmen noch tun können. Das ist mir auch wichtig. Also einfach mal mit Leuten von Kommunalen Kinos darüber zu diskutieren, warum läuft jetzt ein Dokumentarfilm zu einem bestimmten

Sachthema gut oder schlecht und wie muß er gemacht sein, was akzeptieren die Zuschauer, was nicht? Was ist das Wunschverhalten der Zuschauer? Im Kino oder auch in der Schule, außerhalb des Fernsehens.

TR: Ein Workshop mit Kopienkäufern bis hin zu Kinobetreibern? Du sagst immer *das* Fernsehen. Auch vorhin, als es um die Qualität des Dokumentarfilms ging und dessen Niedergang. Fast so als sei es die alleinige Schuld des Fernsehens. Diese globale Betrachtungsweise finde ich eher unfruchtbar, weil ich weiß, daß es gerade im Fernsehbereich auch sehr engagierte Redakteure gibt, die mit dem ihnen zur Verfügung stehenden, also immer schmäler gewordenen Budget, sehr gute Sachen gemacht haben und noch machen.

RS: Ja, damit mache ich mich jetzt sicher unbeliebt, aber ich behaupte einfach mal: es gibt sehr engagierte Redakteure in den Bereichen im Fernsehen, in denen eingekauft wird und eher unabhängige Produktionen übernommen werden, die einfach nur selektieren. Es gibt sehr engagierte Redakteure in den Bereichen, in denen produziert wird, aber mit Beteiligungsquoten, zu denen immer ein größeres, meist internationales Konsortium gehört. Wenn also der WDR im Fernsehspielbereich mit allen möglichen anderen Koproduzenten so etwas wie YEELEN produziert, dann gehört da von einem beteiligten Redakteur auch eine ganze Menge Engagement und eine ganze Menge Arbeit dazu. Aber das spielt sich dann in einem ganz anderen Zusammenhang und im Bunde mit anderen ab. Während aus meiner Beobachtung immer da, wo Redakteure ein Budget haben, mit dem sie autonom eine ganze Produktion durchdrücken können, am Ende eigentlich nichts mehr rauskommt an Dokumentarfilmen, was mich noch in irgendeiner Weise befriedigen oder interessieren kann. Weil diese Autonomie vielleicht auch zu einer Selbstgefälligkeit und zu einem Machtgefühl führt, eben weil man ein so mächtiges Medium wie das Fernsehen in der Hand hat und steuern kann, was da läuft und gezeigt wird.

T.R.: Ich würde auch sagen, daß das viel eher die Strukturen des Fernsehens sind als der einzelne Redakteur, der etwas verhindert oder nicht verhindert. So wie das Fernsehen angelegt ist, in dem alles seine bestimmte Norm hat, Zeitnorm, Plazierungsnorm usw., ist es ein großes Verhinderungsmedium. Daß dann andererseits auch noch vereinzelt gute Sachen dabei rauskommen, die meistens von Spielfilmredaktionen produziert werden, "Kleines Fernsehspiel" oder so, das ist ja eher die Ausnahme, die die Regel bestätigt. Wenn Du aber so über das Fernsehen redest, ist es dann nicht fast masochistisch von Dir, Dich mit dem Dokumentationszentrum zu beschäftigen? Warum eigentlich ein Dokumentationszentrum, das all das aufzeichnet, was sich das Fernsehen zur Dritten Welt einfallen läßt?

RS: Das ist ja mehr. Neben dem Protokollieren dessen, was das Fernsehen in der

MeDok

Interkulturelles Mediendokumentationszentrum

Sicher haben Sie auch schon Antworten gesucht auf Fragen wie:

- *Wo kommen all die tollen Filme her aus Ländern in Afrika, Asien, Lateinamerika?*
- *Auf welchen Festivals sind die gelaufen, und haben sie Preise gewonnen?*
- *Welcher Regisseur hat da wann welche Filme gemacht ?*
- *Wie berichtet bei uns das Fernsehen über diese Länder?*
- *Wo kommen deren Programme her ?*
- *Welche Filme gibt es zu meinem Thema "Rund ist die Welt" und wo bekomme ich sie her?*
- *Und woher Texte für meine Presseankündigung?*
- *Wenn der Film zum Thema "Rund ist die Welt" erst noch gedreht werden muß, welcher Kameramann in der südlichen Hemisphäre könnte mir dabei helfen?*

Wir wollen Ihnen bald auf diese und viele weitere Fragen eine Antwort geben können!

Zusammen mit dem **MediaPark Köln** bauen wir eine der größten Computerdatenbanken in Europa auf zum Thema interkulturelle AV-Information. Diese Datenbank wird jährlich um 2000 Produktionsdatensätze anwachsen und noch in diesem Jahr mit anderen Datenbanken in vielen Ländern Europas vernetzt sein. Weitere Ausdehnung in Länder Afrikas, Asiens und Lateinamerikas ist in Planung.

Ab etwa April 1990 werden wir per Computer "on-line" erreichbar sein. Sie haben keinen Computer? Dann schicken wir Ihnen auf Anfrage einen Registerband und Sie schreiben uns, was Sie brauchen. Die Ausdrucke kommen per Post. Das alles vorläufig kostenlos.

Jetzt sind Sie dran! Schreiben Sie uns, oder rufen Sie an: Ab 1.4.1990 unter der unten genannten Nummer. Bis dann !

Ein Projekt der Gesellschaft für internationale Kommunikation und Kultur (Interkom) in Zusammenarbeit mit Cine Terz e.V.

Kontakt und Infos: MeDok-Büro Köln

Malzbüchel 6-8 · 5000 Köln 1 · tel. 0221/245624 · fax 0228/213287

Bundesrepublik treibt, gehört dazu auch - für die Datenbank wie für das Videoarchiv -, das mitzuerfassen, was außerhalb der Bundesrepublik oder außerhalb der Fernsehwirklichkeit bei uns existiert. Z.B. die ganzen Kinorepertoireansätze, die wir jetzt über vier oder fünf Jahre beim *alle(r)weltskino* ausprobiert haben, werden da mit eingehen. Wir holen uns jetzt systematisch von Programmanbietern aus dem Ausland, die uns Filme anbieten, die Autorisierung ein, eigene Archivkassetten davon zu behalten, und speichern die Daten zu den Filmen mit ab. Um auf Dauer gesehen wirklich Bilanz ziehen zu können und zu sehen: was gibt es international, was wird produziert und wo kommt es bei uns unter, wenn überhaupt? Ein Hintergedanke ist beispielsweise, irgendwann einmal dokumentieren zu können, was alles in der Dritten Welt produziert und teilweise auch auf internationalen Festivals ausgezeichnet wird, aber bei uns nie ankommt. Weder beim Fernsehen noch im Kino noch sonst irgendwo. Um damit die Verriegeltheit unserer europäischen Medienmärkte zu dokumentieren. Das geht nur, wenn man systematisch erfaßt.

TR: Wenn Du sagst, es soll nicht nur das dokumentiert werden, was im Fernsehen gezeigt wird, sondern auch andere Bereiche der Filmarbeit - beschränkt sich das auf die BRD?

RS: Nein. Es wird verbunden mit dem, was wir angeboten bekommen aus dem Ausland. Für dieses Jahr ist die Verkoppelung mit anderen Datenbanken noch im Gespräch. In Frankreich, in Stockholm wird so etwas aufgebaut, in London. Und wir wollen dann ab nächstem Jahr so weit sein, daß man über einen Computernetzwerkverbund sich bei uns einklinken kann und dann durchgeschaltet wird, je nach dem, was man sucht. Nach London in den Zentralrechner, nach Paris oder nach Stockholm. Es gibt eben immer wieder lokale Veranstalter, die es spannend fänden, mal zu Westafrika etwas zu machen, ohne eine klare Vorstellung davon zu haben. Für die kann es eine große Hilfe sein, sich die ganze Palette von einem Reisemagazinbeitrag bis hin zu einem senegalesischen Spielfilm anzusehen und daraus Perspektiven und Konzepte zu entwickeln, wie sie so eine Veranstaltung anpacken wollen.

TR: Für wen soll die Datenbank zugänglich sein?

RS: Für jeden.

TR: Also nicht nur für wissenschaftliche oder journalistische Arbeiter?

RS: Nein. Die soll völlig offen zugänglich sein.

TR: Aber da bist Du ja ganz schnell beim Videoverleih?

RS: Es deutet einiges darauf hin, daß der 16mm-Film mehr und mehr vom Video verdrängt wird. Die Nutzung wird sich in 35mm-Film zum einen und eine Videonutzung zum anderen teilen. Sei es als Leihkassette oder als Kaufkassette. Wobei der Leihmarkt bei uns eben nicht existiert, der Kaufmarkt aber auch nicht, weil es keine potenten Anbieter und Verlage dafür gibt. Da wo man im Grunde denselben alten Markt mobilisieren könnte, die Bildstellen, herrscht die größte Piraterie, die man sich vorstellen kann. Eigentlich läßt sich dort eine legalisierte Form der Videoübertragung sehr gut vorstellen, wobei die Videos dann aber nicht ausgeliehen werden von einzelnen Bildstellen, sondern lokal eingestellt werden bei den einzelnen Sozialeinrichtungen, bei den Schulen, bei allen potentiellen Abnehmern einer nahen Landesbildstelle oder was immer.

TR: So eine Art Präsenzbibliothek, nur auf Video.

RS: Ja. Dann wäre das ein Riesenmarkt, ähnlich den früheren Super-8-Kopienverkäufen. Was sich durchaus rentieren kann für Anbieter wie für Nutzer. Weil hohe Auflagen natürlich auch die Preise drücken, d.h., diese Piraterie bräuchte irgendwann gar nicht mehr zu sein, weil die einzelne Kassette so billig wird, daß jede Schule sie sich legal kaufen kann. Und gleichzeitig wäre das eine Wegbereitung hin zu einem über Kaufkassetten funktionierenden Markt, der sich im privaten Bereich fortsetzen könnte. Was jetzt ja auch nicht existiert. Wir stehen vor dem Problem, daß auf der einen Seite die Leute lieber stärker Video einsetzen, aber wir uns eigentlich nur zurückhalten können, weil wir wissen, wir machen uns unsere letzten Pfründe kaputt, wenn wir Videos rausgeben, die dann hundertfach kopiert werden. Und so versuchen wir die Leute weiter einzuschwören auf den 16mm-Sektor, der eigentlich schon anachronistisch ist.

TR: Wenn man diese Auffassung - Verschiebung vom 16mm-Bereich hin zum Video - akzeptiert, dann könnte sich ja der Videobereich als Marktbereich nur so durchsetzen, daß hier administrativ eingegriffen wird und Gelder zur Verfügung gestellt werden, um diese ganze Piraterie aufzuheben.

RS: So ungefähr. Man müßte auf die Relation kommen, wie sie früher mal bei den Auseinandersetzungen um das Raubfotokopieren zu verfolgen war. Ich würde sagen, bei der Videokassette landest du nachher irgendwo bei 19 oder 20 DM pro Kassette statt jetzt immerhin stattlichen 250 DM oder so. Unter dem läuft ja kein Videokassettenverkauf im Bildungsbereich, weil versucht wird, die Piraterie mit einzukalkulieren.

TR: Wo willst Du da ansetzen? Müssen die Bildstellen dann so und so viele Millionen allein für den Videobereich zugeteilt bekommen? Geht das nur über die Bildstellen oder?

RS: Am besten direkt über die jeweiligen Schulen.

TR: Aber dort werden doch eher die Etats gekürzt.

RS: Ja, gut, aber es muß so oder so eine legale Lösung geben. Und die wird nur über das Geld funktionieren, weil mittlerweile die Fronten so verhärtet sind, daß eigentlich jeder damit rechnet, daß bei nächstbester Gelegenheit irgendein Verleih zuschlägt und einen Prozeß gegen den Lehrer oder die Schulbehörde oder wen auch immer anstrengt, wegen Urheberrechtsverletzung. Es ist zu einem massiven juristischen Problem geworden und beide Seiten rüsten mit juristischen Gutachten auf, aber es ist auch allen klar, daß strafrechtliche Verfolgungen keine Lösung sein können. Also muß es über das Geld gehen, weil auch klar ist, daß man legale Formen der Nutzung nur über Abgeltung von nunmal vorhandenen Urheberrechten herstellen kann.

Urs A. Jaeggi

Kulturbegegnung im Dienste der Bewußseinsbildung

Filme aus Entwicklungsländern für die entwicklungspolitische Bildungsarbeit

Wenn es heute in der Schweiz so etwas wie eine Sensibilität für das Filmschaffen aus der Dritten Welt gibt - wenn vorläufig auch nur ansatzweise -, so ist dies mithin auch ein Verdienst des entwicklungspolitischen Dokumentarfilms. Dieser hat in der Schweiz seit Mitte der sechziger Jahre einen festen Platz im Filmschaffen der Schweiz. Dieses suchte damals nicht nur im eigenen Lande eine Auseinandersetzung mit der Wirklichkeit, sondern auch außerhalb der Grenzen. Man kann den entwicklungspolitischen Film schweizerischer Herkunft durchaus als eine Reaktion auf den rein ethnologischen Film oder auch auf das sogenannte Kulturfilmschaffen verstehen. Beide Genres zielten an den existentiellen Problemen der Entwicklungsländer vorbei: der eine, weil er den stürmischen Entwicklungen in den eben erst vom Kolonialismus befreiten und souverän gewordenen Staaten meist nichts anderes als die filmische Konservierung von Brauchtum und überliefertem Handwerk entgegenzusetzen hatte; der andere, weil er Land und Leute zur exotischen Staffage degradierte und nicht selten auch abstruse Zerrbilder der Realität vermittelte.

Auftraggeber früher entwicklungspolitischer Dokumentarfilme waren nicht zufälligerweise kirchliche Entwicklungshilfswerke. Sie ließen über ihre entwicklungsbezogene Projektarbeit berichten und verwendeten die Filme zur Bewußtseinsbildung in der kirchlichen Jugend- und Erwachsenenarbeit, setzten sie aber auch zur Motivierung der Spender ein. Ein wichtiger Exponent solcher Arbeit war der Filmemacher Ulrich Schweizer, dessen Spezialität die Herstellung von Filmen mit kleinsten Teams oder gar im Alleingang war. Filme wie AUFBRUCH IN DAHOMEY oder RAMSCH FÜR BRÜDER (beide 1963), NOUS, LES AUTRES (Wir, die andern, 1965) oder der kritische Südafrika-Bericht KATUTURA (1970) überraschen noch heute durch ihre Sensibilität für entwicklungspolitische Zusammenhänge und ihre politische Progressivität. Aber es entwickelte sich im Zusammenhang mit dem Aufbruch des neuen schweizer Films in der Mitte der sechziger Jahre auch bald schon der unabhängige entwicklungspolitische Film. Die Dritte Welt, ihre Krisen und Nöte waren ein wichtiges Thema in der Diskussion um neue politische Anschauungsweisen und eine gerechtere Welt. Ein Schlüsselfilm in dieser Beziehung war zweifellos der 1970 entstandene BANANERA LIBERTAD von Peter von Gunten, der am Beispiel der Produktion von Bananen die Problemkreise Besitzverhältnisse, Ausbeutung, Auswirkungen der Monokulturen aufzeigte und ihren Einfluß auf die Armut der lateinamerikanischen Bevölkerung beschrieb. Peter von Gunten ging mit seinem Dokumentarfilm auch insofern neue Wege, als er unser tägliches Konsumverhalten in einen engen Zusammenhang mit der Ausbeutung der Landarbeiter in der Dritten Welt stellte.

Selbstdarstellung durch Betroffene als Prinzip

Als ein wesentliches Charakteristikum des durch schweizer Autoren hergestellten entwicklungspolitischen Dokumentarfilms, der in der Folge eine Tradition aufbaute, die bis auf den heutigen Tag anhält, kann das Prinzip der Selbstdarstellung durch die Betroffenen bezeichnet werden. Nicht aus der Sicht der eigenen Anschauung heraus zu dokumentieren oder gar zu kommentieren, sondern die Betroffenen aus ihrer eigenen Erfahrung heraus argumentieren zu lassen, war und ist auch heute noch die Devise der Dokumentarfilmschaffenden. Den Menschen ohne Lobby und Macht eine Stimme zu leihen, macht sich der schweizerische entwicklungspolitische Dokumentarfilm zur Aufgabe. Als eines der schönsten und eindrücklichsten Beispiele in dieser Richtung gilt Marlies Grafs DIE BAUERN VON MAHEMBE (1975): Bauern aus Tansania bestimmen selber und überaus selbstkritisch, wie ihr Leben im Dorf und das von der Regierung verordnete Modell der Selbstverwaltung (Ujamaa) im Film dargestellt werden sollen. Das gibt dem Film nicht nur einen starken Ausdruck von Authentizität, sondern auch die Kraft eines ausgeprägten politischen Bewußtseins.

Zum Wesen des entwicklungspolitischen Dokumentarfilms schweizerischer Herkunft gehört auch seine Ausrichtung auf Veränderung über die Bewußtseinsbildung. Das hat ihm - vor allem aus rechtskonservativen Kreisen - den Vorwurf der politischen Agitation eingetragen. Doch nicht diese Opposition war es - sie ist heute übrigens nicht weniger laut als in den siebziger und frühen achtziger Jahren , die zu einer gewissen Stagnation - nie aber zu einem Abbruch - des entwicklungspolitischen Filmschaffens führte. Weder die in der Entwicklungszusammenarbeit engagierten Kirchen, die den Film dieser Art weiterhin mit Kofinanzierungen von Produktionen, aber vor allem durch ihre Vertriebsmaßnahmen in Jugend- und Erwachsenenbildung förderten, noch die Förderungsgremien der Eidgenossenschaft ließen sich vom politischen Druck einschüchtern. Die Tendenz vieler Filmschaffender, sich mehr mit den Dingen des persönlichen Individualbereichs als mit gesellschaftlichen Phänomenen auseinanderzusetzen, spielte dabei eine wesentlich größere Rolle. Und entscheidender war wohl auch die Rolle des schweizer Fernsehens, das - inzwischen zum wichtigen Finanzierungs- und Produktionsinstrument auch des unabhängigen Filmschaffens geworden - zu entwicklungspolitischen Fragen lieber mit eigenen, meist unverfänglicheren und weniger engagierten Produktionen operierte.

Der wohl ausschlaggebende Grund, daß sich das entwicklungspolitische Filmschaffen in der Schweiz nur in einem beschränkten Umfang entwickeln kann, liegt eindeutig in der Tatsache, daß das Prinzip der Selbstdarstellung durch die Betroffenen fast zwangsläufig zur Einsicht geführt hat, dieses sei eigentlich von Filmschaffenden aus der Dritten Welt am konsequentesten zu realisieren. Es wurden deshalb gerade auch in der entwicklungspolitischen Bildungsarbeit mehr und mehr Filme aus Entwicklungsländern eingesetzt. Die Erkenntnis, daß neben dem dokumentarischen Film gerade auch der Spielfilm aus der Dritten Welt tiefe Einblicke in soziale und politische Strukturen zu vermitteln vermag und einen vortrefflichen Einblick in die kulturelle Eigenart und Identität der jeweiligen Länder gewährt, spielte bei der Auswahl der Filme eine entscheidende Rolle.

Gegen einen einseitigen Informationsfluß Nord-Süd

Daß sich die Wechselwirkung zwischen schweizerischem entwicklungspolitischem Filmschaffen und der zum Teil sehr eigenwilligen und mitunter hochentwickelten Filmkultur in Entwicklungs- und Schwellenländern sehr fruchtbar auswirken kann, manifestiert sich nicht nur in den in jüngster Zeit zustandegekommenen Koproduktionen zwischen der Schweiz und afrikanischen Ländern, sondern findet seinen Niederschlag ohne Zweifel auch im neuesten entwicklungspolitischen Dokumentarfilmschaffen. Werke wie DIE LETZTE BEUTE - DER STAMM DER SECOYAS von Lisa Faessler über einen Indianerstamm im Amazonas, SHIGATSE von Peter Neuenschwander über die Zerstörung des eigenen, auf einer angepaßten Naturheilkunde basierenden Gesundheitssystems durch den Einfluß einer importierten Medizin oder SOFIA VELASQUEZ von Hans-Ulrich Schlumpf über das Leben von Indio-Frauen im bolivianischen La Paz, sind ausgerichtet auf die Veranschaulichung großer gesellschaftlicher, wirtschaftlicher, ökologischer und kultureller Zusammenhänge.

Daß der Schwerpunkt der entwicklungspolitischen Arbeit mit dem Film heute eindeutig darin liegt, das Filmschaffen aus der Dritten Welt einem größeren Publikum bekannt zu machen, hat seine Gründe: nicht allein die Tatsache, daß der Anteil der Filme aus Entwicklungs- und Schwellenländern im Schnitt weniger als ein Prozent der jährlichen Filmimporte ausmacht, hat in der Schweiz verschiedene Personen und Institutionen dazu bewogen, sich etwas systematischer mit der Filmproduktion aus diesen scheinbaren Randregionen zu befassen. Es spielte dabei vielmehr die Überzeugung mit, daß das Schicksal Europas immer enger mit der Entwicklung in der sogenannten Dritten Welt verbunden ist, daß aber den Möglichkeiten der Länder der südlichen Hemisphäre, sich selber darzustellen, bei uns sehr enge Grenzen gesetzt sind.

Dem einseitigen Fluß der Information von Norden nach Süden zumindest im Bereich des Films ein Äquivalent entgegenzusetzen, war schon immer das Motiv jener, die auf welchen Wegen auch immer versuchten, dem Film aus Afrika, Asien und Lateinamerika auch in der Schweiz einen Platz einzuräumen. Zusätzlich motivierend wirkte dabei, daß der Film sozusagen ein privilegiertes Mittel zu einer Kommunikation ist, die allgemein menschlich, soziologisch, kulturell und anthropologisch wirken kann, aber auch Wertvorstellungen sowie Zusammenhänge und Probleme der Dritten Welt konkret darzustellen und zu vermitteln vermag. Daß die Filme aus Afrika, Asien und Lateinamerika überdies eine Kraft ausstrahlen, die dem europäischen und dem amerikanischen Film seit längerer Zeit abhanden gekommen ist, daß das Kino aus der Dritten Welt mit neuen Geschichten und nicht selten auch mit neuen, bisher noch nie gesehenen Bildern arbeitet, machte das Kennenlernen dieser Filme wahrhaftig zur Entdeckungsreise in neue Welten. Das ließ ein Stück weit vergessen, daß der betriebene Aufwand in keinem Verhältnis zum Ertrag steht.

Zunächst in alternativen Spielstellen

Filme aus der Dritten Welt wurden in der Schweiz in den späten sechziger, den siebziger und den achtziger Jahren fast ausschließlich in alternativen Spielstellen gezeigt; auch dort nicht selten nur deshalb, weil entwicklungspolitische Organisationen entsprechende Initiativen ergriffen. In die kommerziellen Kinos verirrte sich in dieser Zeitspanne kaum jemals ein Film aus dem Trikont. Und wenn schon, waren es zumeist Werke der kulturkolonialisierten Art, d.h. Filme, deren Beeinflußung durch das europäische oder angelsächsische Kino unverkennbar war. Nichts illustriert die Vernachlässigung des Films aus der Dritten Welt in der Schweiz drastischer als die Tatsache, daß 1989 zum erstenmal Filme aus Schwarzafrika den Weg in die kommerziellen Kinos fanden: ZAN BOKO von Gaston Kaboré und YAABA von Idrissa Ouedraogo.

Nicht, daß zuvor gar nichts gegangen wäre: immer wieder gab es in den alternativen Spielstellen Zyklen zu sehen, die sich mit dem Film aus den Entwicklungsländern befaßten. Insbesondere das von der Präsidialabteilung der Stadt Zürich programmierte und subventionierte Filmpodium leistete - nicht selten in Zusammenarbeit mit anderen in- und ausländischen Kommunalkinos - Pionierarbeit in dieser Beziehung. "Cinemafrica", eine 1987 erstmals durchgeführte und 1989 in kleinerem Rahmen als Ergänzung und Aktualisierung wiederholte Werkschau des schwarzafrikanischen Films ist ein Stichwort dazu. Andere Zyklen der jüngsten Zeit befaßten sich mit Indiens *Parallel Cinema*, dem Filmschaffen in Nepal usw..

Eine wichtige Rolle spielt in diesem Zusammenhang die Dachorganisation der alternativen Spielstellen und der schweizerischen Filmclubs: *Cinélibre* führt alljährlich eine Staffel außergewöhnlicher Filme ein, die in der Schweiz keinen Verleiher für die kommerzielle oder nichtkommerzielle Auswertung gefunden haben. Diese können dann in einem zeitlich beschränkten Rahmen - in der Regel während zwei oder drei Monaten - von den alternativen Spielstellen und den Filmclubs programmiert werden. Darunter befinden sich regelmäßig auch Filme aus der Dritt-Welt-Produktion.

Die eigentliche Basisarbeit für den Umgang mit Filmen aus Entwicklungs- und Schwellenländer haben aber weder die alternativen Spielstellen noch die entwicklungspolitischen Organisationen geleistet. Sie ist das Werk der kirchlichen Filmstellen, vorab des heute dem Katholischen Mediendienst angeschlossenen Filmbüros unter der Leitung von Pater Ambros Eichenberger. Schon früh, zu Beginn der sechziger Jahre, hat Eichenberger die Bedeutung des Films - des fiktiven so gut wie des dokumentarischen - für die entwicklungspolitische Bildungsarbeit erkannt und entsprechende Angebote in den nichtkommerziellen katholischen Schmalfilmverleih *Selecta* aufgenommen. Ähnliches geschah beim Evangelischen Mediendienst. Dort allerdings konzentrierte sich das entsprechende Angebot im Verleih *Zoom* zunächst auf kurze und mittlere Dokumentarfilme vorwiegend entwicklungspolitischer Inhalte, wurde aber später ebenfalls mit Kurz- und Langspielfilmen ergänzt.

Heute verfügen die beiden kirchlichen 16mm-Verleihstellen *Zoom* und *Selecta*, die in diesem Jahr übrigens fusionieren, über das größte Angebot an Filmen aus der Dritten Welt in der Schweiz. Durch die Tatsache, daß diese Filme immer wieder in der Jugend- und Erwachsenenbildung, in Schulen und Kirchgemeindehäusern, aber durchaus auch in Filmclubs und alternativen Spielstellen eingesetzt werden, erreichen sie ein verhältnismäßig großes Publikum. Wichtig ist dabei, daß mit den Filmen gearbeitet wird. So werden sie nicht nur fachkundig eingeführt, sondern im Anschluß an die Projektion fast immer diskutiert und in größere Zusammenhänge gestellt. Diese Basisarbeit ist sehr wichtig, bildet sie doch einen wesentlichen Teil der Bewußtseinsbildung und das Verständnis für die Gesellschaften und Kulturen in der Dritten Welt.

Nicht zu unterschätzende Basisarbeit leistet in Bezug auf die Filme aus Entwicklungs- und Schwellenländern auch die kirchlich-ökumenische Medienzeitschrift *Zoom*. Sie berichtet seit Jahren kontinuierlich über das Film- und Medienschaffen in Afrika, Asien und Lateinamerika, aber auch über den entwicklungspolitischen Film. Interviews mit Filmemacherinnen und Filmemachern, Länderübersichten, Regisseurporträts usw. werden ebenso regelmäßig publiziert wie Beiträge zur medienpolitischen Situation in den Ländern des Südens. So etwa hat *Zoom* zu den Themenbereichen "Nord-Süd-Gefälle im freien Fluß der Information" oder "Neue Welt-Informations- und Kommunikationsordnung" in der Schweiz informationsmäßig und publizistisch eine führende Rolle übernommen.

Trigon: Filme für eine eine und ganze Welt

Die entwicklungspolitischen Aktivitäten im Bereich der Kultur und insbesondere des Films dürfen nicht darüber hinwegtäuschen, daß nur ein relativ kleines, bereits sensibilisiertes Publikum erreicht wird. Den Film - und mit ihm die Kultur - aus Entwicklungs- und Schwellenländern an breitere Bevölkerungsschichten heranzutragen, hat sich die 1988 ins Leben gerufene Stiftung Trigon-Film vorgenommen. Ihr eigentlicher Initiator, der Filmjournalist Bruno Jaeggi, befaßt sich seit Jahren intensiv mit afrikanischer Kultur und gilt als profunder Kenner vor allem des schwarzafrikanischen Films. Seine ursprüngliche Idee, dem Filmschaffen Afrikas in der Schweiz eine breitere Plattform zu verschaffen, hat - nicht zuletzt im Gespräch mit anderen am Film in der Dritten Welt interessierten Sachverständigen - eine Erweiterung erfahren: auf neuen und langlebigen Grundlagen qualitativ wertvolle und völkerverbindende Filme aus der gesamten Dritten Welt einem möglichst großen Publikum nahezubringen, war fortan das Ziel von Trigon-Film. Dies allerdings nicht als kulturell-humanitäres Pflichtprogramm, sondern als bereicherndes Erlebnis, das der Entdeckungsfreude der Zuschauer entgegenkommt. Das ist denn auch der Grund, weshalb Trigon-Film in der Startphase authentische Spielfilme, die Akzente setzen, dem Dokumentarfilm vorzieht - neue Bilder und andere Geschichten für eine eine und ganze Welt, wie die Zielsetzung im neuesten Prospekt umschrieben wird.

Daß das Projekt Trigon-Film in der Öffentlichkeit auf einen guten Boden fiel, zeigte sich in der Phase der Geldbeschaffung für das notwendige Stiftungskapital. In der Einsicht, daß eine kontinuierliche Information über das Filmschaffen im Süden letztlich nur auf der Basis einer nicht gewinnstrebigen, von der öffentlichen Hand und privaten Geldgebern unterstützten Organisation realisiert werden kann, wuchs die Bereitschaft von Bund, Kantonen und Kommunen, aber auch von privaten Stiftungen und Einzelpersonen, das Projekt materiell zu unterstützen. Einzig bei der Industrie und den Banken machten sich Widerstände gegen ein finanzielles Engagement bemerkbar. Sie sind, wenn nicht alles täuscht, die Folge gehegter Befürchtungen, Trigon-Film könnte Filme in ihr Programm aufnehmen, die das wirtschaftliche Engagement westlicher Firmen und multinationaler Konzerne in Entwicklungs- und Schwellenländern kritisieren.

Vorsichtiger Optimismus gestattet

Jedenfalls ließen die Erträge aus der Geldbeschaffungsaktion für das Jahr 1989 einen Start mit mehr Filmen zu, als ursprünglich geplant war. Nicht weniger als vier Filme - ZAN BOKO von Gaston Kaboré (Burkina Faso), JOM von Ababacar Samb Makharam (Senegal), FINYE (Der Wind) von Souleymane Cissé (Mali) und HALODHIA CHORAYE BAODHAN KHAI (Die gelben Vögel) von Jahnu Barua (Indien) - standen zur Vorführung bereit. Zwei weitere waren für eine spätere Auswertung bereits unter Vertrag: DAO MA TSE (Der Pferdedieb) von Tian Zhuangzhuang (China) und SIBAJI (Die Leihmutter) von Im-kwon Taek (Südkorea). Im Anschluß an das Filmfestival von Cannes 1989 entschloß sich Trigon-Film, als erster Verleih außerhalb Südkoreas überhaupt, DHARMAGA TONGJOGURU KAN KKADALGUN (Warum Bodhi-Dharma in den Orient aufbrach) von Yong-kyun Bae, zu beschaffen. Nachdem der Film am *Festival Internazionale del Film* in Locarno den Goldenen Leoparden gewonnen hat, verfügt nun Trigon-Film erstmals über einen Film in seiner Staffel, der schon vor seiner Premiere in den kommerziellen Kinos im Gespräch vieler Leute war. Bedauerlich ist dagegen, daß die Programmkommission bisher keinen Film aus einem lateinamerikanischen Land gefunden hat, der ihren Vorstellungen und Kriterien entspricht.

Filme, die mit eigenständigen, der Kultur des Landes entsprechenden Geschichten, aber auch mit einer originalen künstlerischen Form eine Brücke zwischen Nord und Süd schlagen, hat Trigon-Film vor allem im Visier. Daß sie sich in ernsthafter Weise und engagiert mit der eigenen kulturellen Identität, mit den sozialen und politischen Gegebenheiten in adäquater filmischer Weise auseinandersetzen, wird im Kriterienkatalog großgeschrieben.

Die fast gleichzeitige Lancierung mehrerer Filme in den Kinos hat aber auch deutlich die Schwachstellen von Trigon-Film offengelegt. War ursprünglich beabsichtigt, von vielleicht vier Filmen maximal zwei kommerziell auszuwerten und die anderen in den sogenannten *circuit parallel* der alternativen Spielstellen, der Filmklubs und der Bildungsarbeit zu geben, entschlossen sich Geschäftsführung und Stiftungsrat zu einer kommerziellen Auswertung aller beschaffter Filme. Dabei zeigte sich die Notwendigkeit, eine professionelle Verleihstruktur aufzubauen, was einerseits eine gewisse Zeit beanspruchte und andererseits wesentlich mehr Geld als budgetiert erforderte. Die Umstände jedenfalls ergaben, daß nicht jedem Film in jeder Stadt die optimalen Startmöglichkeiten angeboten wurden.

Zudem zeigte sich - was nun allerdings von vornherein erwartet wurde -, daß es nicht einfach ist, ein breites Publikum zum Besuch afrikanischer oder indischer Filme zu aktivieren. Eine seriöse Begleitung der Filme - von der informativen, anspruchsvollen Dokumentation über die Werbung in Schaufenstern bis hin zu parallelen kulturellen Veranstaltungen - genügt jedenfalls allein noch nicht. Es braucht, wie sich gezeigt hat, vor allem im Vorfeld des Starts eines Dritt-Welt-Films eine präzise, auf den jeweiligen Spielort abgestimmte Detailarbeit zur Lancierung der Filme. Diese kann von zentraler Stelle aus allenfalls initiiert werden. Durchgeführt werden muß sie indessen von regionalen oder lokalen Mitarbeitergruppen, welche die örtlichen Verhältnisse genau kennen. Ihre Arbeit besteht vor allem darin, mögliche Zielpublika anzusprechen und damit einen Mundpropaganda-Effekt zu erzielen, der schon wirksam wird, wenn der Film seine Premiere hat.

Trotz keineswegs nur positiven Erfahrungen, darf das Ergebnis des ersten Trigon-Jahres als zufriedenstellend bis gut eingestuft werden - dies auch in finanzieller Hinsicht. Die Einspielergebnisse einzelner Filme liegen über den Erwartungen, die der anderen entsprechen ihnen. Dazu haben die Medien, die Trigon-Film freundlich gesinnt waren, ohne indessen auf fundierte Kritik zu verzichten, nicht wenig beigetragen. Sowohl die Presse wie die elektronischen Medien haben sich in allen Sprachregionen kompetent mit Trigon-Film und ihrem Startprogramm auseinandergesetzt. Für die Zukunft von Trigon-Film ist deshalb vorsichtiger Optimismus durchaus angebracht.

Gehet hin, aber bekehrt nicht alle Völker!

368 Seiten, 16 Seiten Abbildungen in Farbe, Linson mit Schutzumschlag, 39,80 DM/öS 310,–

An zahlreichen Beispielen aus Geschichte und Gegenwart zeigt Gerhard Schweizer, wie schwierig es für die Gläubigen der Welt ist, Andersgläubigen mit wirklicher Toleranz zu begegnen, und wie selbst heute politische und soziale Konflikte noch immer Auslöser von Glaubenskämpfen sind. Und er zeigt vor allem, daß die Bereitschaft zum Dialog für eine friedlichere Welt unabdingbar ist.

Klett-Cotta

Postfach 10 60 16, 7000 Stuttgart 10

Audio-visuelle Medien von MISEREOR

Wir versuchen, die Erfahrungen und Inhalte der Entwicklungspolitik und der kirchlichen Entwicklungsarbeit für die pädagogische Praxis auszuwerten und in unseren Arbeitshilfen und AV-Medien umzusetzen.

Schreiben Sie uns:

MISEREOR
Mozartstraße 9
5100 Aachen

Das ausführliche Verzeichnis der MISEREOR-Arbeitshilfen und AV-Medien ist kostenlos erhältlich.

Besprechung

Elizabeth Weatherford, with Emelia Seubert (eds.), Native Americans on Film and Video. Museum of the American Indian/Heye Foundation.
Vol.I: New York 1981; Vol.II: New York 1988

Die beiden Bände sind eine sehr nützliche Veröffentlichung. Sie versammeln eine Auswahl von etwa 600 Filmen und Videos (400 im ersten Band, 200 seit 1980 gedrehte Produktionen kommen im zweiten Band hinzu) über Native Americans, d.h. Indianer. Wie es in der Einleitung zum ersten Band heißt, ist die Publikation Teil des Film and Video Project des Museum of the American Indian. Die Mitarbeiter des Projekts sahen und diskutierten alle Filme und Videos, die in den Katalog aufgenommen wurden. Die Auswahl beruhte auf folgenden Kriterien: klarer Standpunkt; Dokumentation wichtiger Sachverhalte, Fragen und Problematiken; technische Qualität; und nicht zuletzt, Berücksichtigung des indianischen Beitrags. Die Ausrichtung ist also keineswegs ethnologisch/anthropologisch in einem engeren Sinne, obwohl auch solche Filme im Katalog zu finden sind. Der Großteil der Filme hat dokumentarischen Charakter. Die wenigen Spielfilme wurden mitaufgenommen, weil sie relevante Darstellungen indianischer Kultur bzw. Sichtweisen enthalten.

Die Film- und Videotitel sind wie in einem Lexikon alphabetisch aufgelistet. Jeder Eintrag enthält folgende Angaben: Produktionsjahr, Länge, Credits (was die Ausführlichkeit betrifft, sehr unterschiedlich; insgesamt jedoch eher spärlich - die Verfügbarkeit von Daten in dieser Hinsicht läßt bekanntlich zu wünschen übrig), die im Film gesprochene Sprache (abgesehen von Englisch), Film- oder Videoformat, Verleiher (Verkäufer von Kopien). Eine nicht wertende Inhaltsangabe - wobei die relative Bedeutung eines Films meist aus der Länge des beschreibenden Textes erschlossen werden kann - beschließt den Eintrag (wo es den Herausgebern angebracht schien, mit Literaturhinweis). Beide Bände enthalten einen thematischen Index, Band II zusätzlich einen nach Ethnien und Regionen, sowie eine Liste aller ausgewiesenen Film- und Videoverleiher.

Werner Petermann

HANSER

Anthropologie und Ethnographie das ist in Worte gefaßte Vielfalt

Mit welchem Recht und aus welchem Wissen heraus haben sich Ethnologen zu Sprechern fremder, ›wilder‹ Kulturen erheben können? Der Kulturanthropologe Clifford Geertz geht diesen Problemen in brillanten Analysen der Arbeiten von Lévi-Strauss, Evans Pritchard, Benedict und Malinowski nach. Geertz beschreibt ihre bedeutenden wissenschaftlichen Werke als romanhafte, subjektive Erlebnisberichte, in denen der ›andere Fremde‹ künstlich rekonstruiert, gedeutet, aber nie erkannt wird.

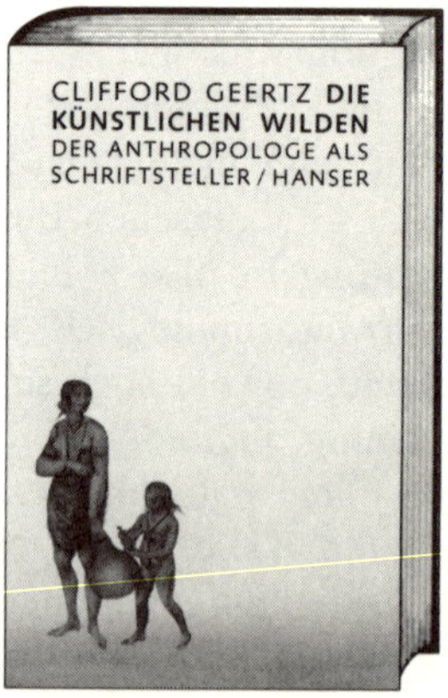

Die Künstlichen Wilden
160 Seiten. Gebunden.
DM 34,–

Philippe Ariès und Georges Duby (Hg.)

Geschichte des privaten Lebens

in 5 Bänden

»Diese große, eindrucksvolle Unternehmung wird man einmal zu den fortdauernden Werken der Historiographie in unserer Zeit zählen.«
TIMES LITERARY SUPPLEMENT

»In zwanzig Jahren wird man wohl sagen, daß mit diesen fünf Bänden ein Neuanfang in der Ergründung der scheinbar kleinen Ereignisse in der Geschichte Europas gesetzt worden ist.«
L'ESPRESSO

»Gesellschaft, Gesetz, Religion, Medizin liefern das Material für diese Soziologie der Kultur, der Moral und der Leidenschaften, also den Schlüssel zu einer Welt, die gemeinhin höchst verschwiegen und schweigsam ist.«
LE MONDE

Im Herbst 1989 beginnt die deutsche Ausgabe.
Jährlich im Herbst erscheinen die weiteren vier Bände.

1. Band:

Vom Römischen Imperium zum Byzantinischen Reich
Herausgegeben von Paul Veyne
640 Seiten mit ca. 490 Abb. Leinen.
DM 78.--(Subskriptionspreis bis 31.12.89, danach DM 88.--)

2. Band: **Vom Feudalismus zur Renaissance**
3. Band **Von der Renaissance zur Aufklärung**
4. Band: **Von der Revolution zum Großen Krieg**
5. Band: **Der Erste Weltkrieg und die Gegenwart**

S. Fischer

BsR

Beck'sche Reihe

172 S., 8 Abb. DM 19,80 (BsR 408)

139 S., 12 Abb., 2 Karten DM 17,80 (BsR 833)

Die jährliche Völkerwanderung in die landschaftlich reizvollen und weniger erschlossenen Teile der Erde bleibt nicht ohne gravierende soziale, wirtschaftliche und ökologische Folgen. Vor dem Hintergrund der Entwicklung des Reisens »Von Schusters Rappen zum Düsenjet« informieren Experten über die Licht- und Schattenseiten des heutigen Reisebooms und diskutieren neue Formen des Tourismus am Beispiel Bhutans und des Senegals.

201 S., 10 Abb., 2 Karten DM 19,80 (BsR 303)

Verlag C. H. Beck

Zum Thema
Fotografie und Film

Michael Oppitz
KUNST DER GENAUIGKEIT
Wort und Bild in der Ethnographie
152 S., 32 s/w Abb., DM 32,-

Will man den Sinn eines ethnologischen Gegenstandes erfassen und wiedergeben, dort, wo er an der Oberfläche der Bilder nicht abzulesen ist, so muß man ihn nachliefern - mit den Mitteln der Sprache. Welche Dosis man dabei verordnet, ist, wie bei den Bildern, einzig eine Frage der Kunst." Michael Oppitz' Überlegungen zu Fragen der ethnographischen Mitteilung, ihren Grenzen und Möglichkeiten, besticht durch die - Präzision des Diskurses und schlägt eine Brücke, wo zwischen Wissenschaft und Kunst bislang ein Abgrund lag.

R.Kapfer/W.Petermann/R.Thoms (Hrsg.)
RITUALE VON LEBEN UND TOD
Robert Gardner und seine Filme
175 S., 38 s/w Abb., DM 32,-

"Ein informatives, mit vielen Fotos sehr schön gestaltetes Buch, das die um Gardner geführte Kontroverse nachzeichnet." (S.Schomburg-Scherff, epd-Film) Mit umfassender Filmografie und ausführlichen bibliografischen Angaben.

W.Petermann/R.Thoms (Hrsg.)
KINO-FRONTEN
20 Jahre '68 und das Kino
186 S., 54 s/w Abb., DM 32,-

Alles in allem habe ich selten mit so viel Gewinn ein Stück deutsche Filmgeschichte dargestellt gefunden." (Joachim Paech, epd-Film)

M.Friedrich u.a. (Hrsg.)
DIE FREMDEN SEHEN
Ethnologie und Film
228 S., 75 s/w Abb., DM 36,-

Das grundlegende Buch zum ethnographischen Film in deutscher Sprache. "...without question highly informative and an indispensable reference work." (Gustaaf Houtman, Royal Anthropological Institute News, London)

TRICKSTER VERLAG

Schmied-Kochel-Str. 6, 8000 München 70, Tel: 089/777799

DIE LANDESFILMDIENSTE

SIND IHR AUDIOVISUELLER PARTNER FÜR **MEDIEN** ZUR

BILDUNG – KULTUR – INFORMATION

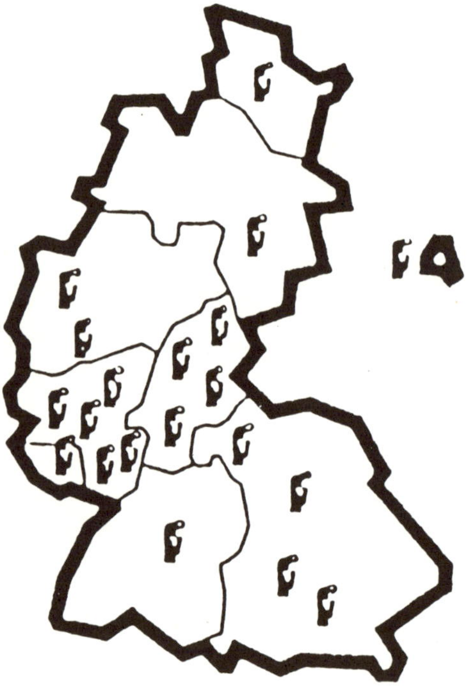

Filme müssen gesehen werden — nur dann sind sie das Geld des Auftraggebers und die Mühe des Produzenten wert.

Die LANDESFILMDIENSTE verleihen nichtgewerblich Filme und andere audio-visuelle Medien.

Die LANDESFILMDIENSTE arbeiten seit Jahren als Mittler zwischen Auftraggebern und Entleihern.

Die LANDESFIMLDIENSTE wenden sich vor allem an Zielgruppen der Jugend- und Erwachsenenbildung.

Die LANDESFILMDIENSTE vermitteln ihren Auftraggebern aus Wirtschaft und Industrie sowie Verbänden und Behörden eine vielseitige und häufige Nutzung jeder Filmkopie.

Konferenz der Landesfilmdienste e.V.
*5300 Bonn 2 · Rheinallee 59 · Btx * 203752 #*
Rufen Sie uns einfach an: Telefon 0228 - 355002

Zu den Autoren

SYLVIE BANULS, studierte Kunstgeschichte und Ethnologie. Auf diesen Gebieten mehrjährige journalistische Tätigkeiten in Indien und Nepal für französische Kulturzeitschriften. Seit vier Jahren als Regieassistentin im Dokumentarfilmbereich tätig; Koregie mit Peter Heller bei dem Film "Die Herrin der Zelte" (Arbeitstitel). *Originalbeitrag.*

PETER VON GUNTEN, ausgebildet als Grafiker und Fotograf. Sein erster Dokumentarfilm BANANERA LIBERTAD (1971) war ein Markstein des entwicklungspolitischen Films. In der Folge realisierte er vier weitere lange Dokumentarfilme in Lateinamerika. Zur Zeit in den Vorbereitungen zu einem Nachfolgeprojekt zu seinem Film TERRA ROUBADA (1980). Der hier veröffentlichte Beitrag entstammt dem Exposé zu dem geplanten Film.

JENS HARMS, promovierter Volkswirtschaftler. War von 1976 bis 1989 an der Evangelischen Akademie Arnoldshain tätig und in diesem Rahmen auch zuständig für die Organisation der Fernsehworkshops. Veröffentlichungen unter anderem in *epd-Entwicklungspolitik.* Seit Herbst 1989 Vizepräsident des Hessischen Rechnungshofs. *Originalbeitrag.*

PETER HELLER, Absolvent der Münchner Hochschule für Film und Fernsehen. Seit 1973 Herstellung dokumentarischer Filme als unabhängiger Autor, Regisseur und eigener Produzent. Peter Heller setzt sich in seinen Filmen systematisch mit den Auswirkungen politischer, wirtschaftlicher und kultureller Entscheidungen der Industriewelt auf die Menschen der südlichen Erdhalbkugel auseinander. Als "Hauptwerke" nennt Heller zwei Filmreihen, die sich mit den Folgen des deutschen Kolonialismus in Afrika befassen, und eine Filmtrilogie um Essen und Politik. *Originalbeitrag.*

WILFRIED HOFFER, Dr.phil., studierte Philosophie, Germanistik, Soziologie. Ab 1970 Redakteur beim ZDF im Bereich Bildung und Erziehung. Von 1976-79 im Auftrag der Friedrich-Naumann-Stiftung in Marokko mit der Ausbildung von Journalisten betraut. Danach bis Ende 1984 wieder für das ZDF tätig. Von 1985-89 erster Beauftragter des DED in Mali. Zur Zeit freiberuflich für ZDF und verschiedene entwicklungspolitische Organisationen tätig. *Originalbeitrag.*

URS A. JAEGGI, war 20 Jahre Redakteur bei *Zoom* und dort insbesondere zuständig für Medien in der Dritten Welt. Mitglied der eidgenössischen Filmkommission, Mitbegründer von Trigon-Film. Seit 1990 Chefredakteur beim evangelischen Hilfswerk "Brot für Brüder". *Originalbeitrag.*

WERNER KOBE, studierte Volkswirtschaft. Arbeitet seit 1984 hauptamtlich im Kommunalen Kino Freiburg. Journalistische Tätigkeiten zum Kino aus der Dritten Welt. Mitglied der Jury in Oberhausen. *Originalbeitrag.*

ESTHER KRUMBHOLZ, studiert Ethnologie. Arbeitsschwerpunkt ist Ostafrika. **KERSTIN REISHUS**, studiert Ethnologie. Arbeitsschwerpunkt: die aktuelle Situation nordamerikanischer Indianer. Mitarbeit im *World Uranium Hearing.*
Ihr Beitrag ist die leicht gekürzte Fassung einer Seminararbeit zum Thema "Medien und Dritte Welt" am Institut für Völkerkunde, München.

ROLF NIEMANN, Dr.phil. und Diplom-Politologe, studierte Politische Wissenschaft, Geschichte, Soziologie und Völkerkunde. Mitarbeit bei *amnesty international* und Dritte-Welt-Gruppen. Seit 1978 in der Fachstelle für internationale Zusammenarbeit des Deutschen Volkshochschul-Verbandes. *Originalbeitrag.*

JOACHIM PASCHEN, promovierter Historiker. War mehrere Jahre pädagogischer Referent für politische Bildung im FWU. Seit 1987 Leiter der Staatlichen Landesbildstelle Hamburg. *Originalbeitrag.*

WERNER PETERMANN, promovierter Ethnologe. Beschäftigt sich seit längerem auch mit Film. Mitbegründer und ständiger Mitarbeiter des Trickster-Verlages. *Originalbeiträge.*

DETLEF RUFFERT, Diplom-Pädagoge. Früher Kreisjugendpfleger, seit 1980 Geschäftsführer des Landesfilmdienstes Hessen. Vertritt im geschäftsführenden Ausschuß des Fernsehworkshops die Konferenz der Landesfilmdienste. *Originalbeitrag.*